高职高专会计专业"十三五"项目化规划教材

U0685249

新编 Excel 在财务中的应用

张家鹤　主　编

刘玉梅　副主编

清华大学出版社

北　京

内 容 简 介

本书以 Excel 2016 版软件为蓝本，按照财务数据收集、整理与计算、汇总与分析、图形呈现四个工作步骤，将 Excel 基本操作工具与财务数据处理实际工作有效结合。全书一共设计了 19 个典型任务，在完成任务过程中，可循序渐进地学习数据输入编辑、函数、数据透视表、统计图表等 Excel 工具，最终完成企业工资数据核算与汇总、购销存业务数据汇总与分析、财务报表编制与分析三大模块的工作。

本书可作为高职高专院校财经类相关专业 Excel 数据处理课程的教材，所有任务均配有原始数据和完成版工作簿，并提供丰富的课件，获取方式见前言。

图书在版编目（CIP）数据

新编 Excel 在财务中的应用 / 张家鹤 主编. —北京：清华大学出版社，2019（2022.1 重印）
(高职高专会计专业"十三五"项目化规划教材)
ISBN 978-7-302-52257-7

Ⅰ. ①新… Ⅱ. ①张… Ⅲ. ①表处理软件－应用－财务管理－高等职业教育－教材 Ⅳ. ①F275-39

中国版本图书馆 CIP 数据核字(2019)第 016992 号

责任编辑：崔　伟　高晓晴
封面设计：上官千千
版式设计：方加青
责任校对：牛艳敏
责任印制：刘海龙

出版发行：清华大学出版社
　　　　　网　　　址：http://www.tup.com.cn，http://www.wqbook.com
　　　　　地　　　址：北京清华大学学研大厦 A 座　　　　　邮　　编：100084
　　　　　社 总 机：010-62770175　　　　　　　　　　　　邮　　购：010-62786544
　　　　　投稿与读者服务：010-62776969，c-service@tup.tsinghua.edu.cn
　　　　　质 量 反 馈：010-62772015，zhiliang@tup.tsinghua.edu.cn
印 装 者：北京嘉实印刷有限公司
经　　销：全国新华书店
开　　本：185mm×260mm　　　　　印　张：15　　　　字　数：365 千字
版　　次：2019 年 3 月第 1 版　　　　印　次：2022 年 1 月第 5 次印刷
定　　价：42.00 元

产品编号：076002-01

辽宁省职业教育改革发展示范校
建设成果系列教材编审委员会

前　　言

本书基于中小企业财务人员工作实际，采用任务驱动的方式阐述 Excel 在财务中应用的方法及操作技巧。面向广大财经类高职学生，培养学生对财经数据精准、娴熟的编辑输入技能，提高数据的整理、汇总、分析及图形表达能力，养成良好的 Excel 工作习惯。

本书立足于已经掌握 Excel 基本操作的学习者，按照数据收集、加工计算、汇总分析、图形呈现的工作过程安排内容，每个过程选取不同场景下的典型任务，通过操作思路分析、操作步骤详解、任务总结与拓展等清晰的学习路径，引导学生学会如何分析问题、解决问题，适当为学生渗透建模思想。在完成任务过程中，循序渐进地学习使用函数、数据透视表、统计图表等 Excel 工具，最终完成企业工资数据核算与汇总、购销存业务数据汇总与分析、财务报表编制与分析三大模块的工作。

本书具有以下特点：

(1) 尽量贴近企业工作实际。驱动任务设计源自真实企业的实际运营数据，为了便于学习，对数据做了适当加工处理。

(2) 遵循学生的认知学习规律。结合工作流程，由浅入深，按照数据输入编辑、简单函数、数据透视表、深度汇总与分析、图形表达的顺序编排内容。

(3) 考虑到财经类高职学生的学情及专业素养培育的实际情况，每项任务完成后，尽量安排一个验证检查的过程，确保处理的数据准确无误，旨在培养学生养成良好的 Excel 工作习惯和对财务数据精益求精的职业精神。

(4) 每项任务的完成方法，尽量介绍不同的解决方案和路径，引导学生不拘泥于某一固定模式，形成开放的 Excel 工作理念，将工作需求与 Excel 功能灵活完美结合。

(5) 初步引导学生形成建模思想。每项任务完成后，启发学生思考如何将这一解决方案固化成模型，包括从原始数据的结构设计、更新到完成报表的数据同步更新与设计美化。

本书中的应用工具为 Excel 2016 专业版。为方便教师教学和学生课后复习，每个任务中需要用到的原始数据，可以扫描【任务要求】旁边的二维码来获取；每个任务同时提供完成版工作簿，教师可扫描右侧二维码，经审核通过后获取。如有疑问，可发送邮件至 cuiwei80@163.com。

教学资源

全书编写内容分工如下：张家鹤编写项目一、项目二；刘玉梅编写项目三；赵萍、张红玲编写项目四。张家鹤负责全书的系统设计、案例编撰及统稿。在本书的编写过程中，还得到了诸多企业人员的大力帮助，在此，特别感谢东北民航空管局气象中心刘伟、沈阳联合产权交易所信息部部长李长秀、九江银行萍乡分行副行长李媛秀、沈阳机床(集团)有限责任公司财务部会计曲立群的倾力相助。

本书编写过程中，参考了许多网站、微信等媒体公开发表的文章，编者从中受益匪浅，感谢所有作者无私的分享。由于编者水平有限，书中可能存在分析方法的不妥或操作技巧的偏颇，欢迎各位读者、同仁指正。

编　者

2019 年 1 月

目　录

财务数据收集

背景知识

1.1 Excel 的基本操作

1.1.1 工作簿的基本操作

在 Excel 中，文档又被称为工作簿。要掌握 Excel 的基本操作，首先要学会如何管理 Excel 工作簿。具体来看，工作簿的基本操作主要包括创建工作簿、打开工作簿、保存工作簿、设置工作簿等。

1. 创建工作簿

启动 Excel 2016 时，程序为我们提供了多项选择，可以通过"最近使用的文档"选项快速打开最近使用过的工作簿，可以通过"打开其他工作簿"命令浏览本地计算机或云共享中的其他工作簿，也可以根据需要新建工作簿。

下面介绍新建工作簿的几种主要方法。

1) 新建空白工作簿

在 Excel 2016 中，如果要新建空白工作簿，可以通过以下几种方法实现。

方法一： 启动 Excel 2016，在打开的程序窗口中单击"文件"→"新建"→"空白工作簿"命令，如图 1.1 所示。

方法二： 在桌面或"计算机"窗口等位置的空白区域单击鼠标右键，从弹出的快捷菜单中选择"新建"→"Microsoft Excel 工作表"命令，如图 1.2 所示。

2) 根据模板创建

Excel 2016 中为用户提供了许多工作簿模板，通过这些模板可以快速创建具有特定格式的文档。下面以通过模板新建"基本销售报表"工作簿为例，具体创建方法如下。

(1) 启动 Excel 2016，在打开的程序窗口中单击"文件"→"新建"→"基本销售报表"命令，如图 1.3 所示。

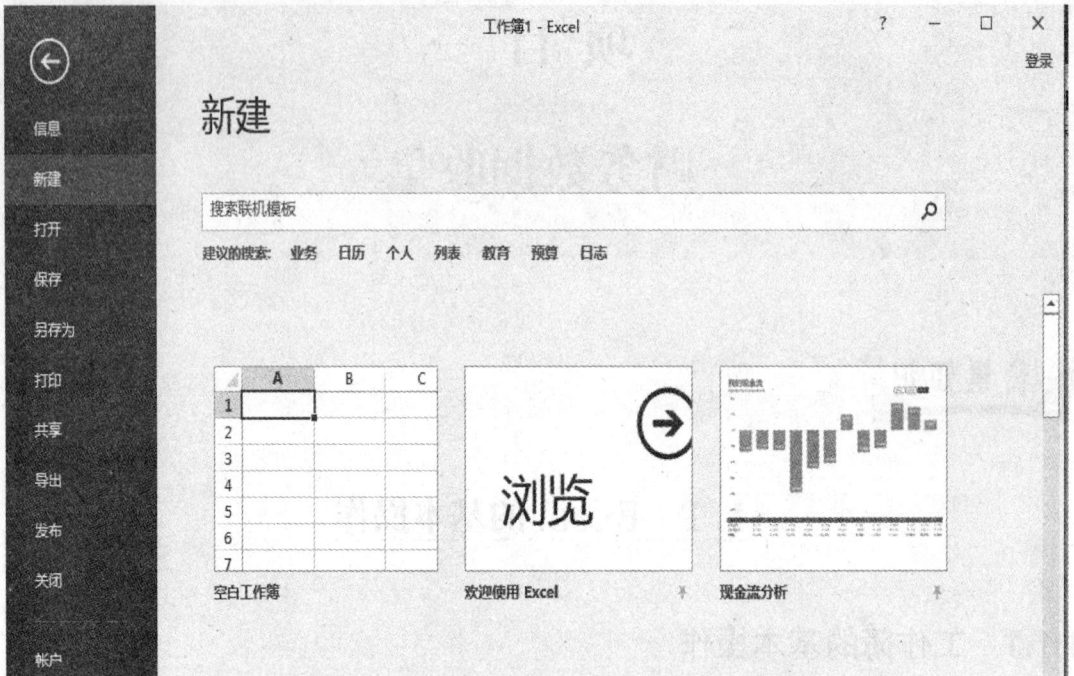

图 1.1　新建空白工作簿(方法一)

图 1.2　新建空白工作簿(方法二)

图 1.3　选择模板

(2) 弹出"基本销售报表"模板对话框，在对话框中介绍了该模板的相关信息，单击"创建"按钮，即可根据该模板创建新工作簿，如图 1.4 所示。

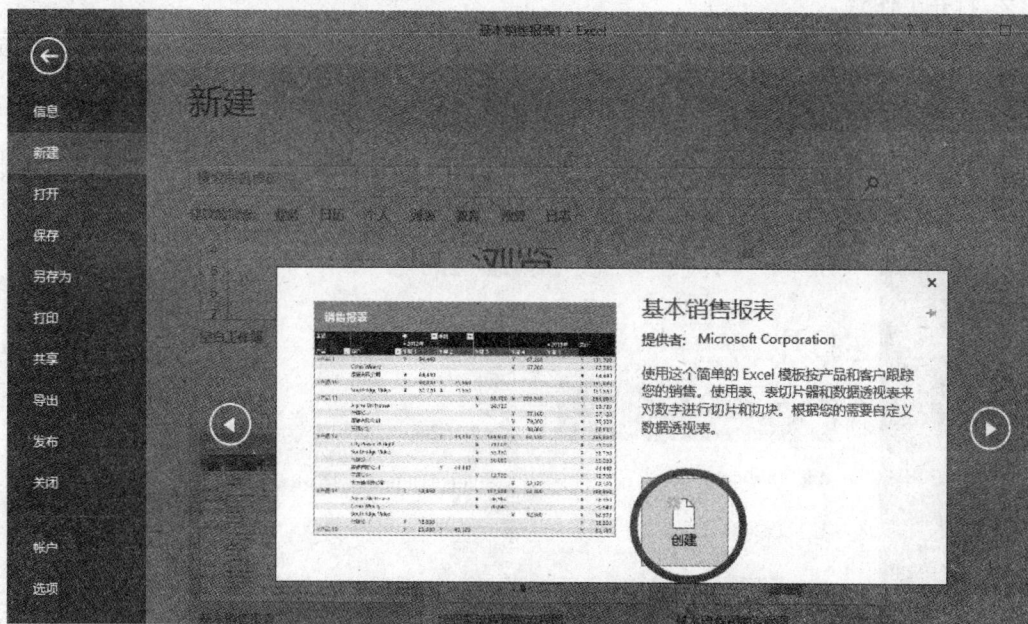

图 1.4　根据模板创建工作簿

(3) 创建的新工作簿最终效果如图 1.5 所示。

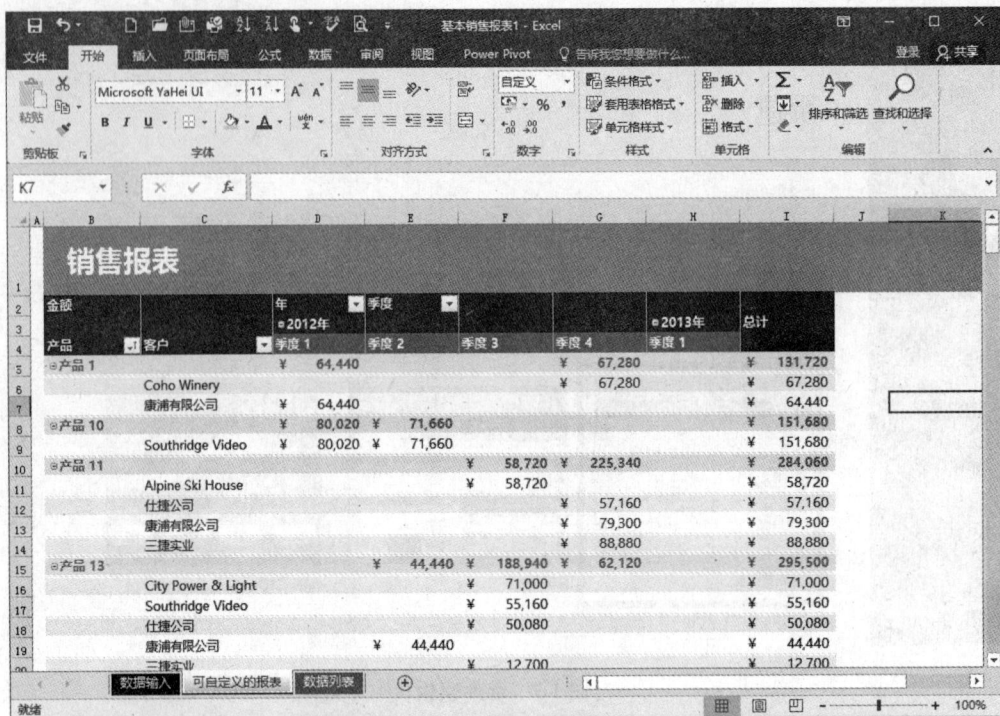

图 1.5　创建完成的工作簿

2. 打开工作簿

如果要查看或编辑已有工作簿的内容，就需要打开工作簿。常用的打开工作簿的方法有以下几种。

方法一：在"计算机"窗口中，找到并双击要打开的工作簿文件。

方法二：在 Excel 2016 窗口中，执行"文件"→"打开"→"最近"命令，然后在右侧的窗格中单击要打开的工作簿，如图 1.6 所示。

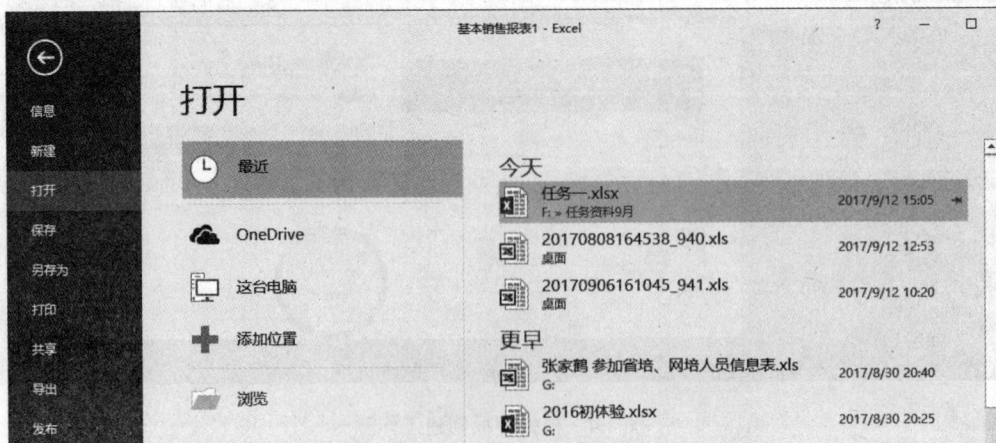

图 1.6　打开工作簿(方法二)

方法三： 在 Excel 2016 窗口中，执行"文件"→"打开"→"这台电脑"命令，在右侧的"这台电脑"窗格中单击"浏览"按钮，在弹出的"打开"对话框中找到并选中要打开的工作簿文件，然后单击"打开"按钮即可。具体操作如图 1.7 所示。

图 1.7　打开工作簿(方法三)

方法四： 在已登录 Office 账户的情况下，执行"文件"→"打开"→"SkyDrive"命令，在右侧的窗格中单击"浏览"按钮，在弹出的"打开"对话框中找到并选中要打开的工作簿文件，然后单击"打开"按钮即可。

> **提示：** 在打开的对话框中，单击"打开"按钮右侧的下拉按钮，在弹出的下拉列表中可以选择打开工作簿的方式，分别有"打开""以只读方式打开""以副本方式打开"等 6 种打开方式。

3. 保存工作簿

新建一个工作簿或对工作簿进行编辑之后，需要将其保存起来，以备日后使用。为防止数据丢失，应养成随时保存的工作习惯。在保存工作簿时，我们可以根据需要选择不同的保存方式。

1) 手动保存工作簿

(1) 保存新建的工作簿。新建的工作簿需要进行保存，避免丢失工作进度，造成损失。保存新建工作簿的方法如下。

方法一： 单击"快速访问工具栏"中的"保存"按钮，如图 1.8 所示。

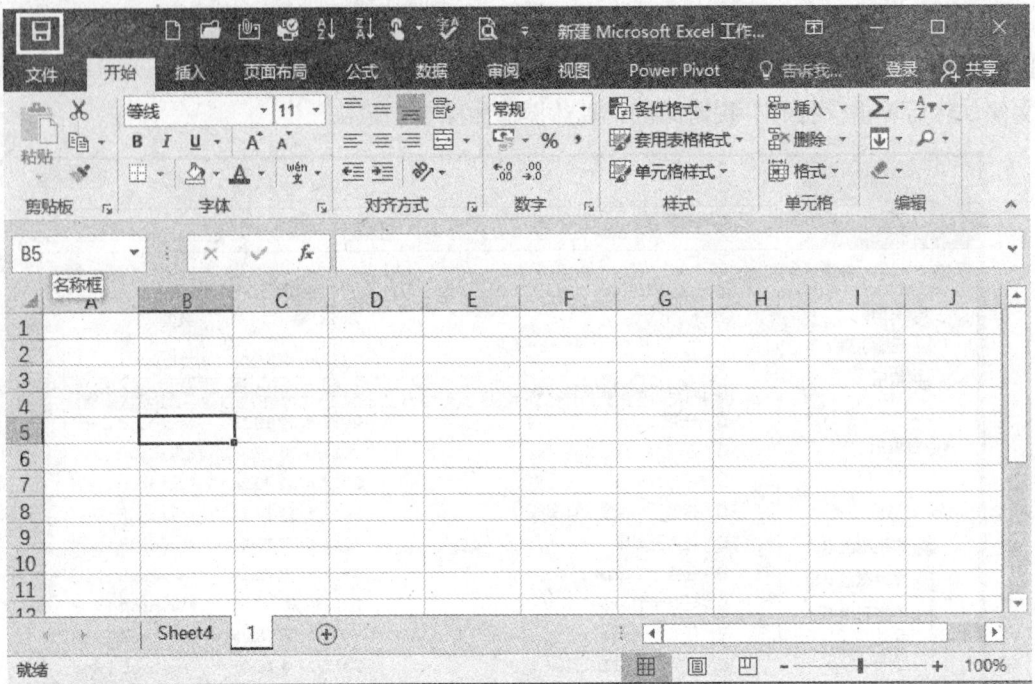

图 1.8　保存工作簿(方法一)

方法二： 执行"文件"→"另存为"→"浏览"命令，如图 1.9 所示。

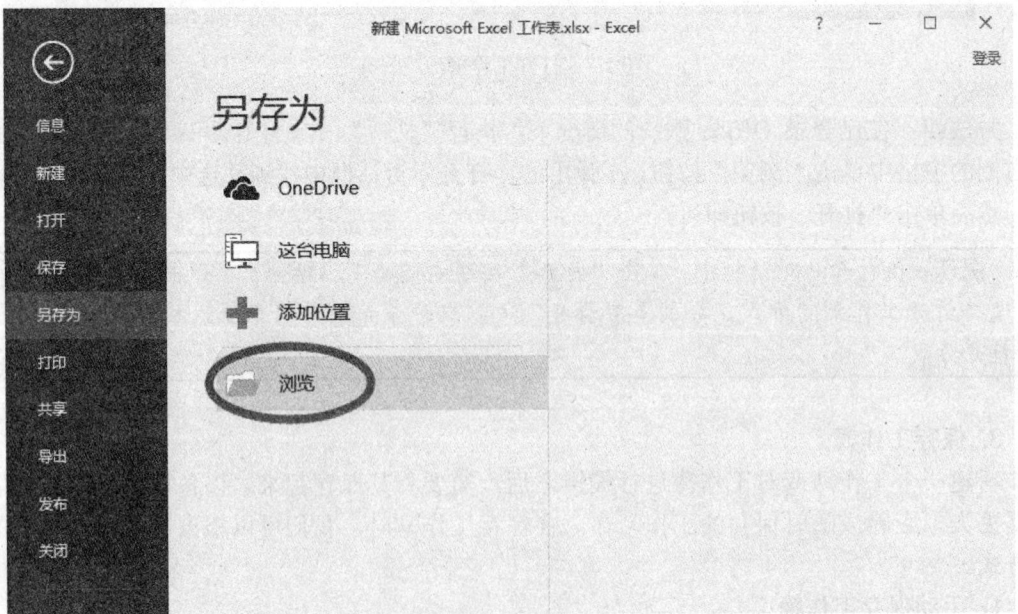

图 1.9　单击"浏览"选项

　　弹出"另存为"对话框，在其中设置文档的保存位置、文件名和保存类型，然后单击"保存"按钮即可，如图 1.10 所示。

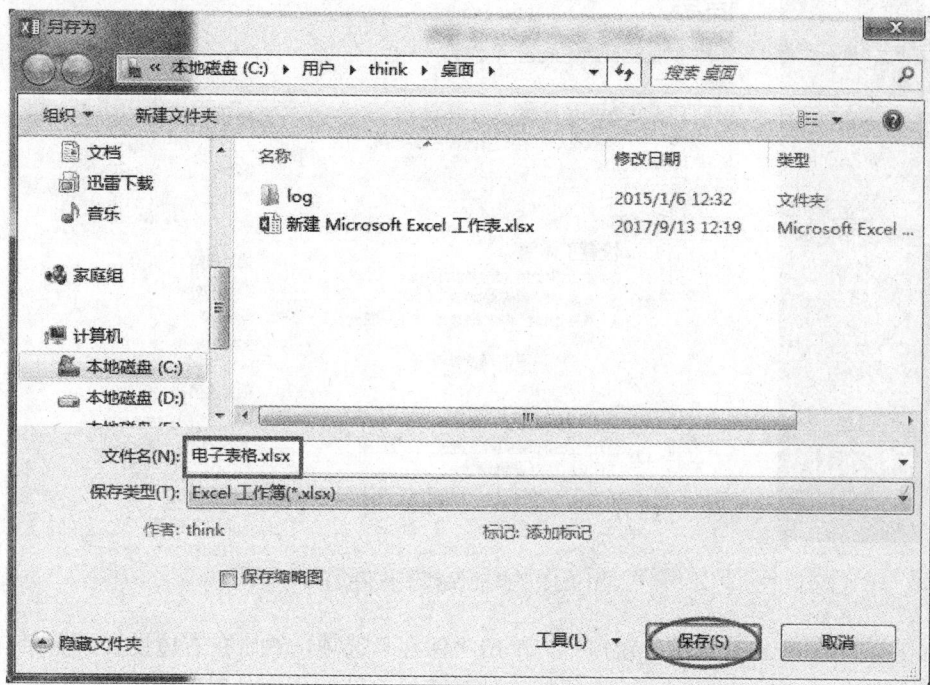

图 1.10　保存工作簿(方法二)

> 　　提示：如果已经对工作簿进行过保存操作，在重新编辑过工作簿之后，再次单击"保存"按钮将不会打开"另存为"对话框，也不需要再次设置，系统将工作簿默认保存在上一次保存的位置。

　　(2) 将工作簿另存。对原有的工作簿进行修改后，需要对其执行保存操作。保存原有工作簿有两种情况：一是直接保存；二是对其进行备份保存。

　　直接保存会覆盖掉原来的内容，只保存修改后的内容。直接单击"快速访问工具栏"中的"保存"按钮即可。

　　备份保存不影响原来工作簿中的内容，是将编辑后的工作簿作为副本另行保存到电脑中。切换到"文件"选项卡，单击左侧窗格中的"另存为"命令，然后在"另存为"子选项卡中参照保存新建工作簿的方法操作即可。

　　2) 自动保存工作簿

　　使用 Excel 编辑表格过程中，可能由于断电、系统不稳定、操作失误、程序崩溃等原因出现文档自动关闭的情况。如果能设置自动保存，那将对工作起到事半功倍的效果，不会因为忘记手动保存而浪费时间重新制作表格。自动保存工作簿的方法如下。

　　(1) 单击"文件"按钮，然后在弹出的选项面板中选择"选项"，如图 1.11 所示。

7

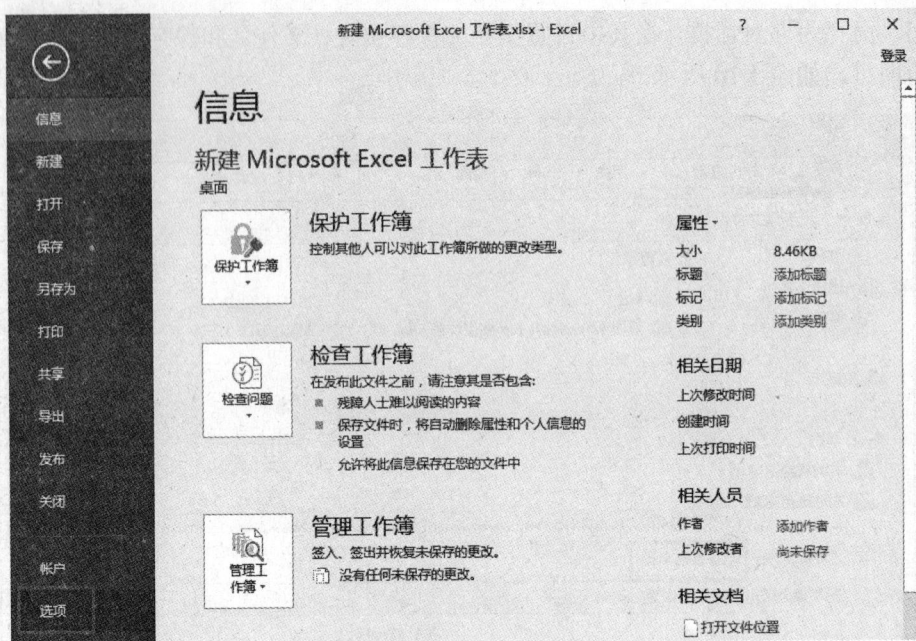

图 1.11　自动保存工作簿(1)

(2) 在打开的 "Excel 选项" 窗口中，单击 "保存" 选项，然后在右边设置 "保存自动恢复信息时间间隔"，设定的时间越短，恢复的文件越接近系统发生意外时的编辑状况，并勾选 "如果我没保存就关闭，请保留上次自动保留的版本" 选项，完成后单击 "确定" 按钮，如图 1.12 所示。

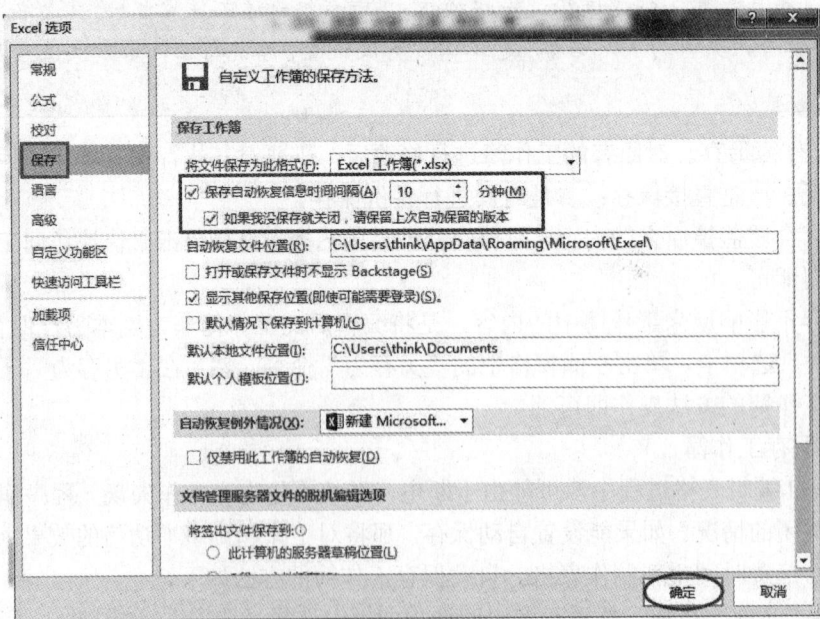

图 1.12　自动保存工作簿(2)

> 提示：异常情况下关闭的 Excel 文件可以在"自动恢复文件位置"对应的目录中找到。

3) 带密码保存工作簿

为了防止他人对重要的工作簿进行篡改、复制、删除等操作，应对制作的工作簿进行保护设置。单击"审阅"选项卡下的"保护工作簿"按钮，在打开的"保护结构和窗口"对话框中输入相应的密码，并单击"确定"按钮，则必须输入密码才能打开此工作簿，具体操作如图 1.13 所示。

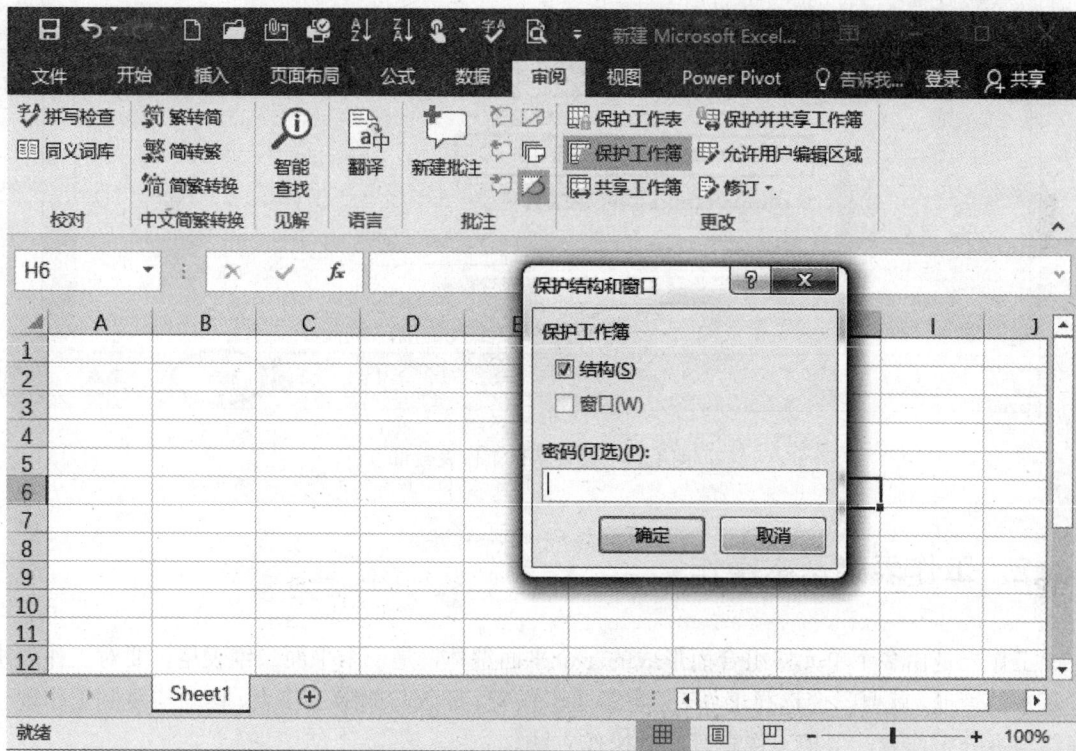

图 1.13　对工作簿设置密码

4. 设置新建工作簿的默认工作表数量

在创建工作簿时，系统默认已经包含了名为 Sheet1 的工作表，如果用户想在创建工作簿时创建多张工作表，可以通过参数设置来改变新建工作簿中工作表的数量。

操作方法：依次单击"文件"→"选项"命令，打开"Excel 选项"对话框，单击"常规"选项卡，然后在"包含的工作表数"右侧的微调框中设置默认包含的工作表数目。

设置完成后，下次新建工作簿时，默认自动创建的工作表会随着设置数目而定，并自动命名为 Sheet1-Sheet N。具体操作如图 1.14 所示。

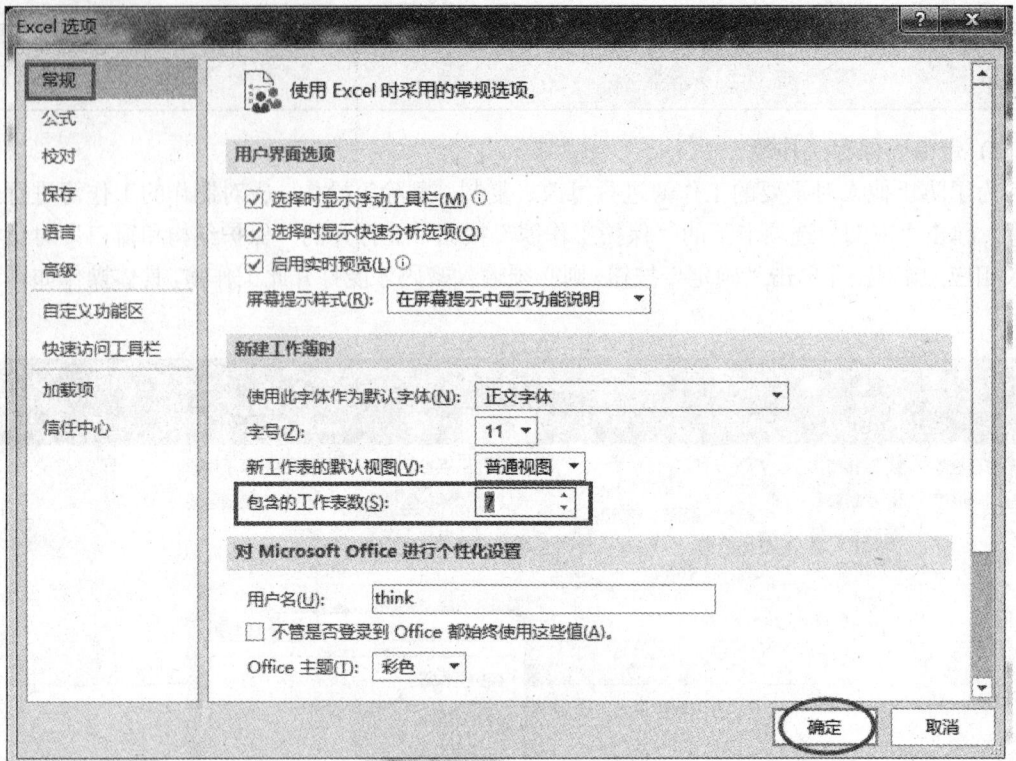

图 1.14　设置默认工作表数量

1.1.2　工作表的基本操作

工作表是由多个单元格组合而形成的一个平面整体，是一个平面二维表格。要对工作表进行基本的管理，就要学会选择工作表、重命名工作表、插入与删除工作表、移动与复制工作表、冻结与拆分工作表、保护工作表等基础操作方法。

1. 插入工作表

上一小节详细介绍了设置新建工作簿的默认工作表数量的操作方法，本节着重介绍从现有工作簿中创建工作表的方法。

方法一： 在 Excel 功能区的"开始"选项卡的"单元格"组中选择"插入"→"插入工作表"命令，如图 1.15 所示。

方法二： 单击工作表标签右侧的"新工作表"按钮，在工作表的末尾处可快速插入新工作表，如图 1.16 所示。

方法三： 在当前工作表的标签上单击鼠标右键，在弹出的快捷菜单中选择"插入"命令，然后在弹出的"插入"对话框中单击"确定"按钮，即可成功创建，如图 1.17 所示。

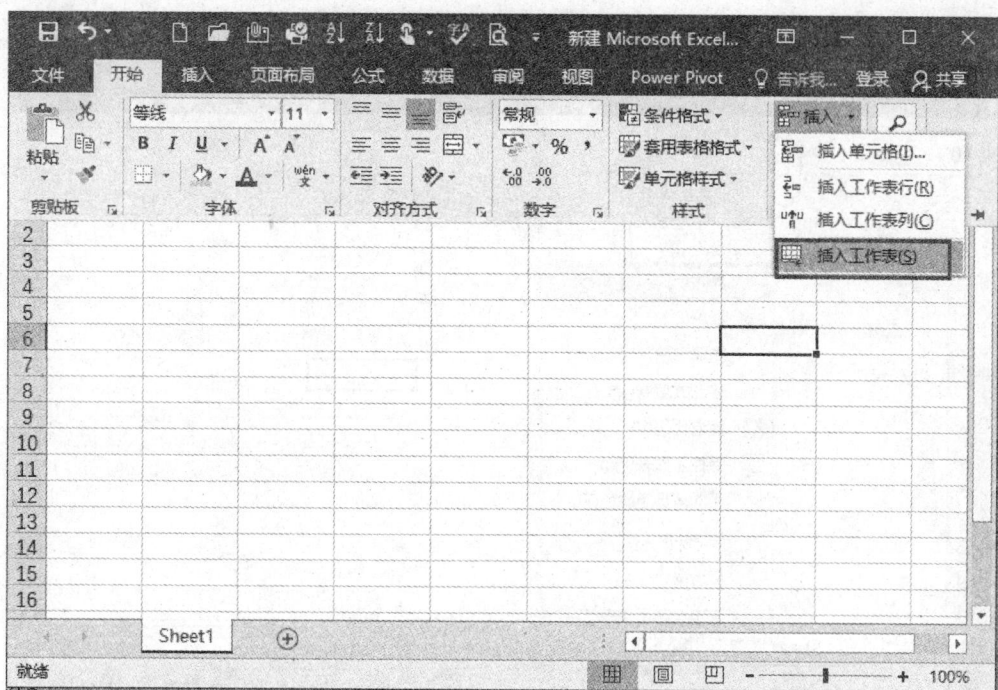

图 1.15　插入工作表(方法一)

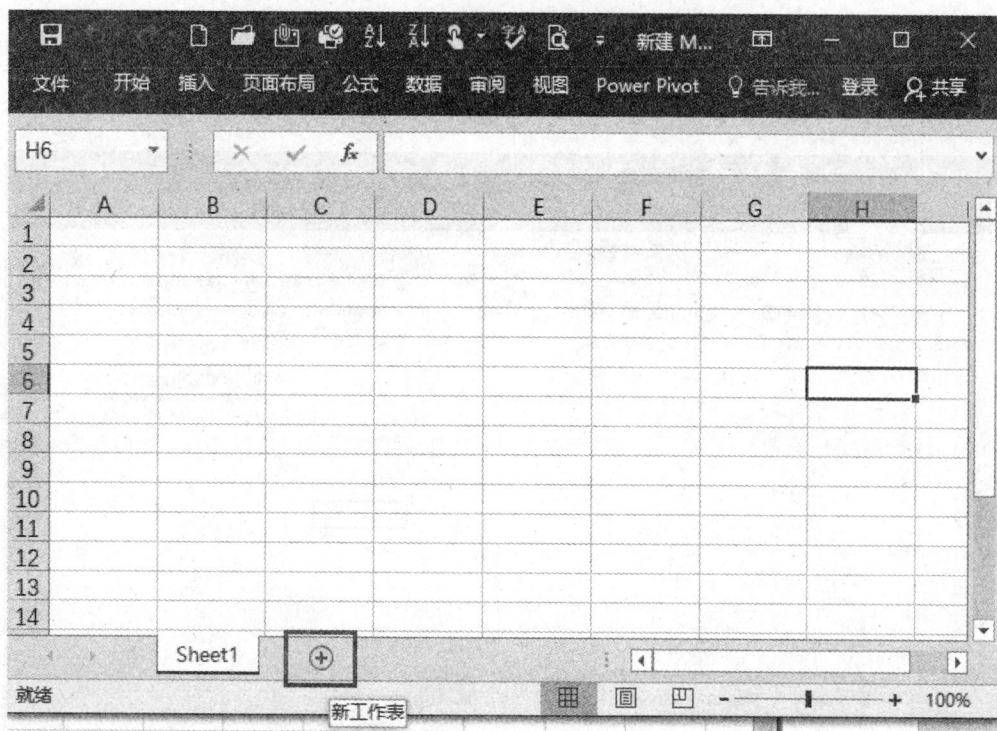

图 1.16　插入工作表(方法二)

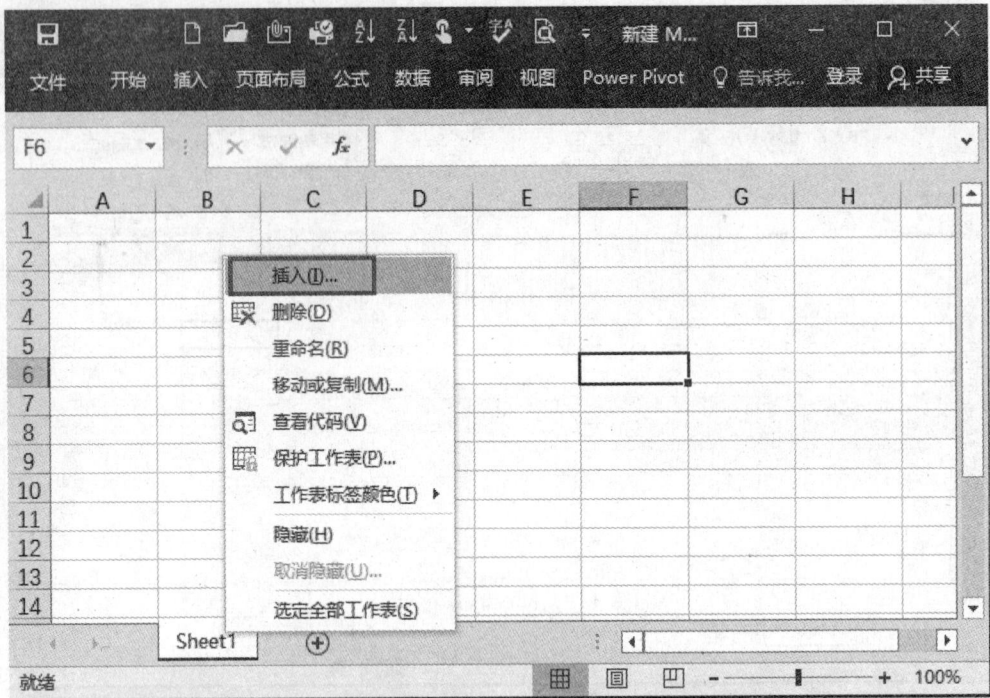

图 1.17　插入工作表(方法三)

　　方法四：在键盘上按下 Shift+F11 组合键，可以在当前工作表前插入新工作表。
　　方法五：在按住 Shift 键的同时选中多张工作表，然后在"开始"选项卡的"单元格"组中执行"插入"→"插入工作表"命令，可一次插入多张工作表，如图 1.18 所示。

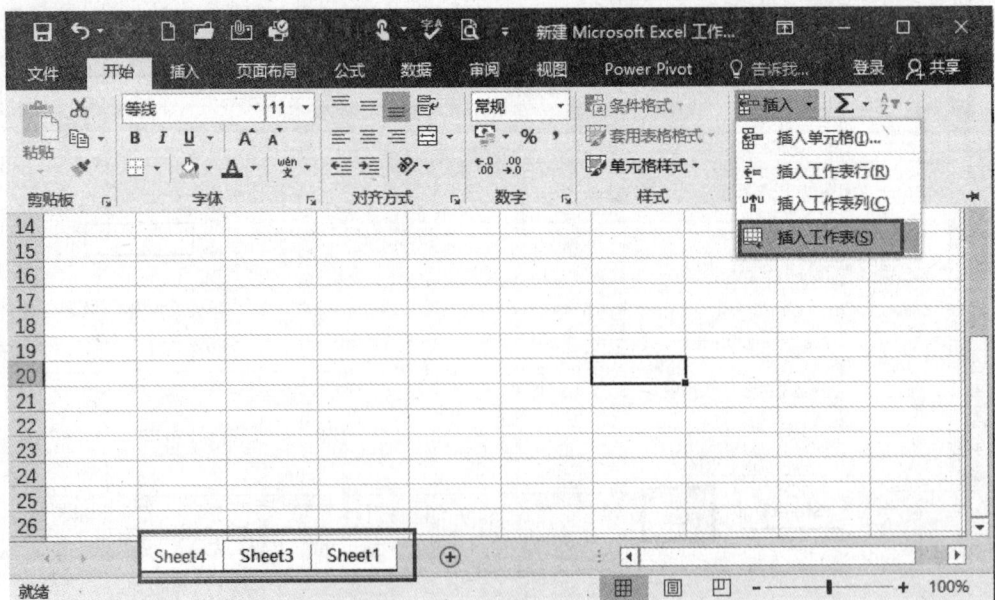

图 1.18　插入工作表(方法五)

2. 选择工作表

通过单击窗口底部的工作表标签,可以快速选择不同的工作表。如果要同时在几个工作表中输入或编辑数据,可以通过选择多个工作表组合,还可以同时对选中的多个工作表进行格式设置或打印来实现。具体操作如下。

单击工作表标签即可选中相应工作表使之变为活动工作表;选中第一张工作表后按住 Ctrl 键不放,继续单击任意一张工作表标签即可同时将标签对应的工作表选中;选中第一张工作表后按住 Shift 键不放,继续单击任意一张工作表标签即可同时选中这两个工作表标签之间的所有工作表;右击任意一个工作表标签,在弹出的快捷菜单中选择"选定全部工作表"命令,即可选中所有工作表,如图 1.19 所示。

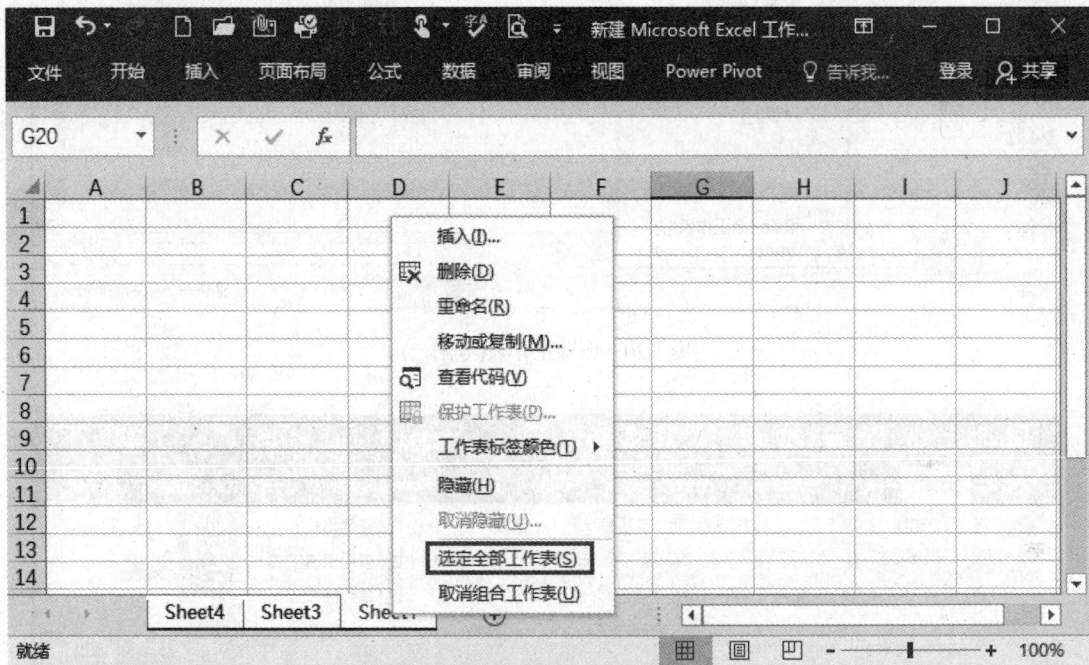

图 1.19 选定全部工作表

3. 删除工作表

在编辑工作簿时,如果工作簿中存在多余的工作表,可以将其删除。工作表一旦删除无法恢复,删除时应谨慎。删除工作表主要有以下两种方法。

方法一: 在工作簿窗口中,用鼠标右键单击需要删除的工作表标签,在弹出的快捷菜单中单击"删除"命令,如图 1.20 所示。

方法二: 选中需要删除的工作表,在"开始"选项卡的"单元格"组中,执行"删除"→"删除工作表"命令,如图 1.21 所示。

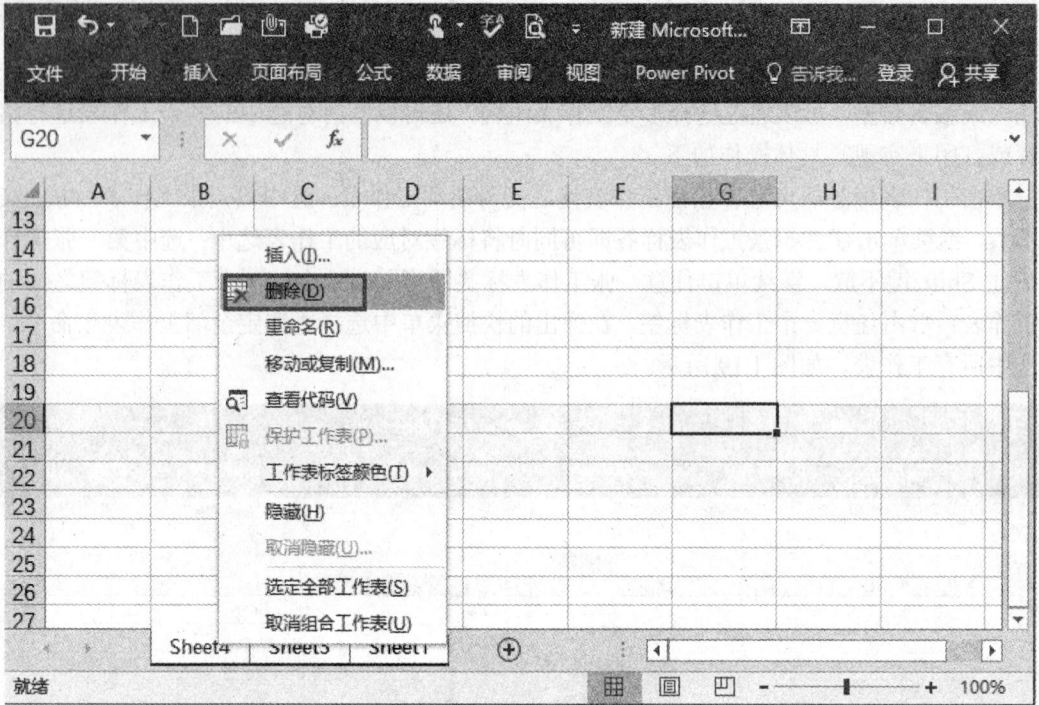

图 1.20　删除工作表(方法一)

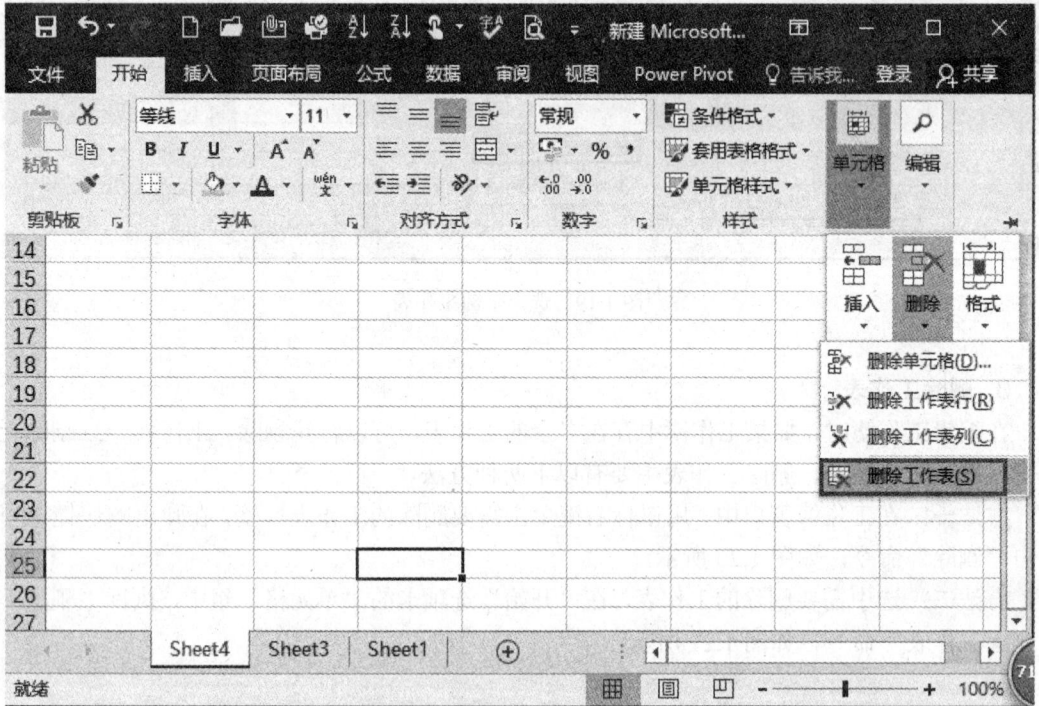

图 1.21　删除工作表(方法二)

4. 重命名工作表

在默认情况下，工作表以 Sheet1，Sheet2，Sheet3，…依次命名，在实际应用中，为了区别工作表，可以根据表格名称、创建日期、表格编号等对工作表进行重命名。重命名工作表的方法主要有以下两种。

方法一： 在 Excel 窗口中，双击需要重命名的工作表标签，此时工作表标签呈可编辑状态，直接输入新的工作表名称即可，如图 1.22 所示。

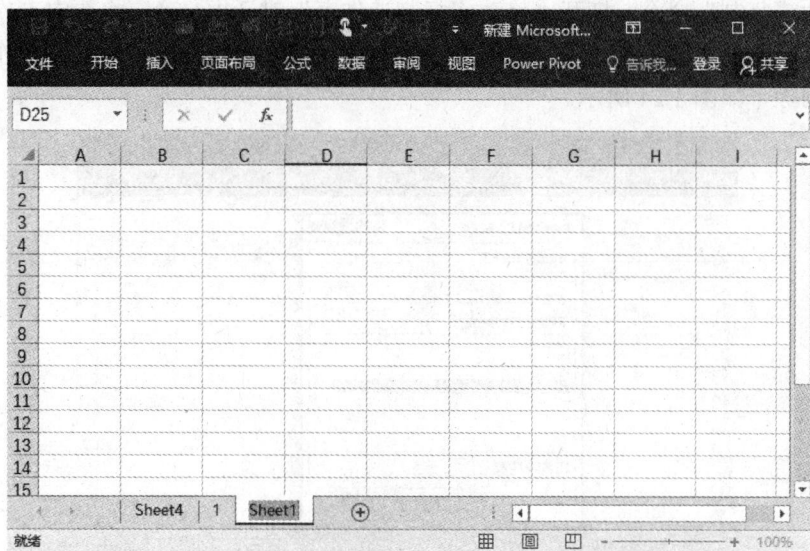

图 1.22 重命名工作表(方法一)

方法二： 用鼠标右键单击工作表标签，在弹出的快捷菜单中单击"重命名"命令，此时工作表标签呈可编辑状态，直接输入新的工作表名称即可，如图 1.23 所示。

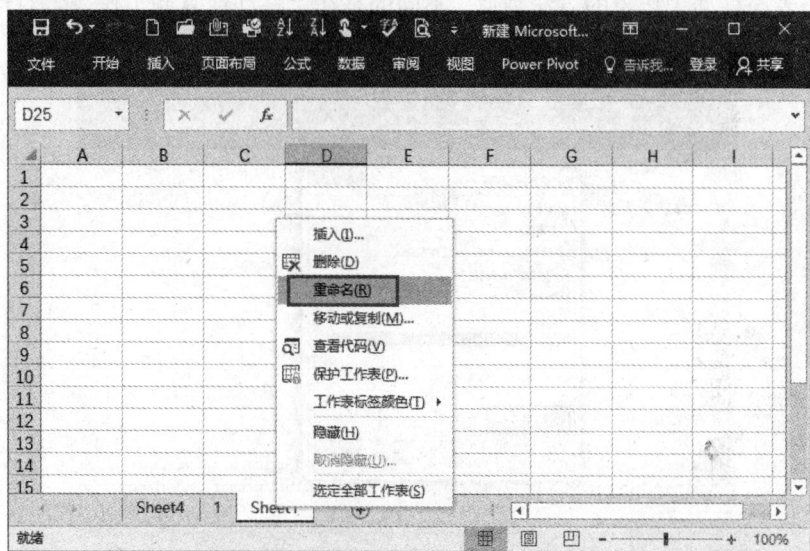

图 1.23 重命名工作表(方法二)

5. 移动或复制工作表

1) 移动工作表

(1) 在同一个工作簿中移动或复制工作表。用鼠标拖动工作表标签，可以改变工作表在同一工作簿中的排列顺序；按住 Ctrl 键的同时用鼠标拖动工作表标签，可以复制这个工作表，原工作表名称加一个带括号的序号即是新工作表的名称。

(2) 在不同工作簿中复制或移动工作表。右击想要移动的工作表标签，在弹出的快捷菜单中选择"移动或复制"命令，打开"移动或复制工作表"对话框，确定将选定工作表移至工作簿的名称，然后单击"确定"按钮，则所选定的工作表移动到目标工作簿，原工作簿中对应的工作表将被删除，如图 1.24 所示。

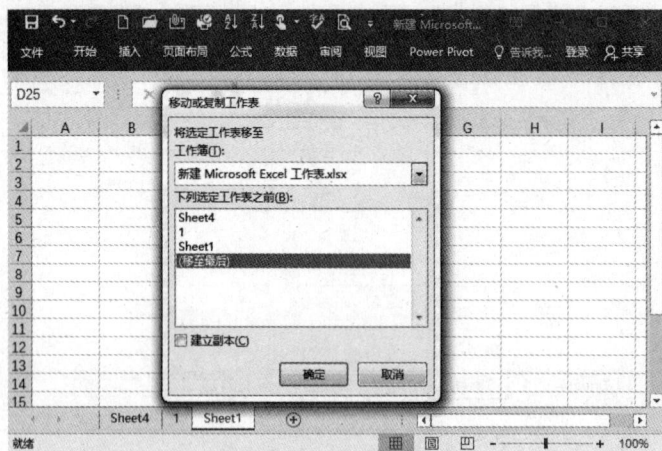

图 1.24 移动工作表

2) 复制工作表

复制工作表与移动工作表的方法类似，不同的是在"移动或复制工作表"对话框中，单击"确定"按钮之前，应先勾选"建立副本"复选框，如图 1.25 所示。

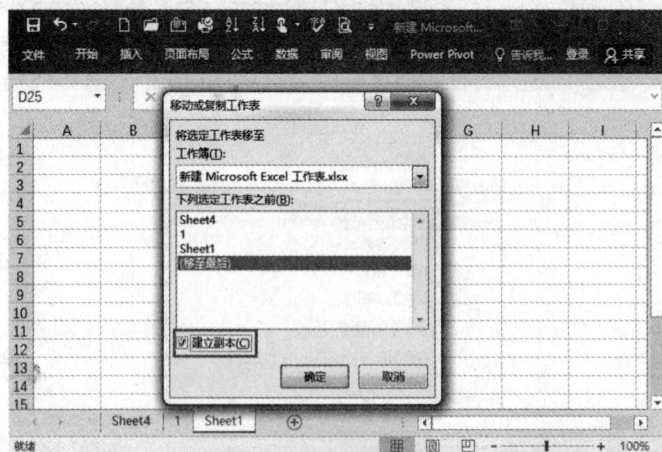

图 1.25 复制工作表

6. 显示或隐藏工作表

1) 隐藏工作表

编辑工作表过程中，如果不想表中的重要数据信息外露，可以将数据所在的工作表隐藏，待需要时再将其显示出来。隐藏工作表的方法主要有以下两种。

方法一： 选中想要隐藏的工作表，单击"开始"选项卡中的"单元格"组中的"格式"下拉按钮，在弹出的下拉菜单中选择"隐藏和取消隐藏"命令，然后在扩展菜单中选择"隐藏工作表"命令即可，具体操作如图 1.26 所示。

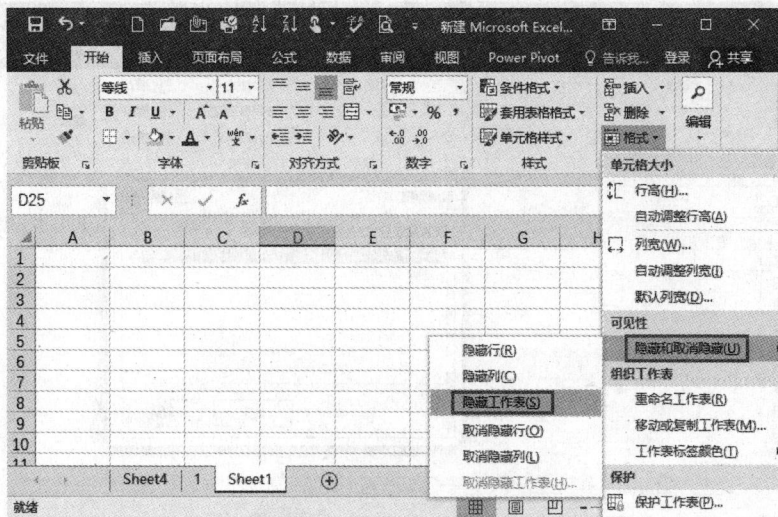

图 1.26 隐藏工作表(方法一)

方法二： 在工作表标签上单击鼠标右键，在弹出的快捷菜单中选择"隐藏"命令，如图 1.27 所示。

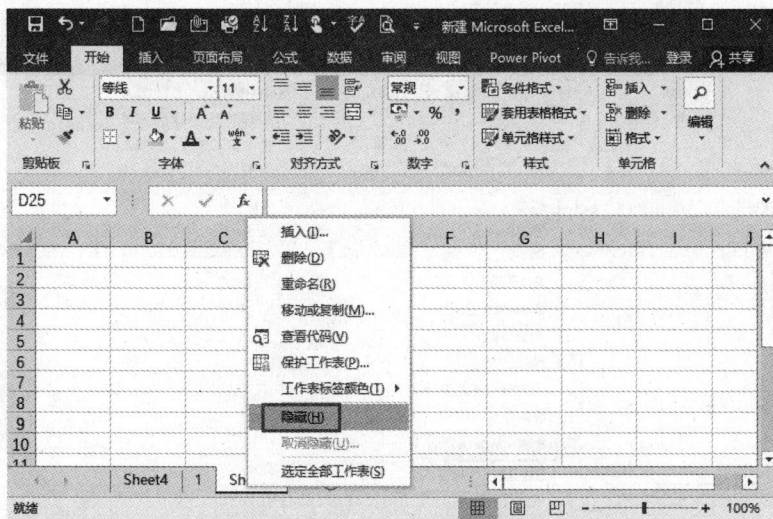

图 1.27 隐藏工作表(方法二)

17

提示：工作簿中至少需要保留一张工作表，如果需要隐藏所有内容的工作表，可以在插入一张空白工作表之后再隐藏该工作表。

2) 取消隐藏工作表

方法一： 在 Excel 功能区单击"开始"选项卡下"单元格"组中的"格式"下拉按钮，在弹出的下拉菜单中选择"隐藏和取消隐藏"命令，然后在扩展菜单中选择"取消隐藏工作表"命令，并在弹出的"取消隐藏"对话框中单击"确定"按钮即可，如图 1.28 所示。

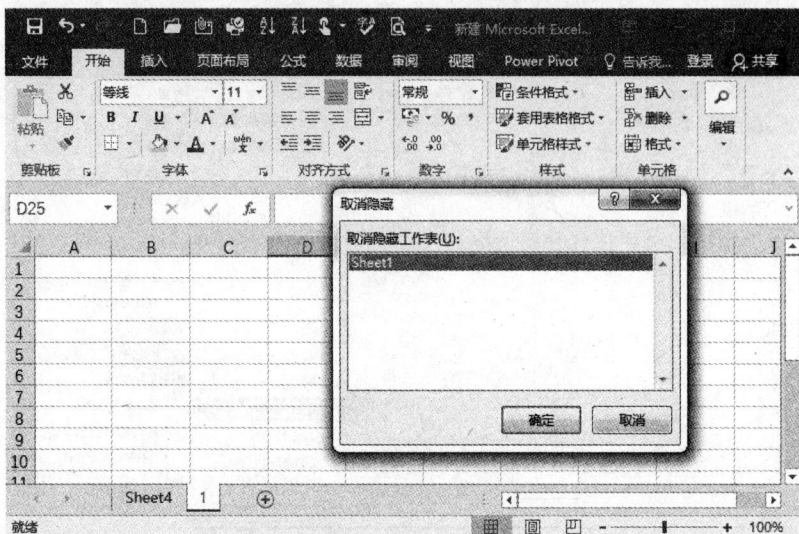

图 1.28　取消隐藏工作表(方法一)

方法二： 在工作表标签上单击鼠标右键，在弹出的快捷菜单中单击"取消隐藏"命令，然后在"取消隐藏"对话框中选择需要取消隐藏的工作表，再单击"确定"按钮即可，如图 1.29 所示。

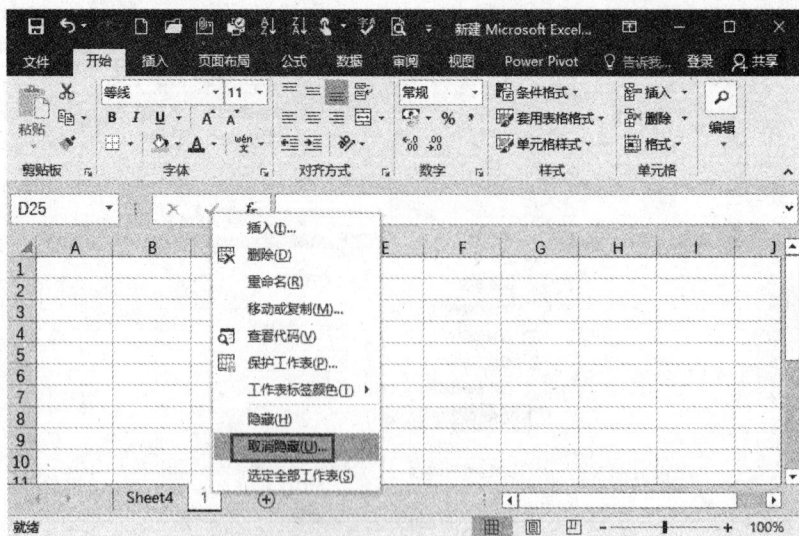

图 1.29　取消隐藏工作表(方法二)

7. 保护工作表

保护工作表可以防止用户在工作表中插入、删除行或列，设置单元格格式等。设置方法为：单击"审阅"选项卡中"保护工作表"选项，打开"保护工作表"对话框，在"取消工作表保护时使用的密码"文本框中输入密码，单击"确定"按钮。保护工作表仅对锁定的单元格有效，默认的单元格都是锁定的，具体操作如图 1.30 所示。

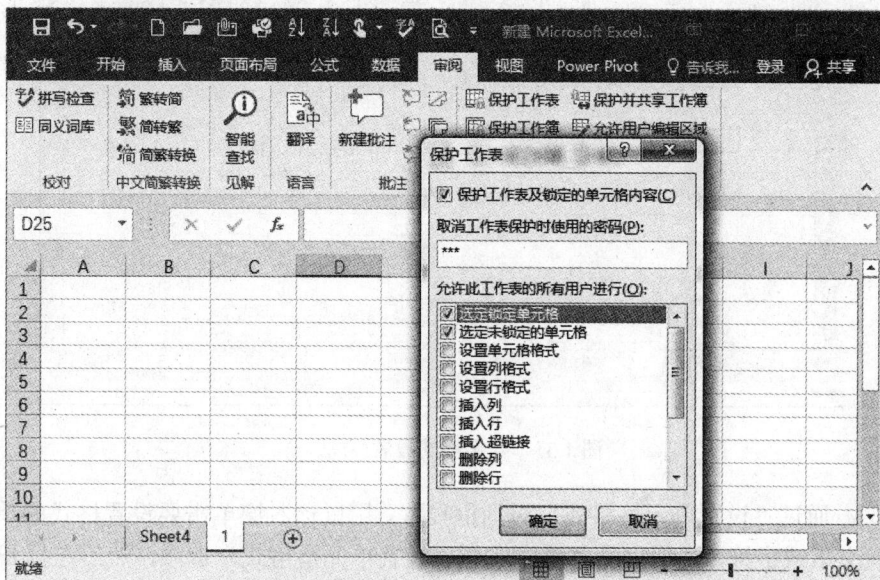

图 1.30　保护工作表

1.1.3　单元格的基本操作

我们常说的表格，是由许多横线和竖线交叉而成的一排排格子，在这些线条围成的格子中填上数据，就是我们使用的表。比如职工考勤表、销售明细表等。

Excel 作为一个电子表格软件，最基本的操作形态就是由横线和竖线组成的标准表格。在 Excel 工作表中，横线所间隔出来的区域称为行(row)，竖线分隔出来的区域称为列(column)，行和列交叉所形成的格子就称为单元格(cell)。

在单元格中输入数据后，还需要对数据格式进行设置，例如设置数字格式、字体、对齐方式、边框填充等。设置数据格式可以美化表格内容。

1. 单元格的格式设置

1) 数字

在 Excel 2016 中，输入数字后可以根据需要设置数字的格式，如常规格式、货币格式、文本格式、会计专用格式、日期格式和分数格式等。数字格式的设置方法有以下两种。

方法一：通过"数字"组进行设置。选择要设置格式的单元格、单元格区域、文本或字符，在"开始"选项卡的"数字"组中执行相应的操作即可，如图1.31所示。

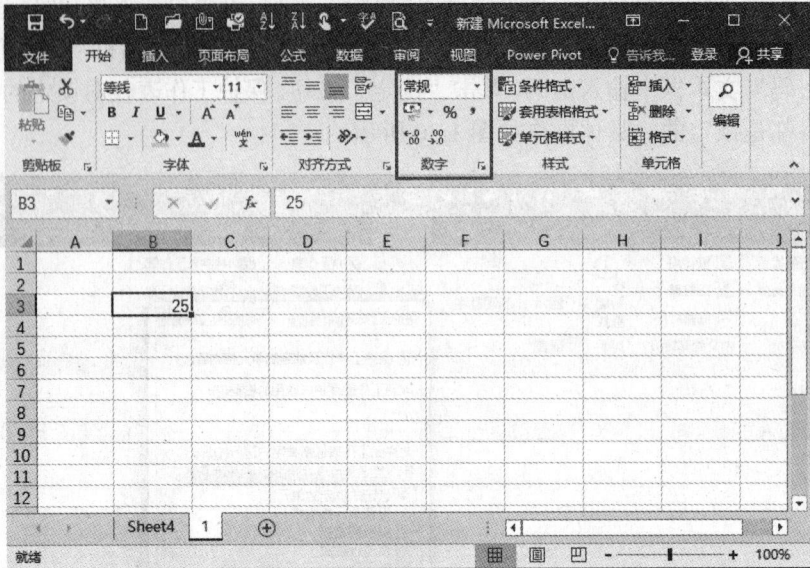

图 1.31　数字格式设置(方法一)

方法二: 通过"设置单元格格式"对话框设置。用鼠标右键单击要设置格式的单元格、单元格区域、文本或字符，从弹出的菜单中选择"设置单元格格式"选项，然后在打开的对话框中选择"数字"选项卡，即可对数字格式进行设置，操作如图1.32所示。

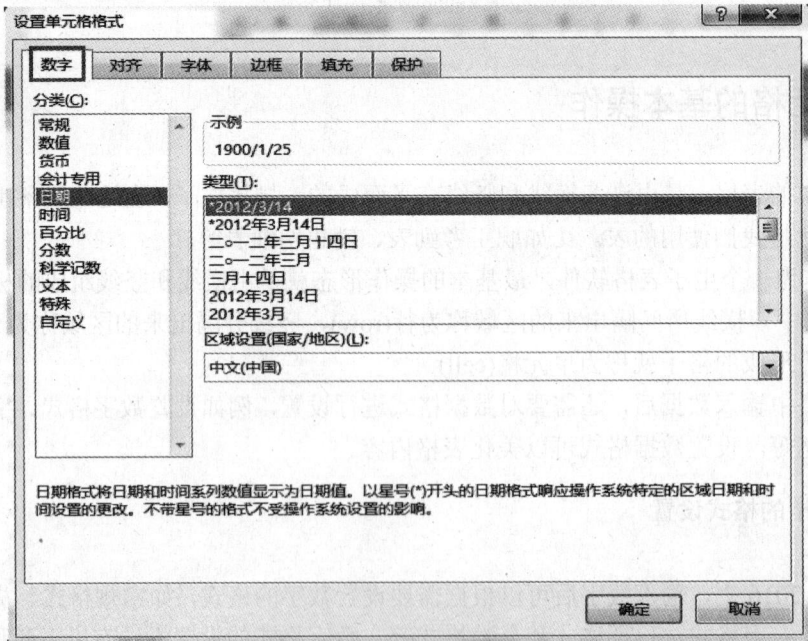

图 1.32　数字格式设置(方法二)

2) 对齐

在 Excel 单元格中，文本默认为左对齐，数字默认为右对齐。为了保证工作表中的数据整齐，可以为数据重新设置对齐方式，选中需要设置的单元格，在"对齐方式"组中和"设置单元格格式"对话框中都可以进行对齐方式的设置。

(1)"对齐方式"组中各按钮的样式与含义。按钮样式如图 1.33 所示。

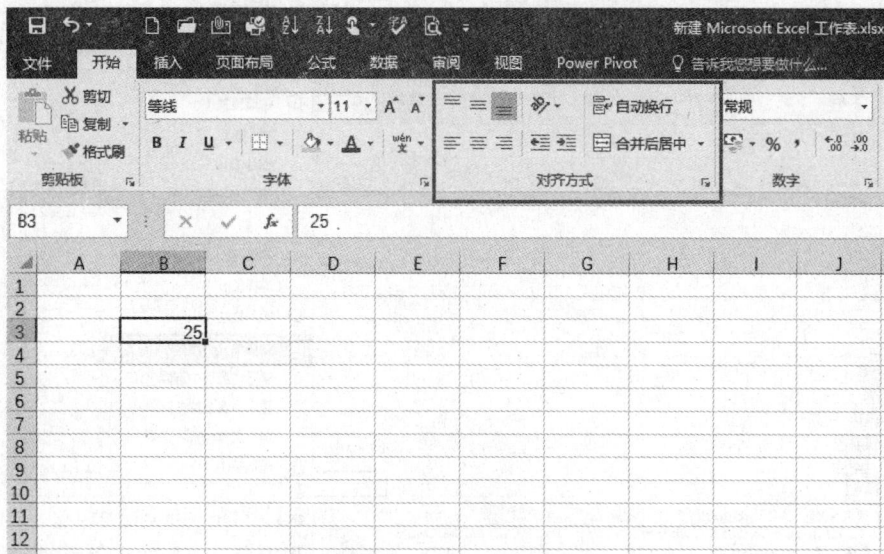

图 1.33 对齐按钮样式

- 垂直对齐方式按钮：通过"顶端对齐"按钮、"垂直居中"按钮、"底端对齐"按钮，可以在垂直方向上设置数据的对齐方式。单击"顶端对齐"按钮，数据将靠单元格的顶端对齐；单击"垂直居中"按钮，可以使数据在单元格内上下居中对齐；单击"底端对齐"按钮，数据将靠单元格的底端对齐。

- 水平对齐方式按钮：通过"左对齐"按钮、"居中"按钮、"右对齐"按钮，可以在水平方向上设置数据的对齐方式。单击"左对齐"按钮，数据将靠单元格的左端对齐；单击"居中"按钮，数据将在单元格中左右居中对齐；单击"右对齐"按钮，数据将靠单元格右端对齐。

- "方向"按钮：单击"方向"按钮，在弹出的下拉菜单中选择文字需要旋转的 45° 倍数方向，选择"设置单元格格式"，在打开的对话框中可以设置需要旋转的更精确的角度。

- "自动换行"按钮：当单元格中的数据太多，无法完整显示在单元格中时，可以单击"自动换行"按钮，将该单元格中的数据自动换行后以多行形式显示在单元格中，方便直接阅读其中的数据。如果要取消自动换行，再次单击该按钮即可。

- "减少缩进量"按钮和"增加缩进量"按钮：单击"减少缩进量"按钮，可减小单元格边框与单元格数据之间的边距；单击"增加缩进量"按钮，可以增大单元格边框与单元格数据之间的边距。

(2) 利用"设置单元格格式"对话框设置对齐方式。将需要设置对齐方式的单元格和单元格区域选中，单击鼠标右键，在弹出的"设置单元格格式"菜单中可以设置对齐方式，操作如图 1.34、图 1.35 所示。

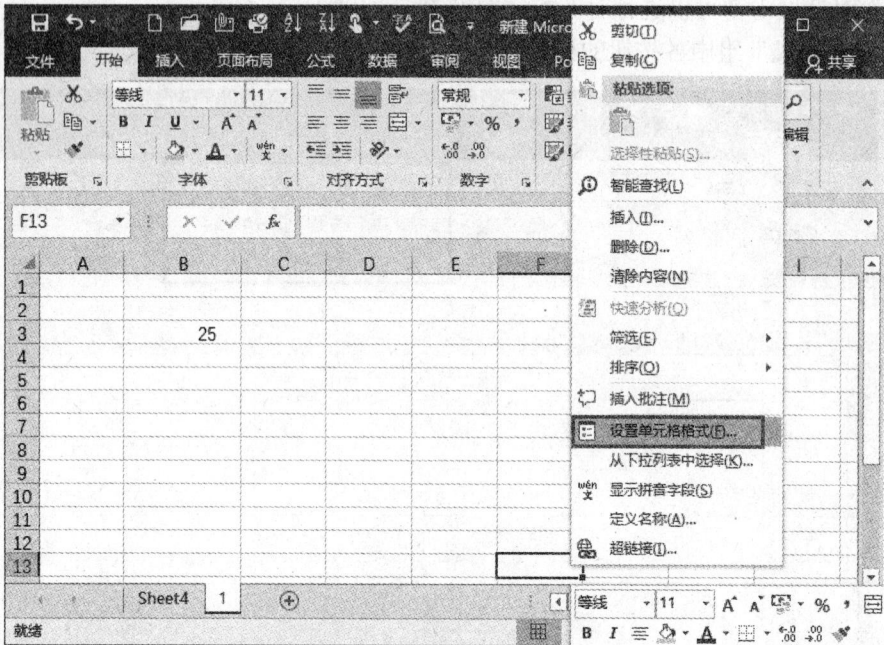

图 1.34　单元格设置对齐方式(1)

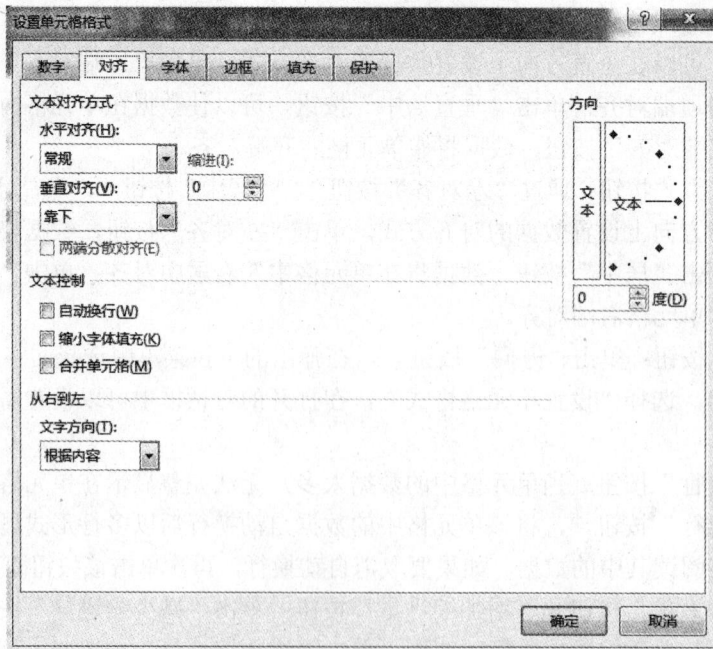

图 1.35　单元格设置对齐方式(2)

3) 字体

为了制作出美观的电子表格，用户可以更改工作表中单元格或单元格区域中的字体、字号或颜色等文本格式。设置方法主要包括以下几种。

方法一： 通过浮动工具栏设置。双击需设置字体格式的单元格，将光标插入其中，拖动鼠标左键，选择要设置的字符，并将光标放置在选择的字符上。片刻后将出现一个半透明的浮动工具栏，将光标移到上面，浮动工具栏将变得不透明，在其中可设置字符的字体格式。操作如图 1.36 所示。

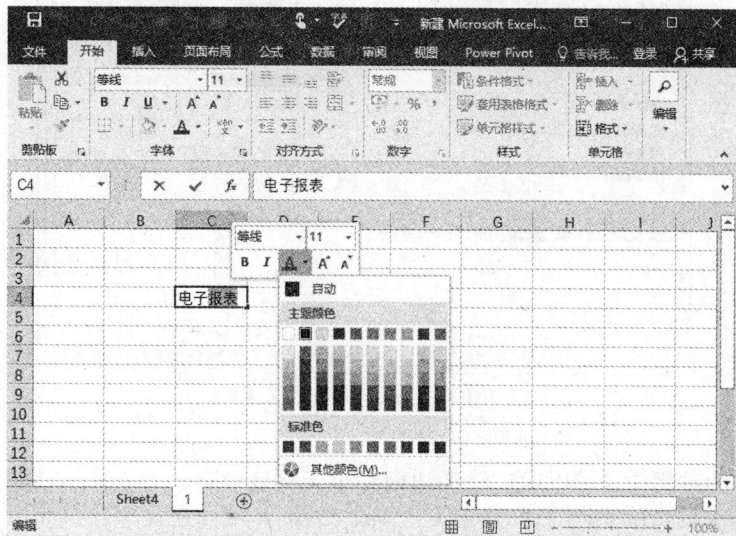

图 1.36　设置字体(方法一)

方法二： 通过"字体"组设置。选择要设置格式的单元格、单元格区域、文本或字符，在"开始"选项卡的"字体"组中可执行相应的操作来改变字体格式，如图 1.37 所示。

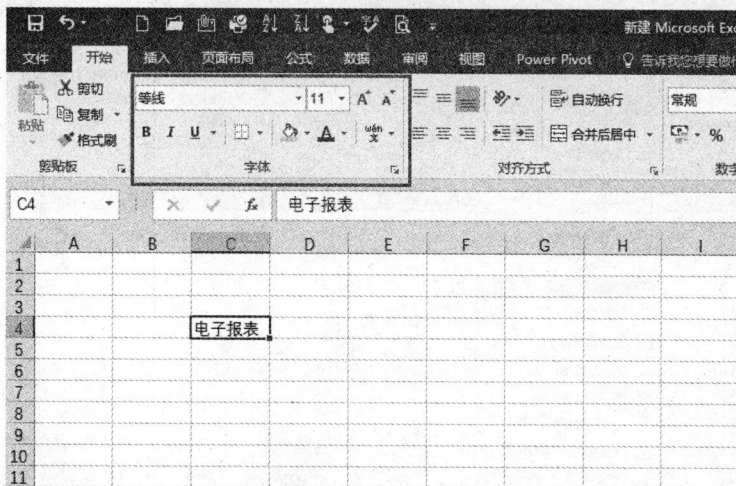

图 1.37　设置字体(方法二)

方法三: 通过"设置单元格格式"对话框设置。选择要设置格式的单元格、单元格区域、文本或字符,单击鼠标右键,在弹出的"设置单元格格式"对话框中,在"字体"选项卡下可根据需要设置字体、字形、字号以及颜色等字体格式,操作如图 1.38 所示。

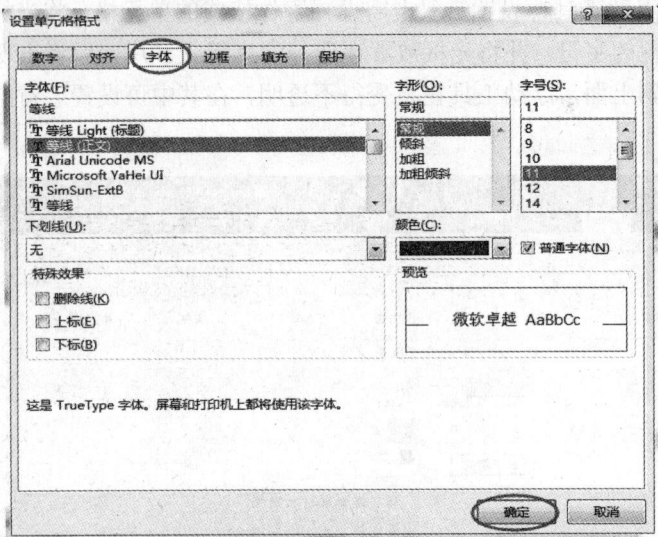

图 1.38　设置字体(方法三)

4) 边框

在编辑表格的过程中,可以通过添加边框和单元格底纹背景等操作,使制作的表格轮廓更加清晰,更具整体感和层次感。默认情况下,Excel 的灰色网格线无法打印出来。为了使工作表更美观,在制作表格时,我们通常需要为其添加边框,方法有以下几种。

方法一: 选中要设置边框的单元格或单元格区域,在"开始"选项卡的"字体"组中展开"边框"下拉菜单,在"边框"栏中根据需要进行选择,快速设置表格边框,如图 1.39 所示。

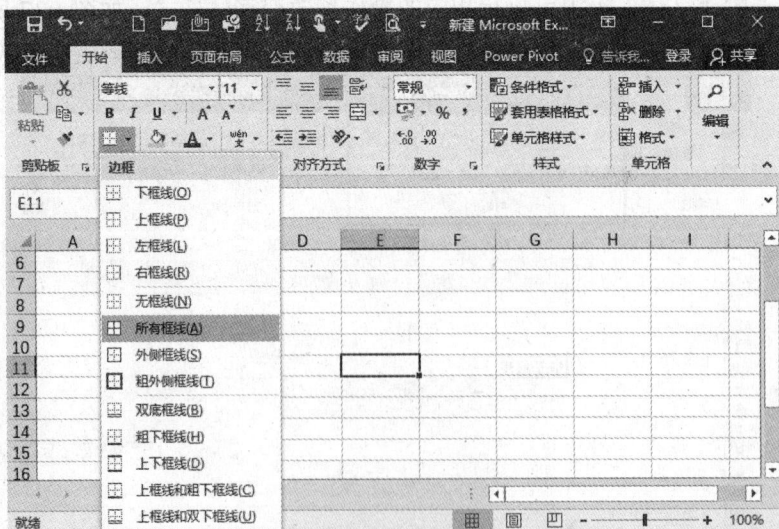

图 1.39　设置边框(方法一)

方法二：选中要设置边框的单元格或单元格区域，在"开始"选项卡的"字体"组中展开"边框"下拉菜单，在"绘制边框"栏中根据需要进行选择，手动绘制表格边框，如图1.40所示。

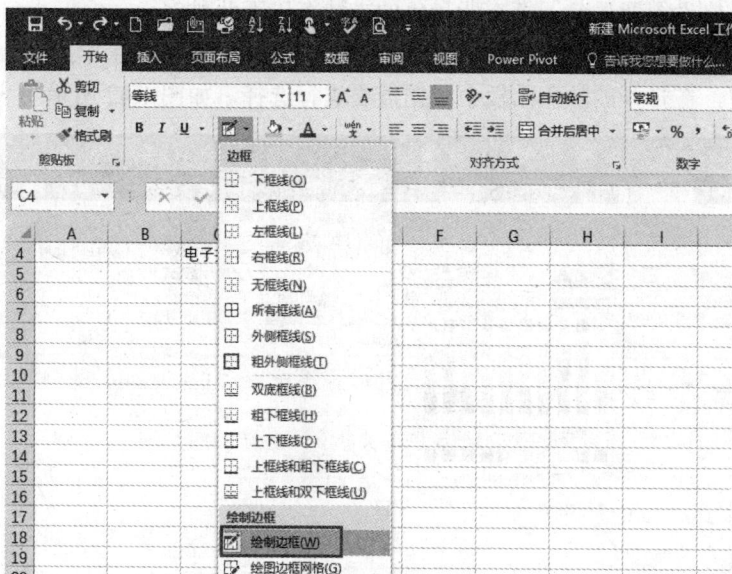

图1.40　设置边框(方法二)

方法三：选中要设置边框的单元格或单元格区域，打开"设置单元格格式"对话框，切换到"边框"选项卡，根据需要详细设置边框线条、颜色、样式、位置等，单击"确定"按钮即可。此处需要注意：选择好样式和颜色之后，一定要单击预置选项确定内、外边框的样式，操作如图1.41所示。

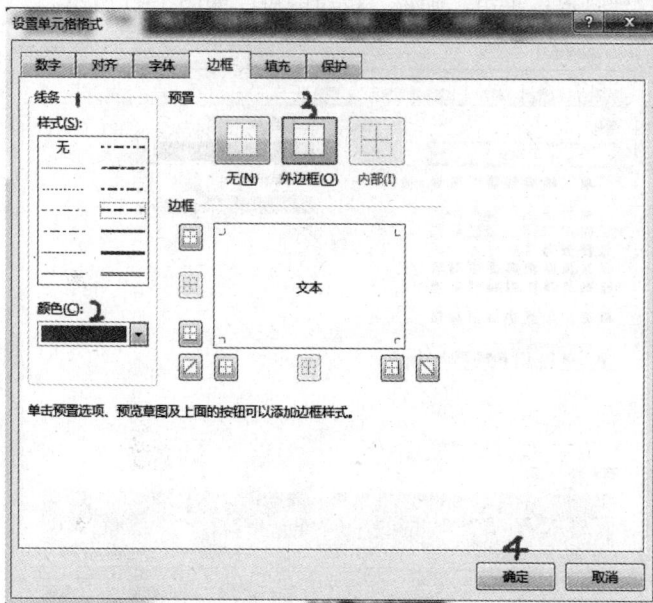

图1.41　设置边框(方法三)

5) 填充

默认情况下，Excel 工作表中的单元格为白色，为了美化表格或者突出单元格中的内容，我们可以为单元格设置背景色，填充背景色的方法有以下两种。

方法一： 选中要设置背景色的单元格区域，在"开始"选项卡的"字体"组中单击"填充颜色"下拉按钮，在打开的颜色面板中根据需要进行选择，如图 1.42 所示。

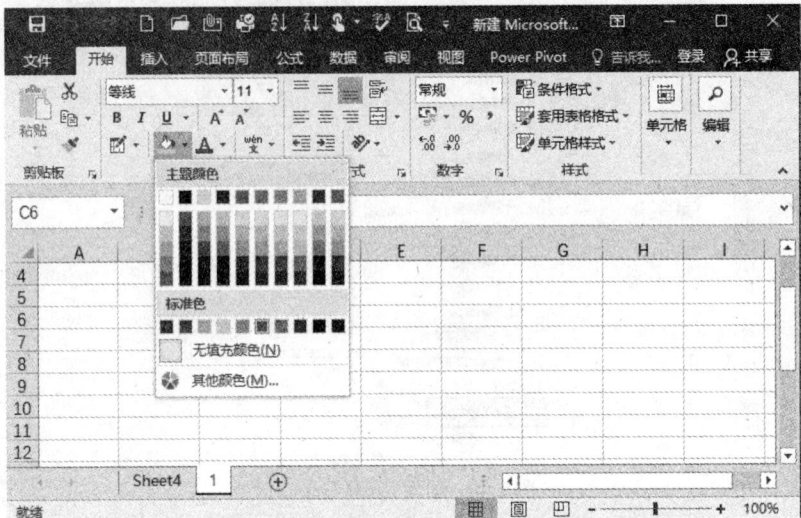

图 1.42　背景填充(方法一)

方法二： 选中要设置背景色的单元格区域，并使用鼠标右键单击，在弹出的快捷菜单中执行"设置单元格格式"命令，此时弹出"设置单元格格式"对话框，在"填充"选项卡的"背景色"色板中选择一种颜色，单击"确定"按钮即可，如图 1.43 所示。

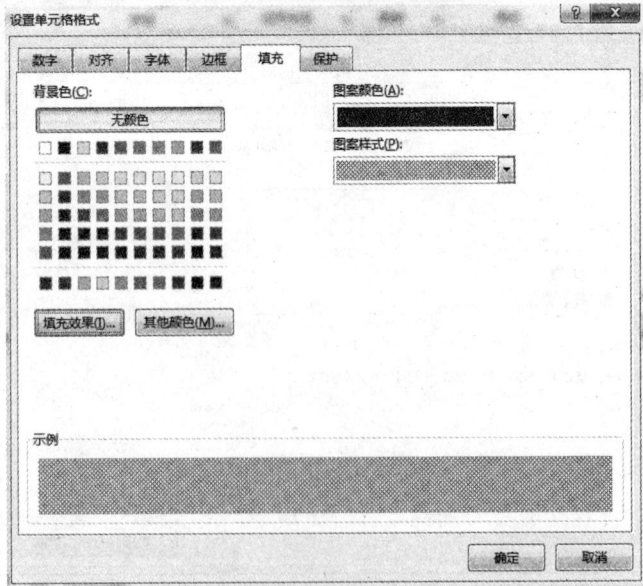

图 1.43　背景填充(方法二)

> 提示：在"设置单元格格式"对话框中单击"填充效果"按钮，可以为单元格设置渐变填充效果；单击"其他颜色"按钮，可以打开"颜色"对话框，其中提供了更多的颜色选项；单击"图案样式"下拉按钮，在打开的下拉列表中可以选择一种图案对单元格进行填充。

6）保护

为防止他人擅自改动单元格中的数据，可将一些重要的单元格锁定。保护单元格不仅可以保护单元格的数据而且可以隐藏单元格中的公式。对单元格的保护需要通过对工作表进行保护才可以实现。

操作方法：首先选中需要保护的单元格，单击鼠标右键，在弹出的快捷菜单中选择"设置单元格格式"命令，打开"设置单元格格式"对话框。在"保护"选项卡中选择"锁定"复选框，单击"确定"按钮，即可完成对选中单元格的保护，如图 1.44 所示。

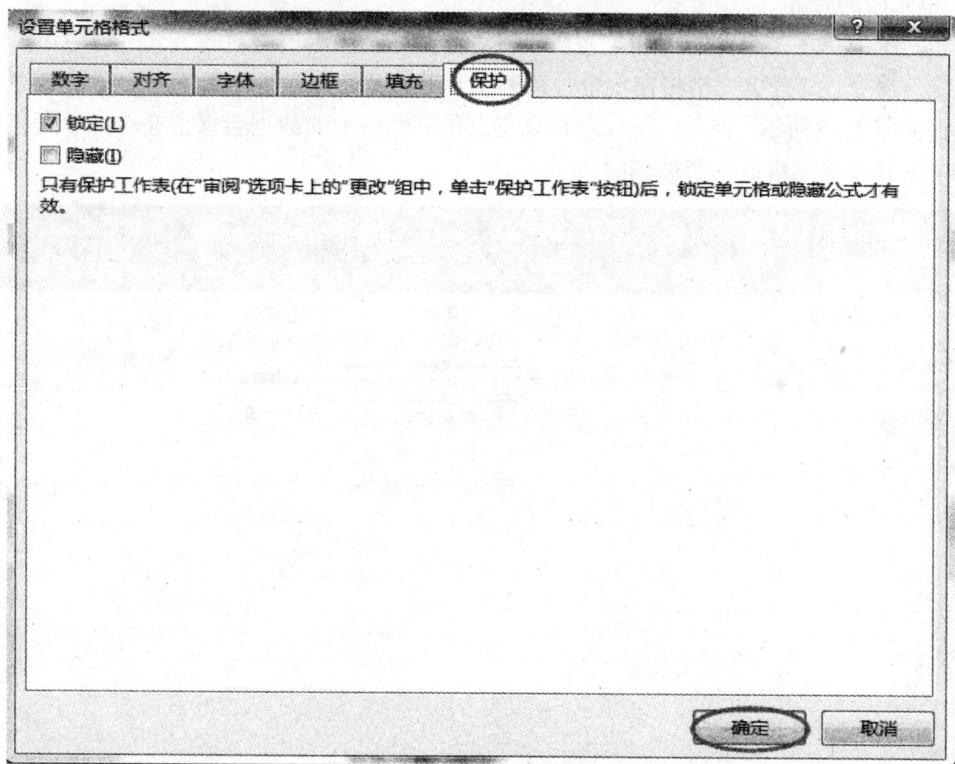

图 1.44　保护单元格

2. 单元格的选择

1）选择一个单元格

将鼠标指针移至目标单元格上并单击，即可选中该单元格。

2）选择多个单元格

(1) 在某个单元格上按住左键不放并拖动鼠标，即可选中连续的单元格组成的单元格区域；

(2) 选中某个单元格后按住 Shift 键不放，再选中另一个单元格，即可将以这两个单元格为对角线的矩形所在范围内的所有单元格选中；

(3) 选中某个单元格后按住 Ctrl 键不放，继续选中其他单元格或单元格区域，可同时选中多个不相邻的单元格或单元格区域；

(4) 将鼠标指针移至需选择的行号或列标上，单击即可选中该行或该列上的所有单元格。

3) 选择全部单元格

单击工作表左上角的行号与列标交叉处的灰色区域，即可选中此工作表中的所有单元格。

3. 单元格的合并与拆分

Excel 允许对单元格进行合并操作，以达到美化表格、突出显示数据的目的。但是，Excel 只允许对合并后的单元格进行拆分。

1) 单元格的合并

选中两个或更多要合并的相邻单元格，在"开始"选项卡的"对齐方式"组中，单击"合并后居中"命令，这些单元格将在一个行或列中合并，并且单元格内容将在合并单元格中居中显示操作如图 1.45 所示。但是，只有合并前左上角单元格中的数据会保留在合并单元格中，所选区域中的其他单元格数据会被删除。

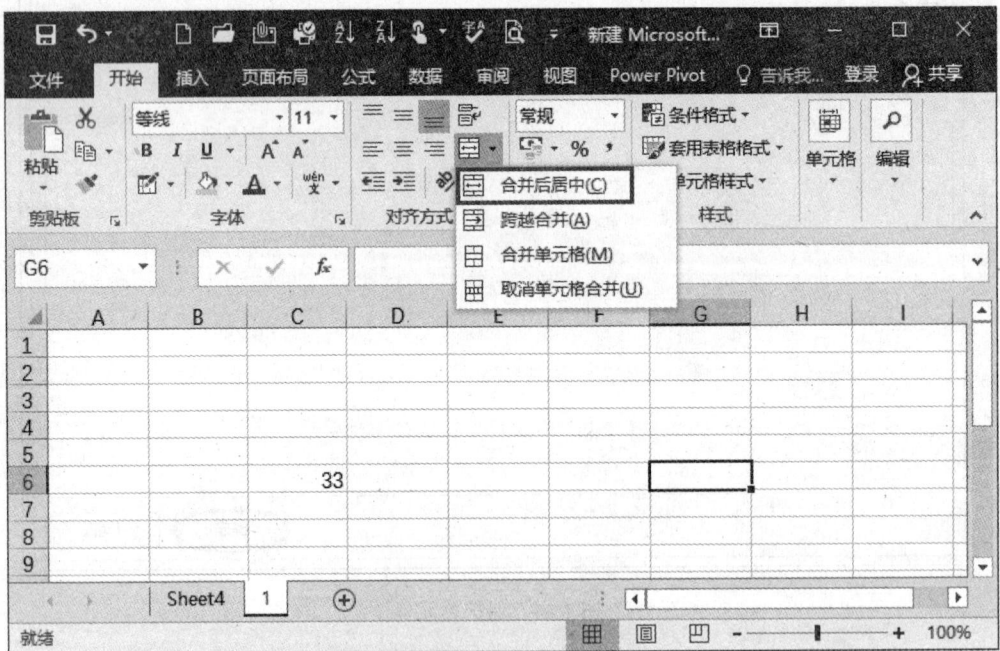

图 1.45　合并并居中单元格

如果要合并单元格而不居中显示内容，可单击"合并后居中"右侧的下拉按钮，然后选择"跨越合并"或"合并单元格"命令，操作如图 1.46 所示。

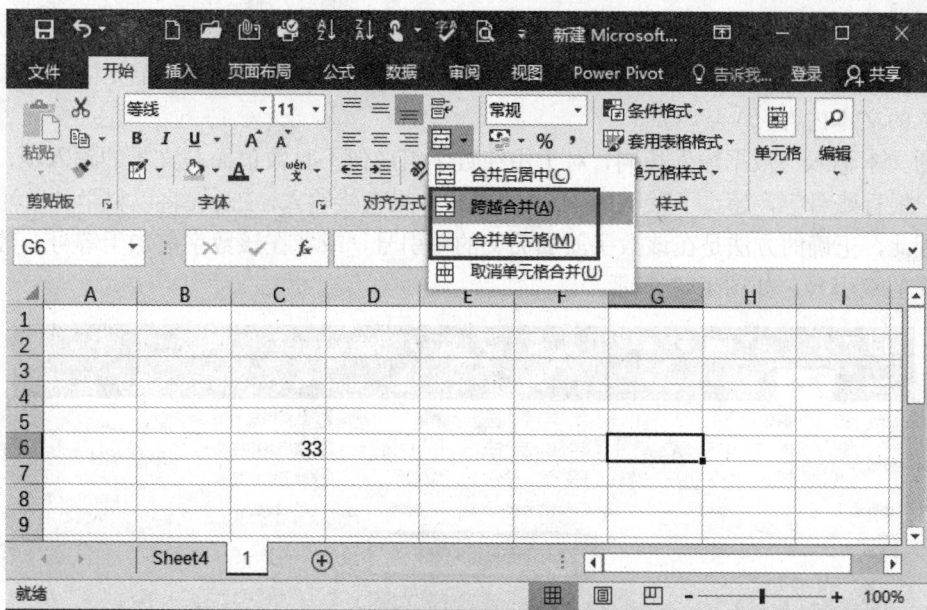

图 1.46　合并单元格

2) 拆分单元格

单个的单元格不能拆分，只有合并以后的单元格才能进行拆分操作。首先选中合并的单元格，然后单击"合并后居中"按钮，则之前合并的单元格即被拆分，合并单元格的内容将出现在拆分单元格区域左上角的单元格中。

1.2　输入工作表数据

在 Excel 表格中，常见的数据类型有文本、数字、日期和时间等，输入不同的数据类型，其显示方式也会不同。默认情况下，输入文本的对齐方式为左对齐，输入数字的对齐方式为右对齐，输入的日期与时间若不是 Excel 中日期与时间的数据类型，则不能识别其显示结果。

1.2.1　输入文本

文本通常是指一些非数值性的文字、符号等，如公司职工基本信息表、企业产品信息表等。除此之外，一些不需要进行计算的数字也可以保存为文本形式，如电话号码、身份证号码等。

文本并没有严格意义上的概念，Excel 也将许多不能理解的数值和公式数据都视为文本。在表格中输入文本的常用方法有以下三种。

方法一： 选择单元格输入。选择需要输入文本的单元格，然后直接输入文本，完成后按Enter 键或单击其他单元格即可。

方法二： 双击单元格输入。双击需要输入文本的单元格，将光标插入其中，然后在单元格

29

中输入文本，完成后按 Enter 键或单击其他单元格即可。

方法三：在编辑栏中输入。选择单元格，然后在编辑栏中输入文本，单元格也会跟着自动显示输入的文本内容。

普通文本输入与数据输入相同，对于由纯数字组成但不是数值而是文本的输入项，如身份证号码、银行账号等，超过了默认的 11 个字符，如果直接输入，Excel 将以科学计数法的方式显示。因此，正确的方法是在该数字前加英文的单引号，或者在该数字前加上等号，数字两边加上英文的双引号，如图 1.47 所示。

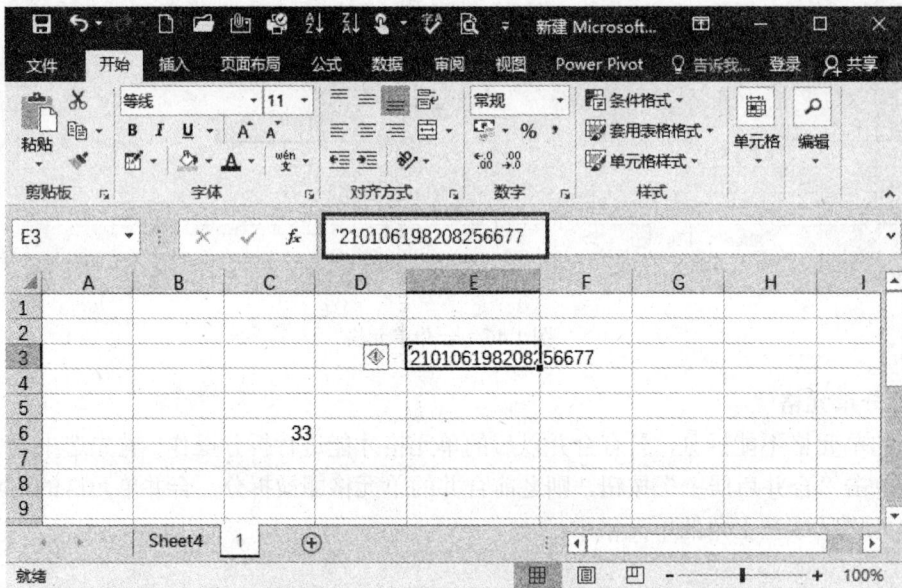

图 1.47 输入文本

1.2.2 输入数值

数值是代表数量的数字形式，如职工的工资、学生的成绩等。数值可以是正数，也可以是负数，可以是整数，也可以是小数，但共同的特点是都可以用于进行数值计算，如加减乘除、求平均值等。除数字之外，还有一些特殊的符号也被 Excel 理解为数值，如百分号"%"、货币符号"¥"等。

为了使 Excel 表格正确显示出我们输入的数据，需要根据数据类型设置单元格的数字格式，设置方法有以下两种。

方法一：通过"设置单元格格式"对话框。选中要设置数字格式的单元格或单元格区域，单击鼠标右键，在"设置单元格格式"对话框的"数字"选项卡中可以根据需要精确设置单元格的数字格式，如图 1.48 所示。

方法二：通过功能区设置。选中单元格或单元格区域，通过"开始"选项卡的"数字"组可以快速设置单元格数字格式，如图 1.49 所示。

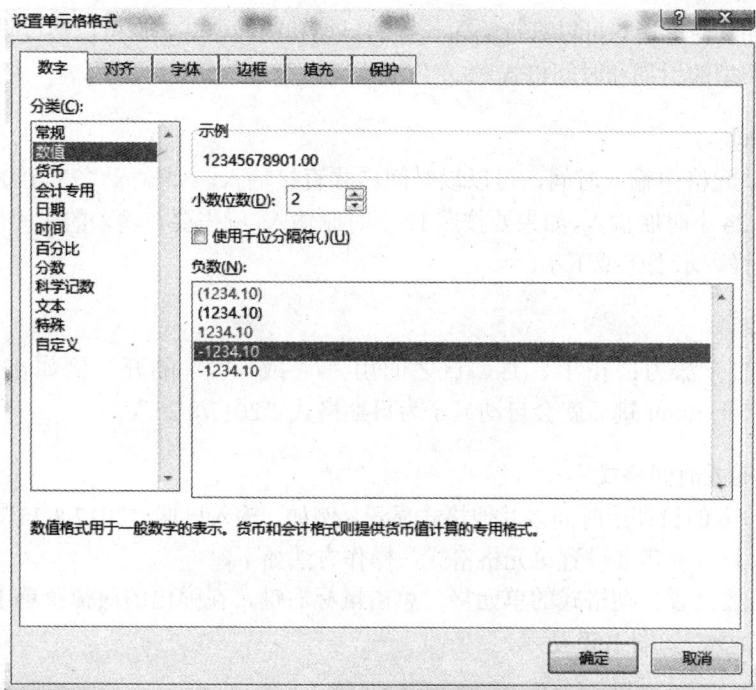

图 1.48　输入数值(方法一)

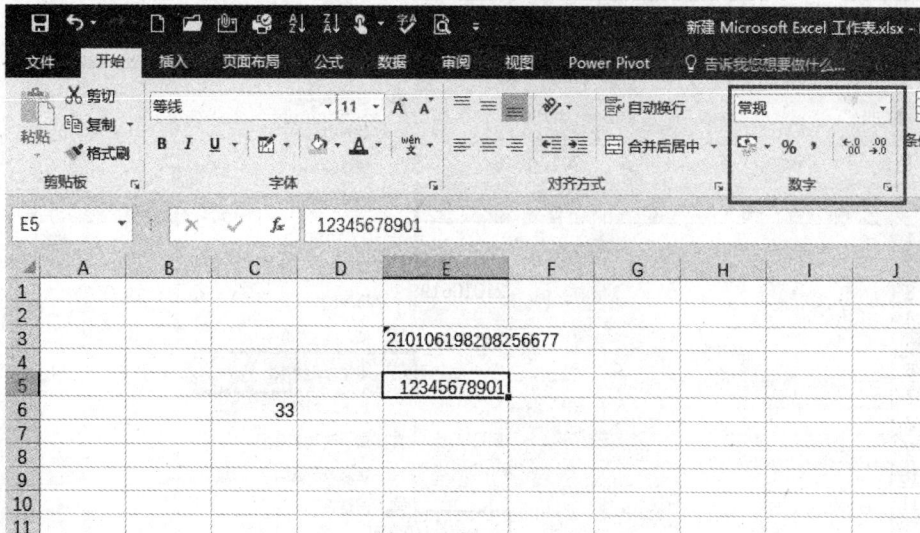

图 1.49　输入数值(方法二)

1.2.3　输入日期和时间

在 Excel 中，日期和时间是以一种特殊的数值形式来存储的，这种数值形式被称为"序列值"。日期存储继承着数值的所有运算功能，可以参与加、减等数值运算。

在输入日期和时间时，可以直接输入一般的日期和时间格式，也可以通过设置单元格格式输入多种不同类型的日期和时间格式。

1. 输入时间

如果要在单元格中输入时间，可以以时间格式直接输入，如输入"23:20:00"。在 Excel 中，系统默认按 24 小时制输入，如果要按照 12 小时制输入，就需要在输入的时间后加上"AM"或者"PM"字样表示上午或下午。

2. 输入日期

输入日期的方法为：在年、月、日之间用"/"或 "-"隔开。例如在单元格中输入"17/8/25"，按下 Enter 键后就会自动显示为日期格式"2017/8/25"。

3. 设置日期或时间格式

如果要使输入的日期或时间以其他格式显示，例如，输入日期"2017/8/25"后自动显示为 2017 年 8 月 25 日，就需要设置单元格格式，操作方法如下。

(1) 选中需要设置日期格式的单元格，单击鼠标右键，在弹出的快捷菜单中单击"设置单元格格式"命令，如图 1.50 所示。

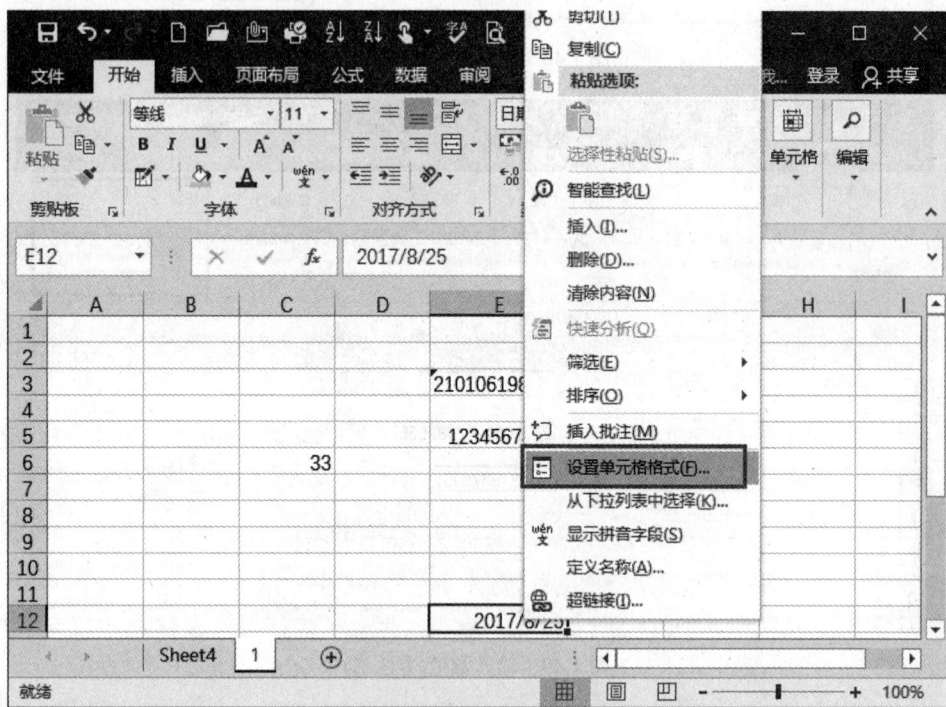

图 1.50　设置日期或时间(1)

(2) 在"数字"选项卡中单击"日期"选项，在右侧的"类型"列表框中选择一种日期格式，单击"确定"按钮即可，操作如图 1.51 所示。

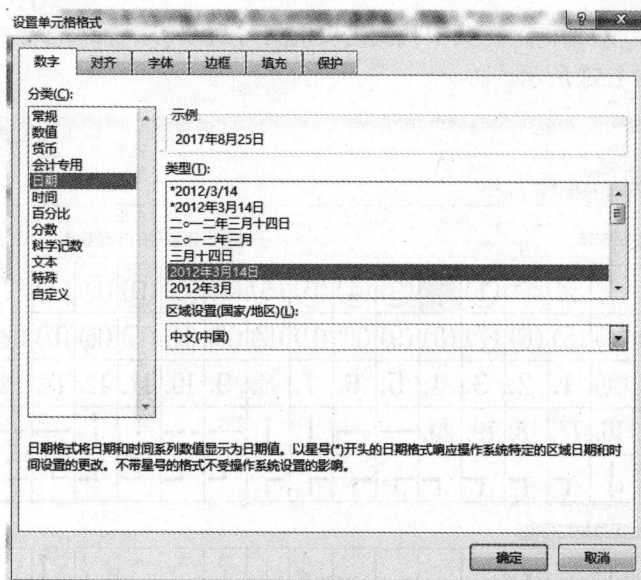

图 1.51　设置日期或时间(2)

1.2.4　输入特殊符号

在制作表格时，有时需要插入一些特殊符号，如#、&、*等。这些符号有些可通过键盘输入，有些无法在键盘上找到与之匹配的键位，此时可通过 Excel 的插入符号功能进行输入。

(1) 选中要输入的单元格，切换到"插入"选项卡，单击"符号"组中的"符号"按钮，如图 1.52 所示。

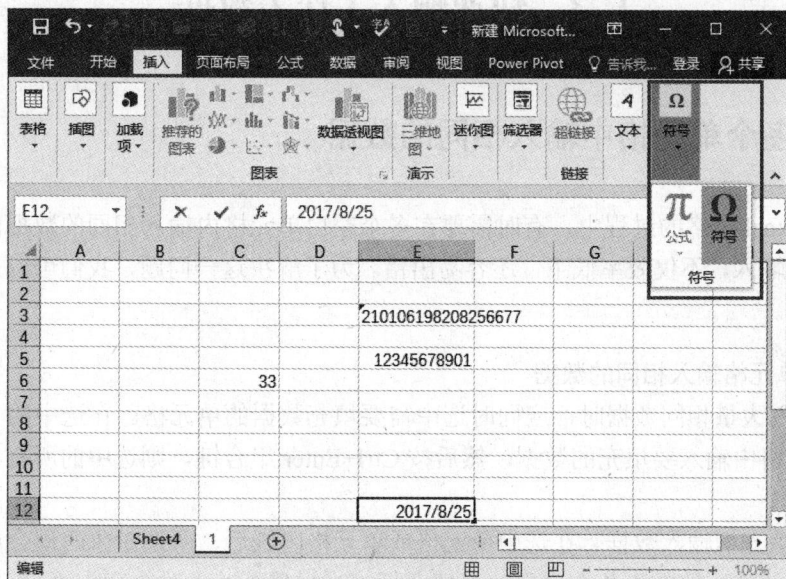

图 1.52　输入特殊符号(1)

(2) 弹出"符号"对话框，在其中找到需要的符号后双击，插入符号，单击"关闭"按钮关闭该对话框，如图 1.53 所示。

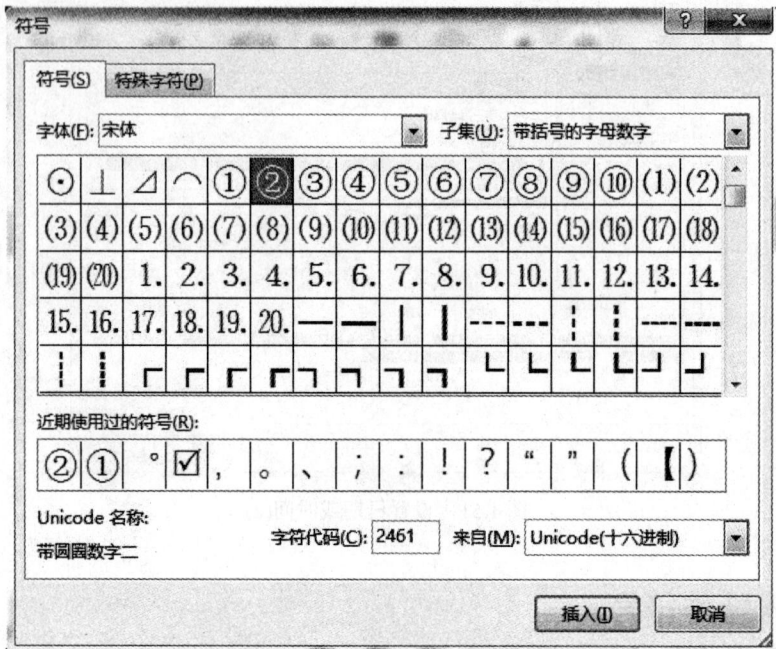

图 1.53　输入特殊符号(2)

(3) 返回工作表，即可看到插入的特殊符号。

1.3　快速输入工作表数据

1.3.1　在多个单元格中输入相同的数据

在制作 Excel 表格的过程中，有时需要在多个空白单元格内输入相同的数据内容，如果手工一个一个地输入，不仅效率低下，还容易出错。为了解决这一问题，我们可以采取以下办法提高工作效率。

1. 连续单元格输入相同的数据

(1) 在输入大量相同数据时，应同时选中需要填充数据的单元格。在选中的自动呈现可编辑状态的单元格中输入要填充的数据，然后按 Ctrl+Enter 组合键，则选中的所有单元格同时填入该数据。

(2) 使用填充柄输入数据。在选中单元格或单元格区域后，所选对象四周会出现一个黑色边框的选区，该选区的右下角会出现一个填充柄，光标移至其上时会变为"+"形状，此时用鼠标左键拖动填充柄即可在拖动经过的单元格区域中快速填充相同数据，如图 1.54 所示。

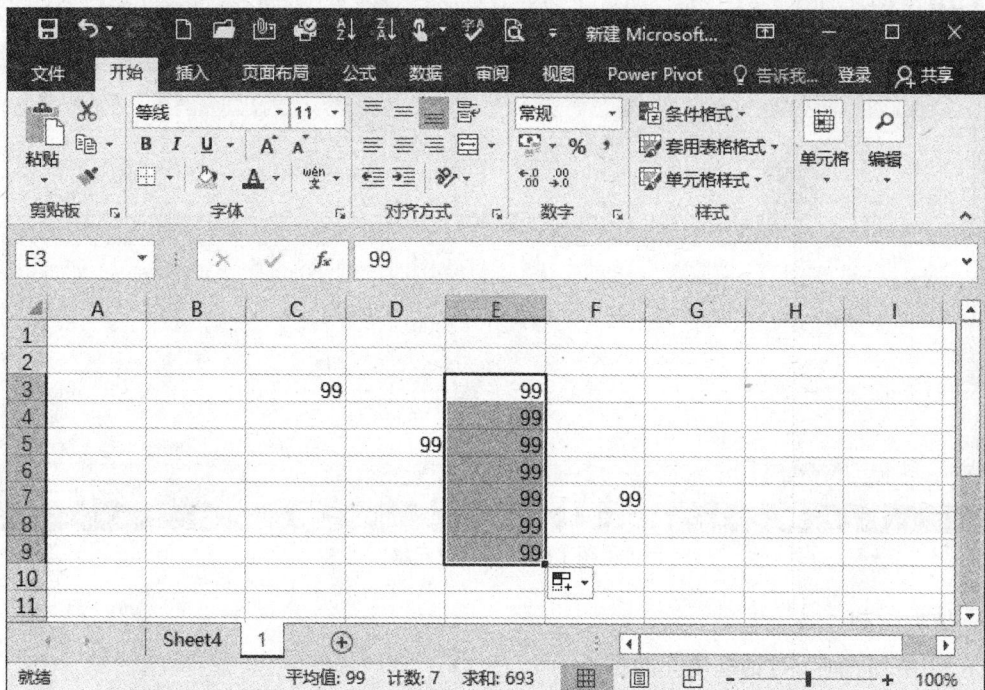

图 1.54　使用填充柄输入数据

2. 不连续单元格输入相同的数据

在输入大量相同数据时，应同时选中需要填充数据的单元格。如果这些单元格不相邻，需按住 Ctrl 键，同时单击要选中的单元格，逐个选中后松开 Ctrl 键，在选中的自动呈现可编辑状态的单元格中输入要填充的数据，然后按 Ctrl+Enter 组合键，则选中的所有单元格同时填入该数据。

1.3.2　自动填充数据

在制作表格时经常需要输入一些相同的或有规律的数据，手动输入这些数据既费时，又费力，为了提高工作效率，可以通过拖动填充柄快速输入。

1. 复制单元格

在选中单元格或单元格区域后，所选对象四周会出现一个黑色边框的选区，该选区的右下角会出现一个填充柄，光标移至其上时会变为"+"形状，此时用鼠标左键拖动填充柄即可在拖动经过的单元格区域中快速填充相同数据，如图 1.55 所示。

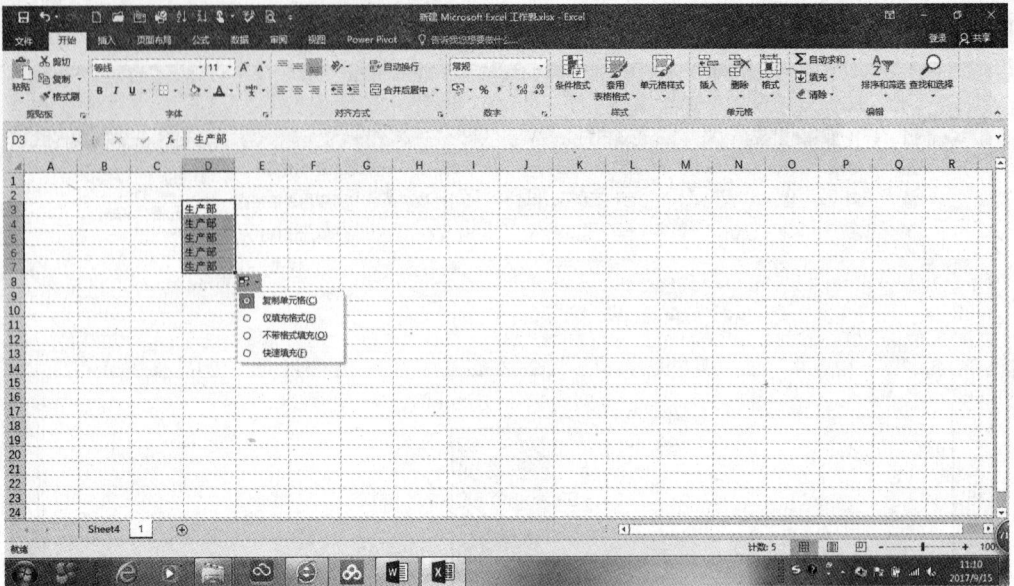

图 1.55　复制单元格

2. 填充序列

1) 利用"序列"对话框填充数据

通过"序列"对话框只需输入第一个数据，便可达到快速输入大量有规律数据的目的，以等差数列为例。

(1) 在单元格中输入等差数列的起始数据，选中需要输入等差数列的单元格区域，然后在"开始"选项卡的"编辑"组中单击"填充"下拉按钮，在弹出的下拉菜单中单击"序列"命令，如图 1.56 所示。

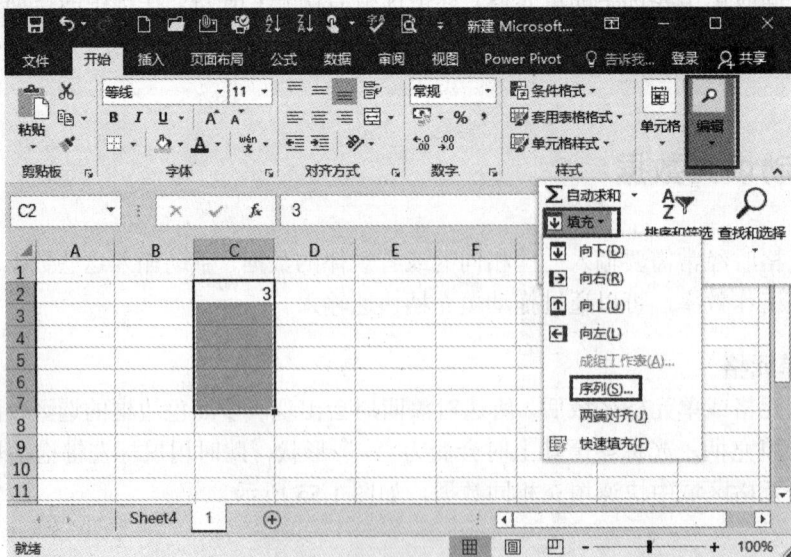

图 1.56　填充序列(1)

(2) 弹出"序列"对话框后,在"序列产生在"栏中选择"列"单选项,在"类型"栏中选择"等差数列"单选项,在"步长值"数值框中输入步长值,单击"确定"按钮即可,如图1.57 所示。

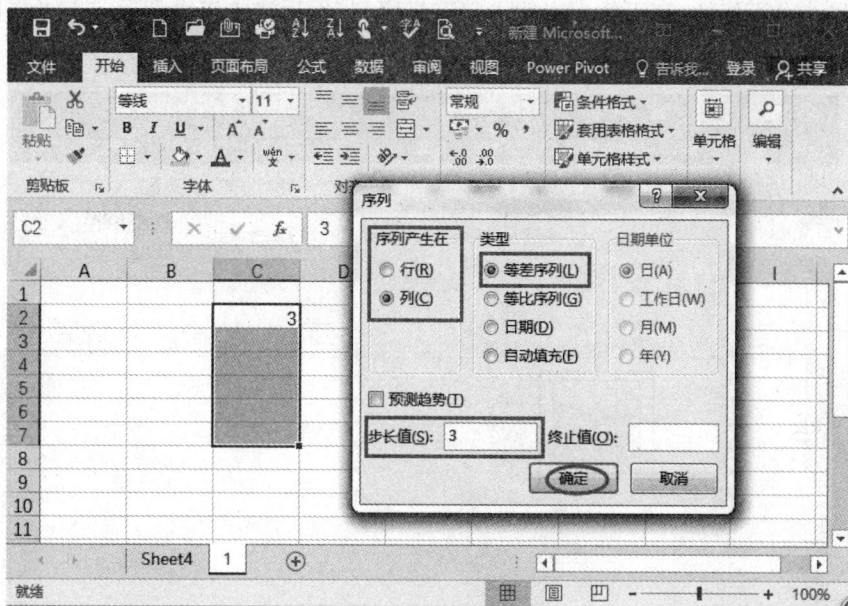

图 1.57 填充序列(2)

(3) 返回工作表,即可看到单元格区域中输入了"3、6、9、12、15、18"格式的等差数列,如图 1.58 所示。

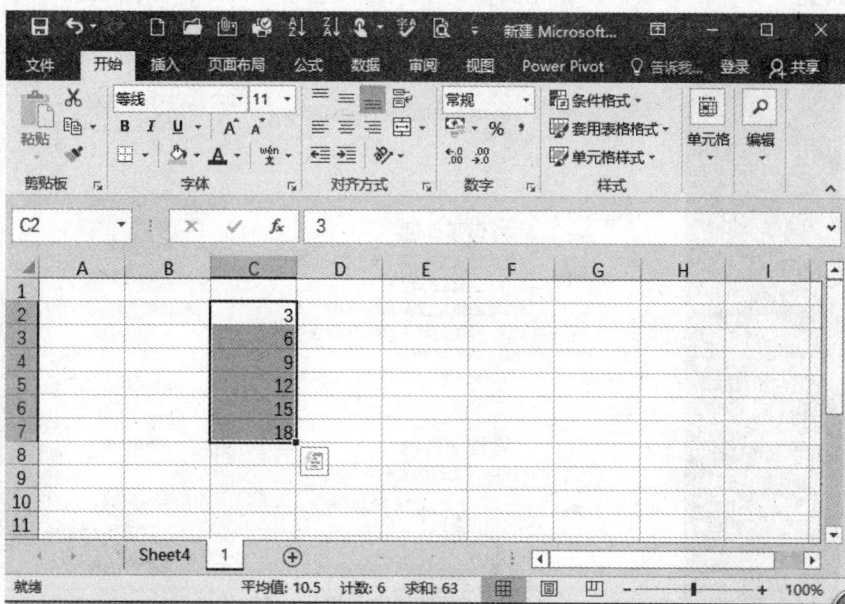

图 1.58 填充序列(3)

2) 自定义序列

如果需要经常使用某个数据序列，可以将其创建为自定义序列，之后在使用时拖动填充柄便可快速输入。

(1) 新建一个工作簿。在工作表中输入自定义序列，然后选中该序列后单击"文件"选项，如图 1.59 所示。

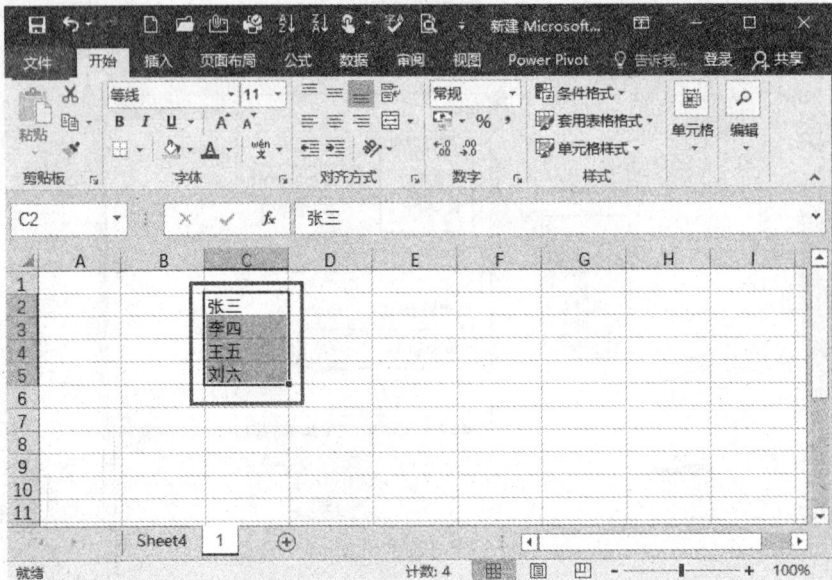

图 1.59 自定义序列(1)

(2) 切换到"文件"选项卡，在左侧窗格中单击"选项"命令，如图 1.60 所示。

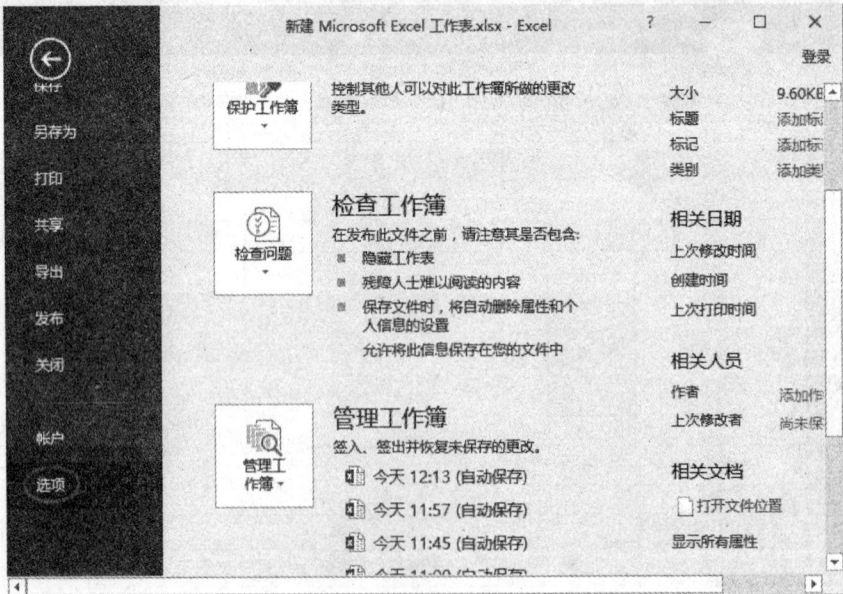

图 1.60 自定义序列(2)

(3) 在弹出的"Excel 选项"对话框中切换到"高级"选项卡,在"常规"栏单击"编辑自定义列表"按钮,如图 1.61 所示。

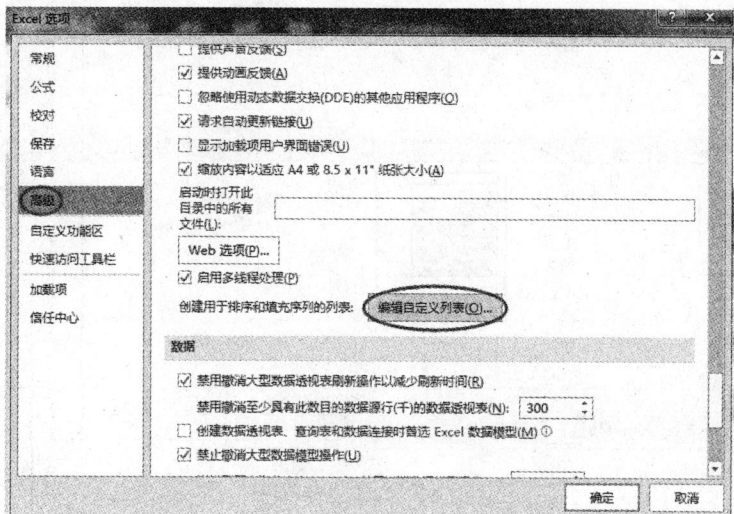

图 1.61　自定义序列(3)

(4) 在弹出的"自定义序列"对话框中单击"导入"按钮,将自定义序列导入到"输入序列"列表中,单击"确定"按钮,如图 1.62 所示。

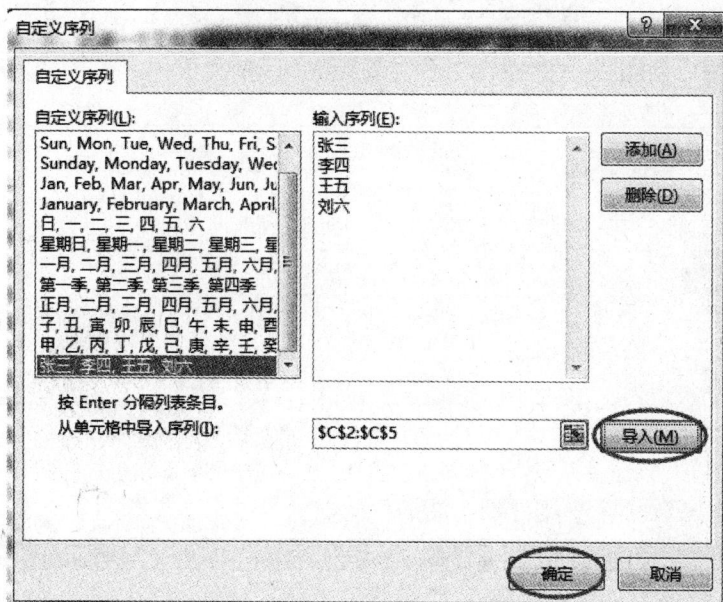

图 1.62　自定义序列(4)

(5) 返回"Excel 选项"对话框中单击"确定"按钮。返回工作表,输入序列初始数据后,即可利用填充柄快速填充自定义序列,如图 1.63 所示。

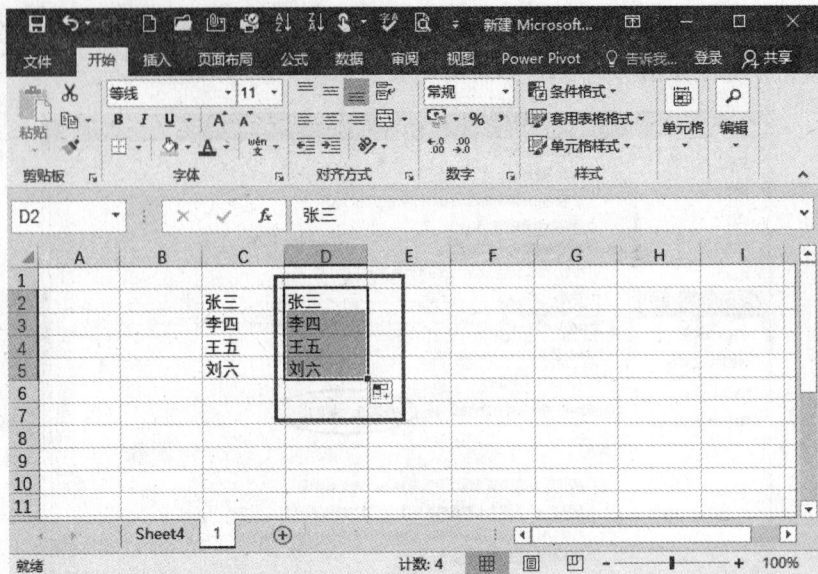

图 1.63　自定义序列(5)

3. 仅填充格式

利用 Excel 进行自动填充时，也可以不填充内容，仅填充格式，如图 1.64 所示。

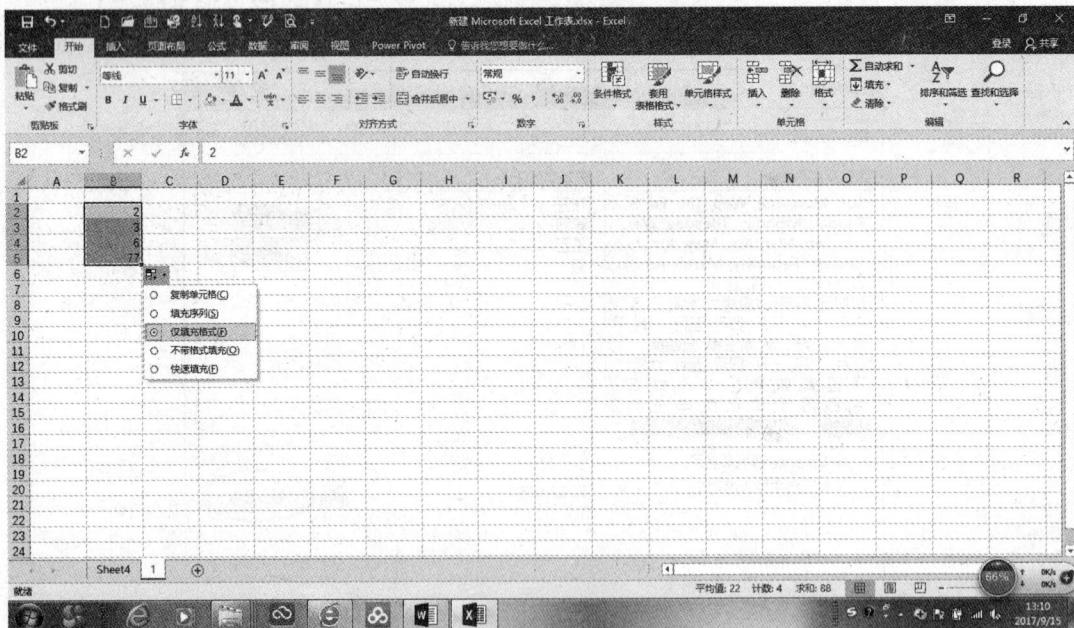

图 1.64　填充格式

4. 不带格式填充

同样，Excel 也可以不填充格式，仅填充内容，如图 1.65 所示。

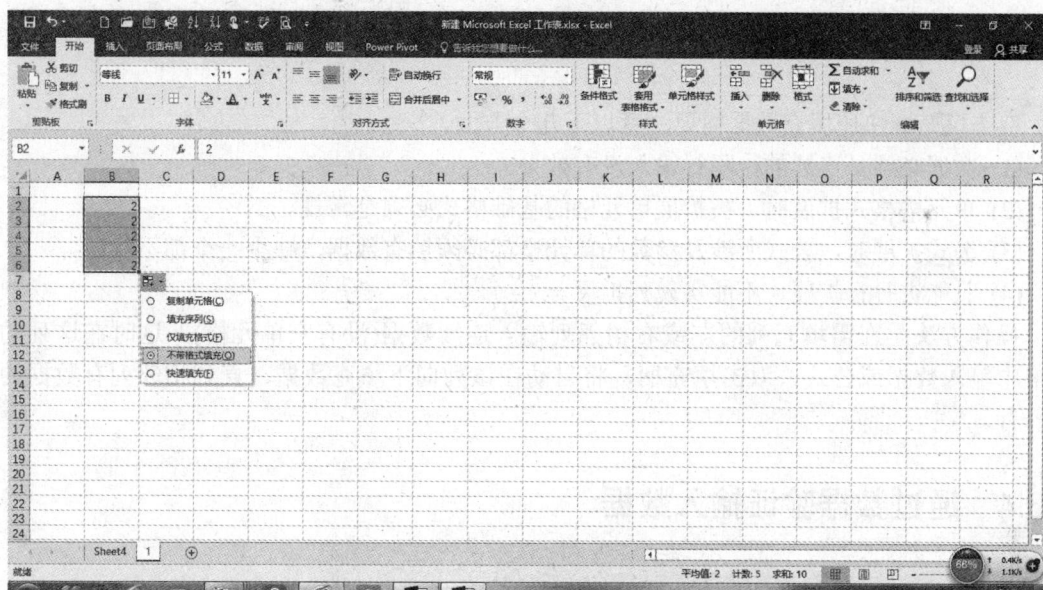

图 1.65 不带格式填充

5. 快速填充

在目标单元格中输入想要填充的数据，按住 Ctrl 键同时选中当前单元格区域及需要填充的单元格区域，然后在"开始"选项卡的"编辑"组中单击"填充"下拉按钮，在弹出的下拉菜单中选择"向下""向右""向上""向左"按钮，即可在目标区域中快速填充单元格内容与格式，操作如图 1.66 所示。

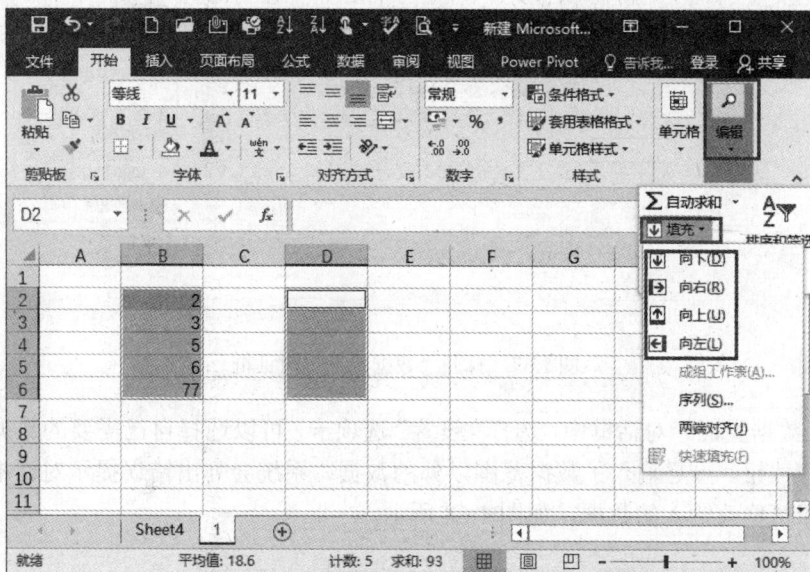

图 1.66 快速填充

1.3.3　双击填充柄快速填充数据

双击填充柄快速填充数据需要注意以下几个方面。

(1) 数据必须是连续的，隔行输入没有效果。

(2) 单元格格式扩展时，被扩展单元格的基础格式必须是常规。

(3) 公式扩展时，公式所涉及参数的单元格都必须填有数据，缺少一个都不行。

(4) 只能进行行扩展，不能实现列扩展。

操作方法：在需填充列的左或右相邻列输入连续数据(没有空单元格)，这时在这列的单元格中输入数据或公式，双击填充柄，将自动在该列向下填充数据，直到相邻列有数据的最后一行。

1.3.4　通过数据验证输入数据

使用数据验证可以控制用户输入到单元格中的数据或数值的类型，从而减少输入差错。数据验证操作步骤如下。

(1) 选中单元格，选中"数据"选项卡下"数据工具"组中的"数据验证"命令，打开"数据验证"对话框，如图 1.67 所示。

图 1.67　打开"数据验证"对话框

(2) 在"数据验证"对话框中，选择"设置"选项卡，可以选择自己需要的数据验证类型，单击"确定"按钮。一旦输入了数据范围以外的数据，系统会弹出错误提示对话框，单击"重试"按钮，即可修改输入的数据，如图 1.68 所示。

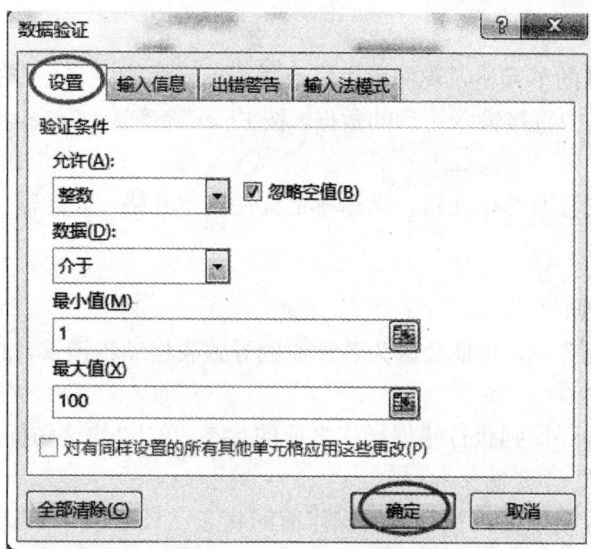

图 1.68　设置数据验证

(3) 如果要在选中单元格时显示输入信息，选择"输入信息"选项卡，选中"选定单元格时显示输入信息"复选框，输入所需信息。

如果要在单元格中输入无效数据时响应，选择"出错警告"选项卡，选中"输入无效数据时显示出错警告"复选框，然后输入所需的警告选项。

1.4　编辑工作表数据

1.4.1　修改数据

在工作表中输入数据时，难免会出现错误。若发现输入的数据有误，可以根据实际情况进行修改，包括修改单元格中的部分数据、全部数据以及撤销和恢复数据。

1. 修改单元格中的部分数据

对于比较复杂的单元格内容，很可能遇到只需要修改很少一部分数据的情况，此时可以通过以下两种方法进行修改。

方法一：双击需要修改数据的单元格，单元格处于编辑状态，此时将光标定位在需要修改的位置，将错误字符删除并输入正确的字符，输入完成后按 Enter 键确认即可。

方法二：选中需要修改数据的单元格，将光标定位在编辑栏中需要修改的字符位置，然后将错误字符删除并输入正确字符，输入完成后按 Enter 键确认即可。

> 提示：在修改数据时，关闭 NumLock 指示灯，然后按下 Insert 键，可以在"插入"模式和"改写"模式之间进行转换。

2. 修改全部数据

对于只有简单数据的单元格，我们可以修改整个单元格的内容。方法为：选中需要重新输入数据的单元格，在其中直接输入正确的数据，按 Enter 键确认，Excel 将自动删除原有数据而保留重新输入的数据。

此外，若双击需要修改的单元格，光标将定位在该单元格，此时需要将原单元格中的数据删除后才能进行输入。

3. 撤销和恢复数据

在对工作表进行操作时，可能会因为各种原因导致表格编辑错误，此时可以使用撤销和恢复操作轻松纠正过来。

撤销操作时让表格还原到执行错误操作之前的状态。单击"快速访问工具栏"中的"撤销"按钮即可。

恢复操作就是让表格恢复到执行撤销操作前的状态。只有执行了撤销操作后，"恢复"按钮才会变成可用状态。恢复操作的方法和撤销操作类似，单击"快速访问工具栏"中的"恢复"按钮即可。

此外，若表格编辑步骤很多，在执行撤销或恢复操作时，单击"撤销"按钮或"恢复"按钮旁边的下拉按钮，然后在打开的下拉菜单中，单击需要撤销或恢复的操作，可以快速撤销多个操作或恢复多个操作。

1.4.2　移动数据

移动数据是指将单元格和其内容从当前位置移走不再保留，并将其粘贴到新的位置。

1. 使用鼠标移动数据

选中要移动的数据，将鼠标指针置于选中区域的边框线上，当空心十字光标变成十字箭头光标时，按住左键拖至要粘贴的目标位置。

2. 使用剪切和粘贴的方法移动数据

选中要移动的数据，按 Ctrl+X 组合键，或者单击"开始"选项卡下"剪贴板"组中的"剪切"命令进行剪切，选中另一个单元格，按 Ctrl+V 组合键，则新单元格将放置所剪切区域内左上角的数据。

1.4.3　复制数据

复制单元格是复制单元格的内容，并将它们粘贴到新的位置，原单元格位置及内容保持不变。通过单元格复制粘贴，可以免去重复手动输入的工作。

1. 通过"开始"菜单下工具栏进行复制

选中要复制的单元格或单元格区域，单击常用工具栏中的"复制"按钮，此时被复制的内容有闪烁的外框，然后选中目标位置，单击常用工具栏中的"粘贴"按钮即可。闪烁的外框消失前，可进行多次复制，按 Esc 键可取消闪烁的外框，操作如图1.69所示。

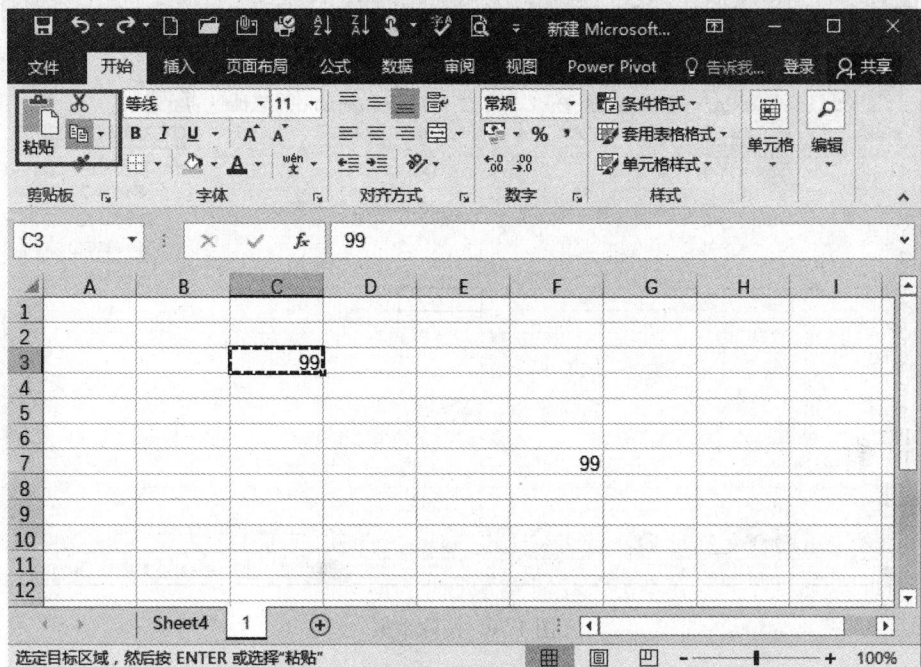

图 1.69　复制数据

2. 右击进行复制

选中要复制的内容后单击鼠标右键，在弹出的快捷菜单中选择"复制"命令，即可对所选中的内容进行复制。

3. 快捷方式复制

方法一：选中要复制的内容的同时按 Ctrl+C 组合键，单击需要粘贴的目标单元格后同时按 Ctrl+V 即完成复制粘贴操作。

方法二：选中要复制的内容，将鼠标指针置于选定区域的边框线上，按住 Ctrl 键，当鼠标指针变成小加号后拖至要粘贴的目标位置。

1.4.4　清除数据

清除数据是将单元格中的内容、格式、批注、超链接四者都清除，而继续保留原有单元格的地址，原内容变为空白。如果一个单元格被清除，则它的值为 0，引用该单元格的公式将引用零值。

操作方法：选中单元格后选择"开始"选项卡中的"清除"命令，可以有选择地删除。如果选中单元格后按 Del 键，则所选单元格中的数据被清除，单元格中的格式和批注仍然保留，操作如图 1.70 所示。

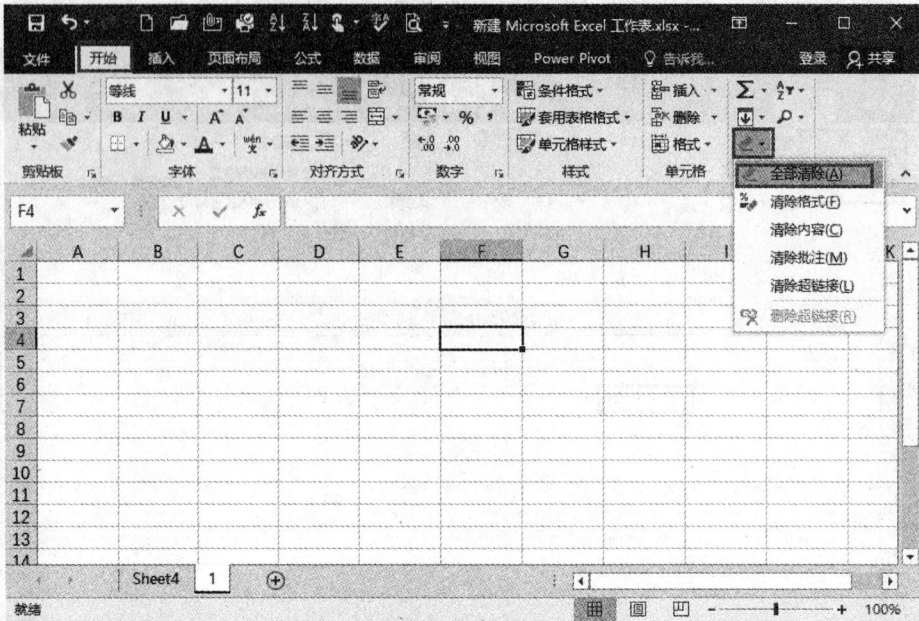

图 1.70　清除数据

1.4.5　添加批注

批注是附加在单元格中的，它是对单元格内容的注释。使用批注可以使工作表的内容更加清楚明了。制作表格的时候，有些单元格数据属性复杂，需要进行特别说明，就可以用上批注。

1. 添加与显示批注

(1) 添加批注。选中要添加批注的单元格后，单击鼠标右键，在弹出的快捷菜单中执行"插入批注"命令，在其中输入批注内容，完成后单击工作表的其他位置，退出批注编辑状态即可，如图 1.71 所示。

(2) 编辑批注。选中需要修改的批注所在的单元格后用鼠标右键单击，在弹出的快捷菜单中执行"编辑批注"命令，此时批注编辑框处于可编辑状态，根据需要对批注内容进行编辑操作，然后单击工作表的其他位置，退出批注编辑状态即可。

(3) 删除批注。选中需要删除的批注所在的单元格后用鼠标右键单击，在弹出的快捷菜单中执行"删除批注"命令，返回工作表，即可看到该单元格中的批注被删除。

2. 隐藏与显示批注

默认情况下，Excel 中插入的批注为隐藏状态。在添加了批注的单元格右上角可以看到一个红色的小三角，要查看被隐藏的批注，需要将光标指向批注所在单元格右上角的红色小三角。

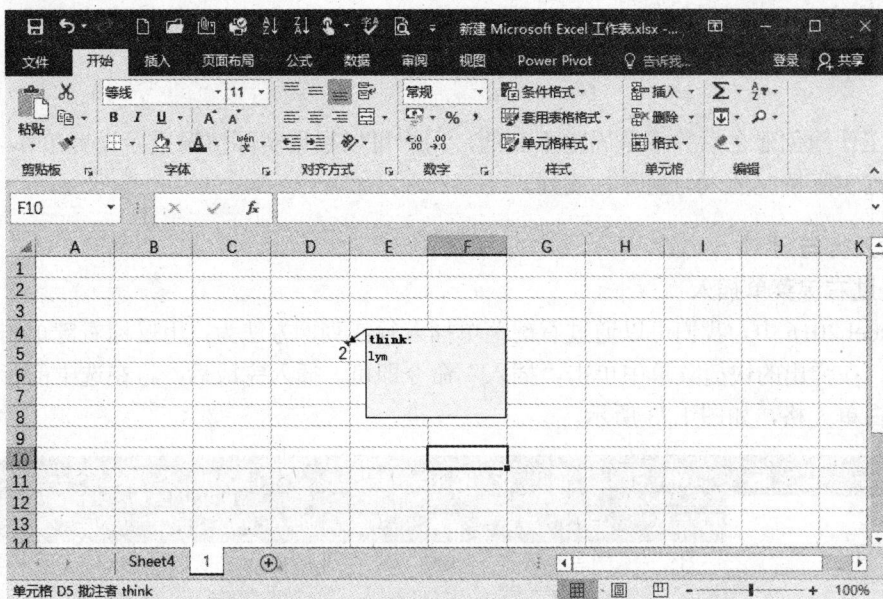

图 1.71　添加批注

　　在实际工作中，我们可以根据需要将批注设置为始终显示。操作方法为：选中批注所在单元格后，单击鼠标右键，在弹出的快捷菜单中单击"显示/隐藏批注"命令，即可设置显示被隐藏的批注。

　　在设置始终显示批注后，选中批注所在单元格后用鼠标右键单击，在弹出的快捷菜单中执行"隐藏批注"命令，就可以再次隐藏批注，如图 1.72 所示。

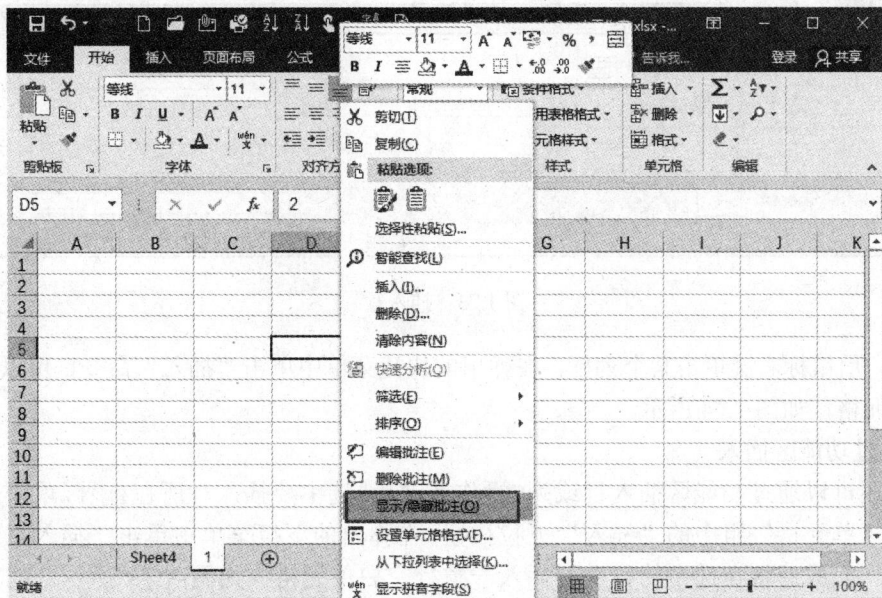

图 1.72　显示与隐藏批注

1.4.6 插入与删除行和列

一个工作簿创建之后并不是固定不变的，用户可以根据实际情况重新设置工作表的结构，例如，根据实际情况插入与删除行或列。

1. 插入行与列

1) 通过右键菜单插入

在 Excel 2016 中，我们可以通过右键菜单插入行或列，方法为：用鼠标右键单击要插入行所在行号，在弹出的快捷菜单中单击"插入"命令即可。插入完成后，将在选中的行上方插入一整行空白单元格，如图 1.73 所示。

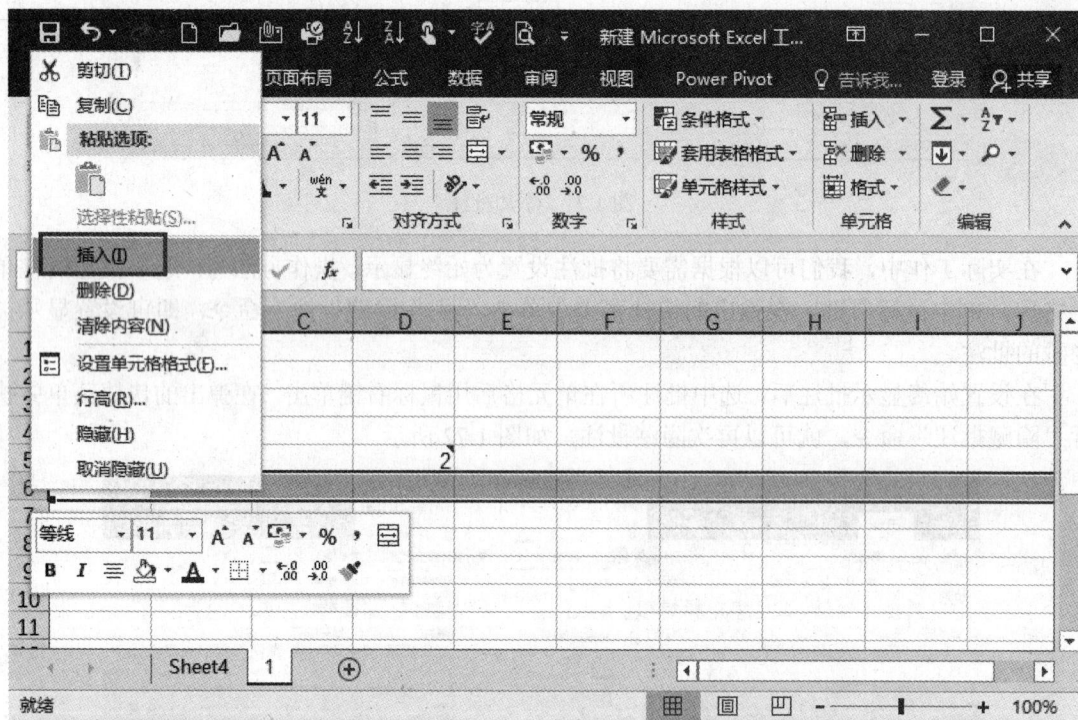

图 1.73　插入行

同理，用鼠标右键单击某个列标，在弹出的快捷菜单中单击"插入"命令，可以插入一整列空白单元格，如图 1.74 所示。

2) 通过功能区插入

我们还可以通过功能区插入行或列，操作方法为：选中要插入行所在行号，单击"开始"选项卡下"单元格"组中的"插入"下拉按钮，在弹出的下拉菜单中单击"插入工作表行"命令即可。完成后将在选中的行上方插入一整行空白单元格，如图 1.75 所示。插入列操作同理。

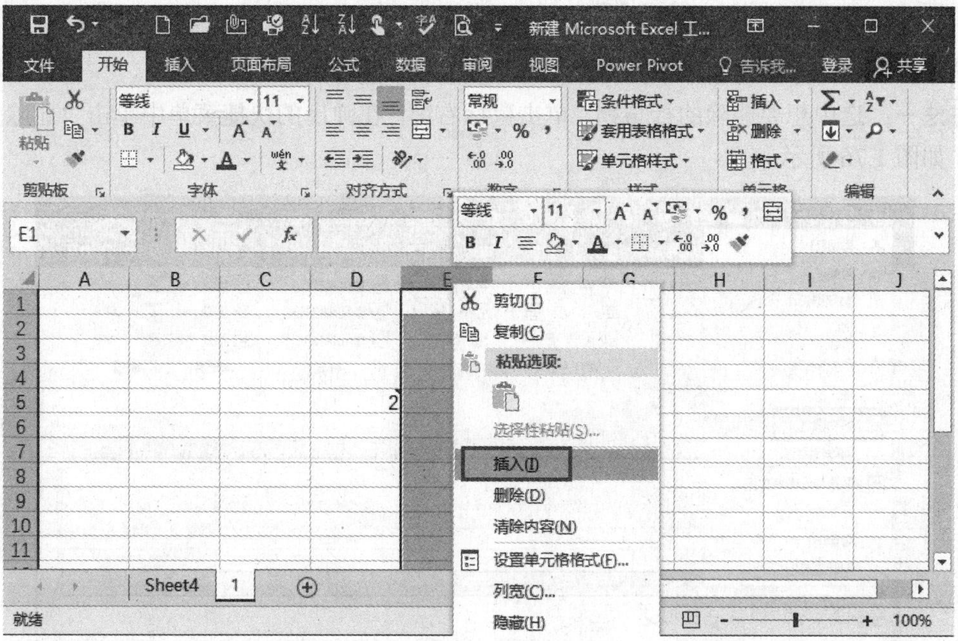

图 1.74　插入列

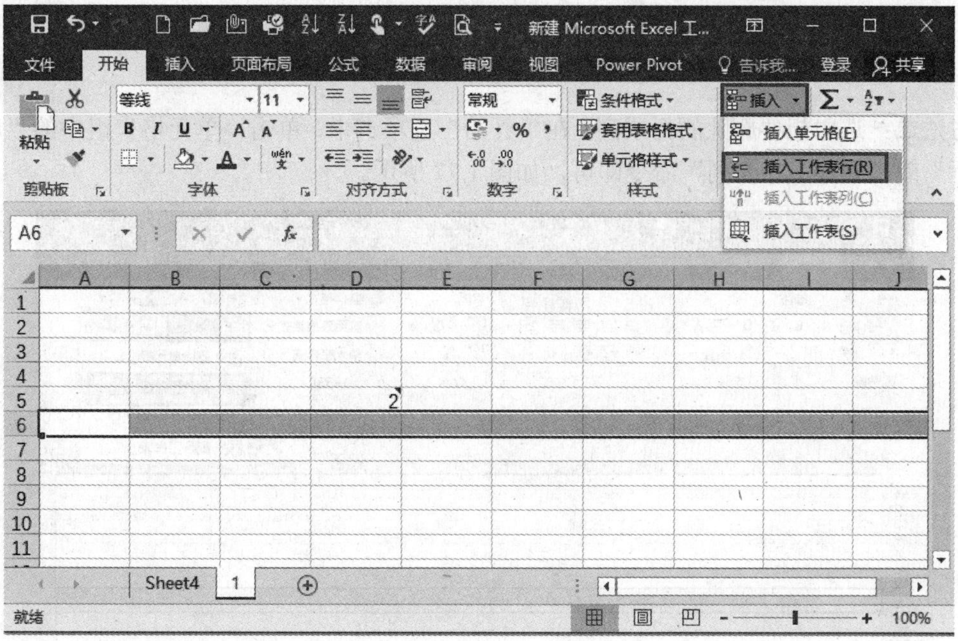

图 1.75　通过功能区插入行

　　提示：如果想要插入多行或多列，可以先选中多行或多列单元格，然后执行"插入"命令，可以一次性快速插入多行或多列。

2. 删除行与列

删除行与列的方法与删除单元格相似，主要有两种方法。

方法一： 选中想要删除的行与列，单击鼠标右键，在弹出的快捷菜单中单击"删除"命令即可，如图 1.76 所示。

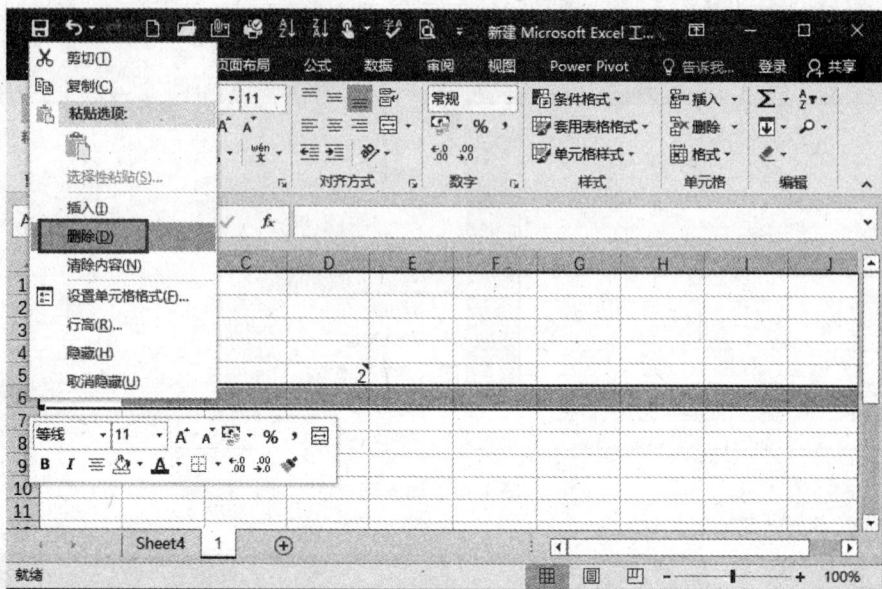

图 1.76　删除行(方法一)

方法二： 选中想要删除的行或列，在"开始"选项卡中，单击"单元格"组中的"删除工作表行"或"删除工作表列"命令即可，如图 1.77 所示。

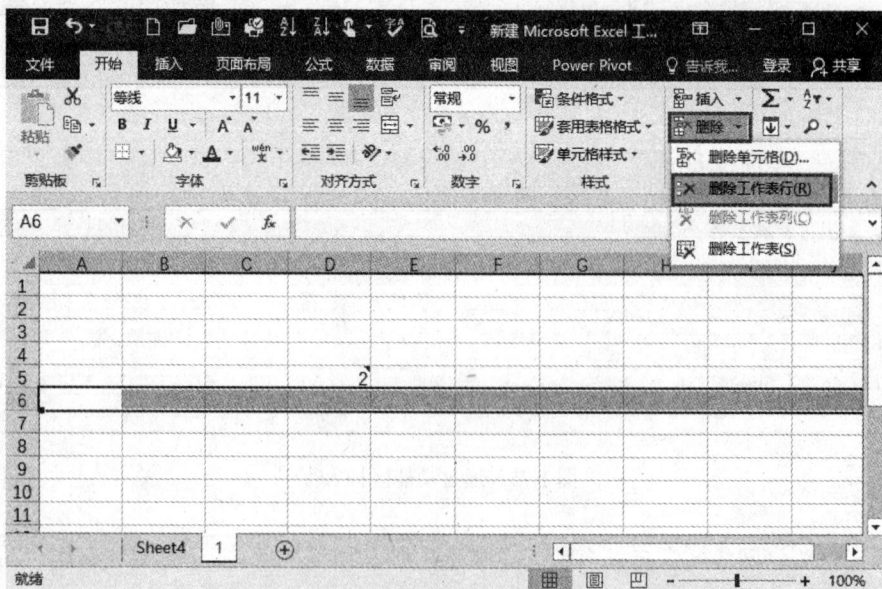

图 1.77　删除行(方法二)

1.4.7　显示与隐藏行和列

用户在编辑工作表时，可以根据需要显示或隐藏行和列。

1. 隐藏行和列

如果工作表中的某行和某列暂时不用，或是不想被其他人看见，可以将这些行或列隐藏。

操作方法：选中要隐藏的行或列，在选中部分单击鼠标右键，在弹出的快捷菜单中单击"隐藏"命令即可，操作如图 1.78 所示。

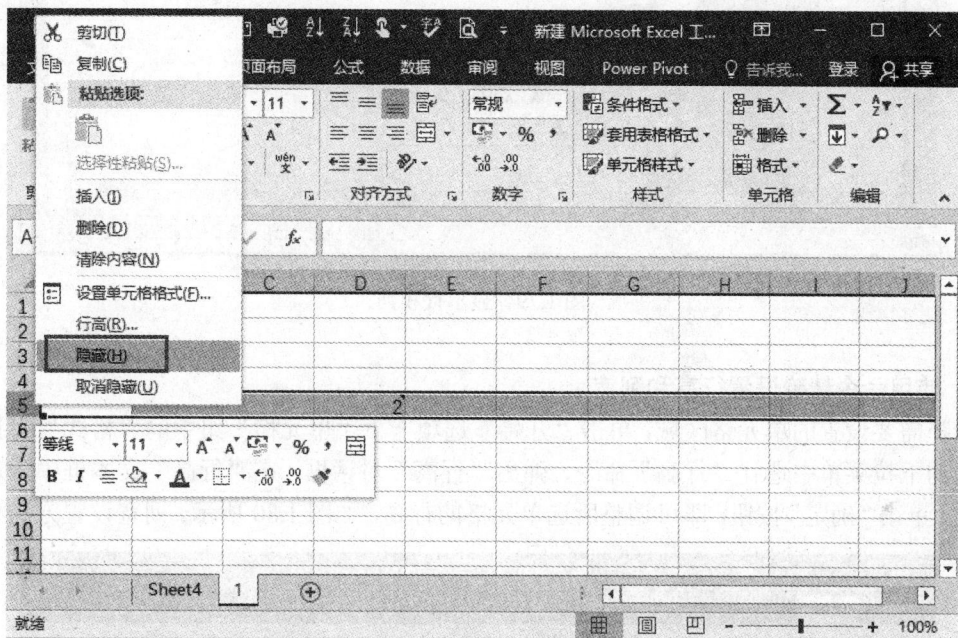

图 1.78　隐藏行和列

2. 显示行和列

用户如果想取消隐藏，即重新显示被隐藏的行或列，需要先选中被隐藏的行或列邻近的行或列。例如，这里要重新显示被隐藏的 C 至 E 列，需要先选中 B 列和 F 列，然后单击鼠标右键，在弹出的快捷菜单中单击"取消隐藏"命令即可，如图 1.79 所示。

1.4.8　行高和列宽的调整

在编辑文档时，因为各种数据的长宽都不一样，所以经常会遇到 Excel 默认的单元格行高和列宽并不能满足实际工作需要的情况。我们可以通过以下方法为工作表调整合适的行高和列宽。

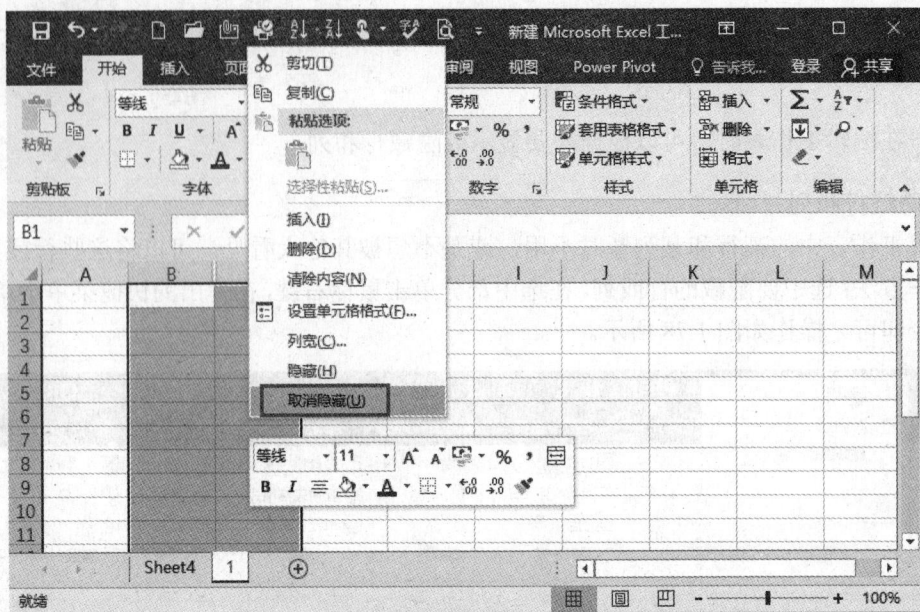

图 1.79　显示行和列

1. 使用命令精确设置行高和列宽

选择需要设置的单元格区域，单击"开始"选项卡下"单元格"组中的"格式"下拉按钮，在弹出的下拉菜单中选择"行高"命令，弹出"行高"对话框，在"行高"文本框中输入所需行高值，单击"确定"按钮，即可调整所选单元格的行高，如图 1.80 所示。列宽设置方法相同。

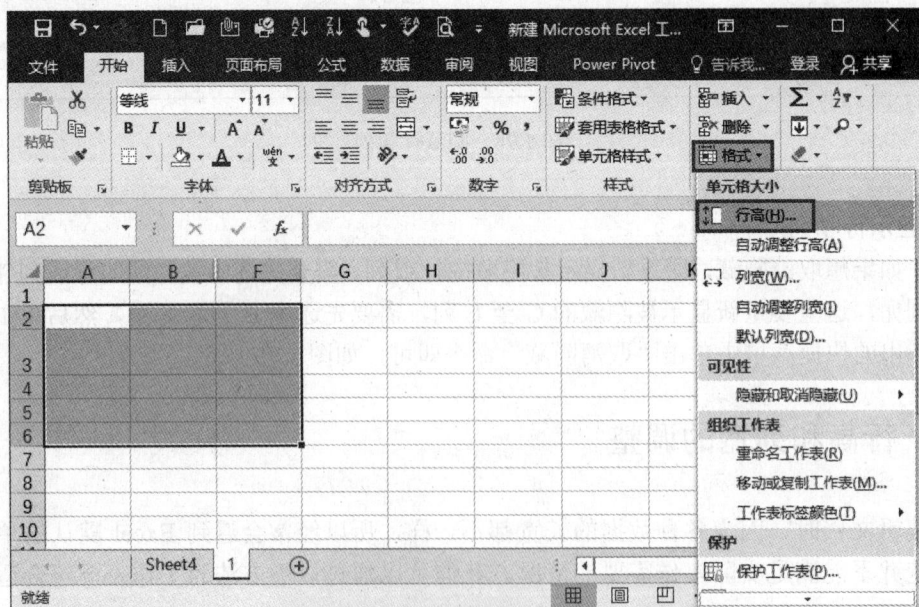

图 1.80　设置行高

2. 用鼠标直接调整行高和列宽

将鼠标移动到要调整的行的行号和下一行行号之间的分隔线处，当鼠标光标变为带箭头的十字时，按住鼠标左键不放并拖动，直至拖动到合适高度后释放鼠标左键，调整即可完成。调整列宽的方法相同。

1.4.9 使用"文本分列向导"将文本拆分为不同的列

Excel 可将一个或更多单元格中的文本分散在多个不同列中，简称"分列"。文本分列操作分为以下几个步骤。

(1) 选择包含要拆分的文本的单元格或列。注意，可以选择所需的任何多个行，但是不要超过一列。确保右侧有足够的空列，以避免内容被覆盖。如果没有足够的空列，请添加空列，如图 1.81 所示。

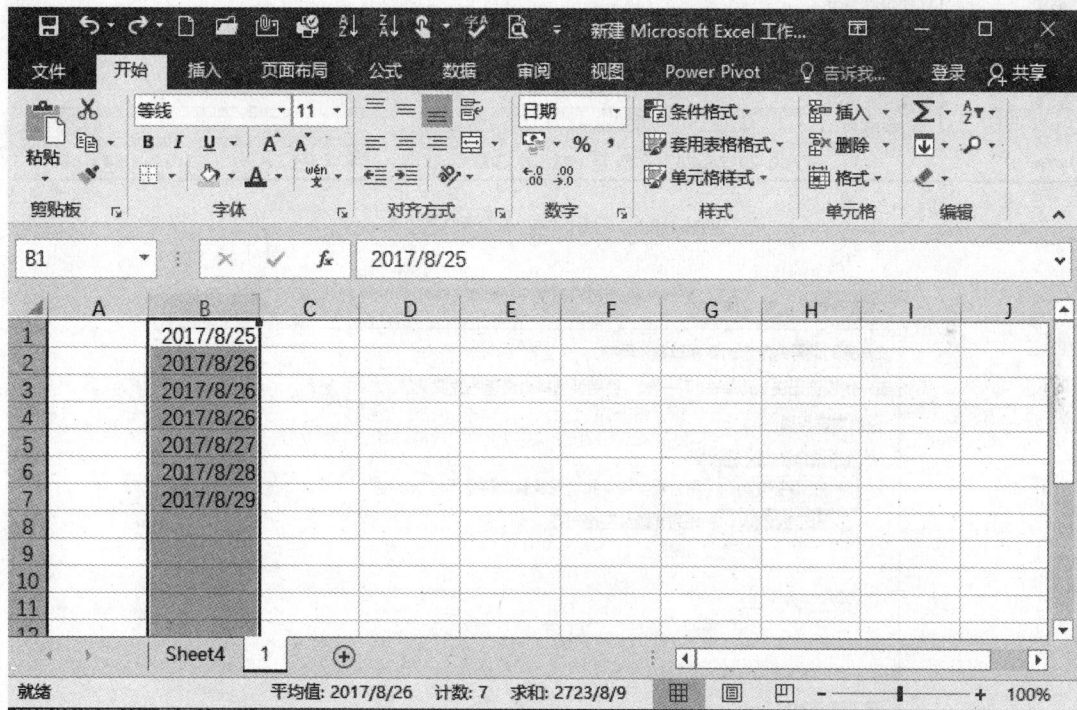

图 1.81 选择要拆分的单元格或列

(2) 单击"数据"选项卡下"数据工具"组中的"分列"命令，将启用"文本分列向导"，如图 1.82 所示。

(3) 设置"文本分列向导"。此例中我们需要把以"/"符号连接的日期分列成为年、月、日，因此选中"分隔符号"单选项，在此选项下"其他"栏手动录入分隔符号"/"，并单击"下一步"按钮，操作如图 1.83 和图 1.84 所示。

53

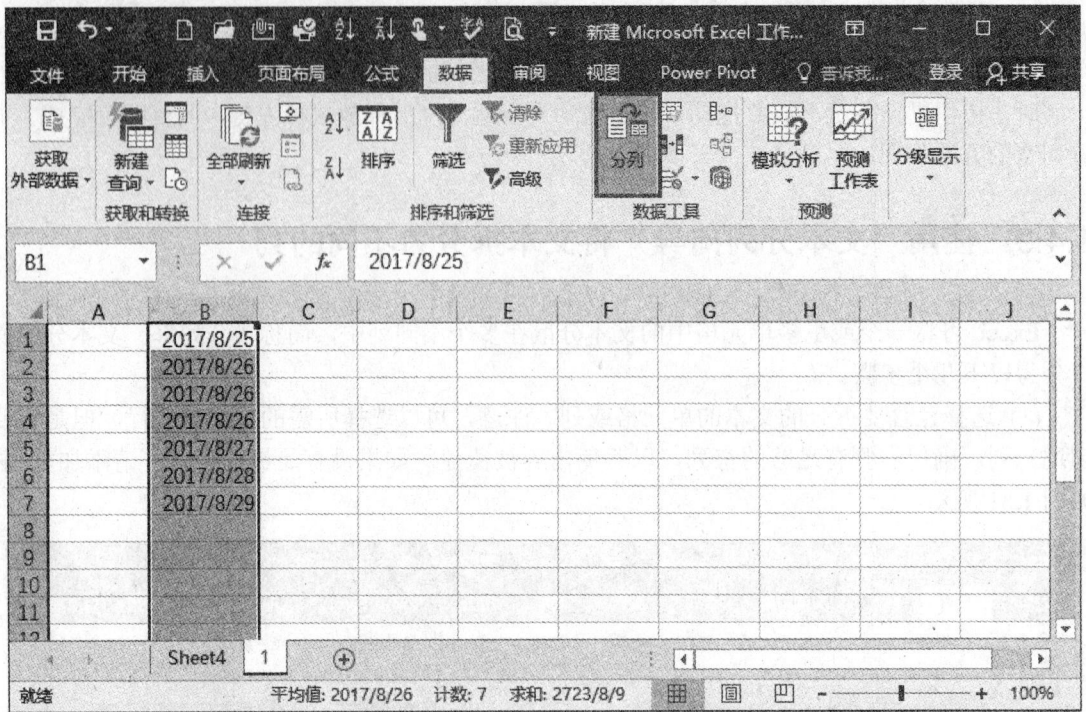

图 1.82 启用"文本分列向导"

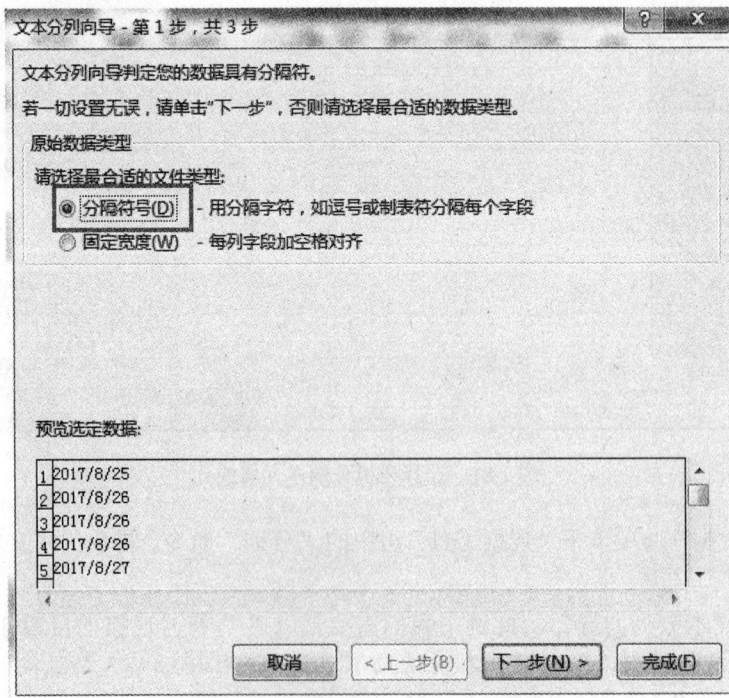

图 1.83 设置"文本分列向导"(1)

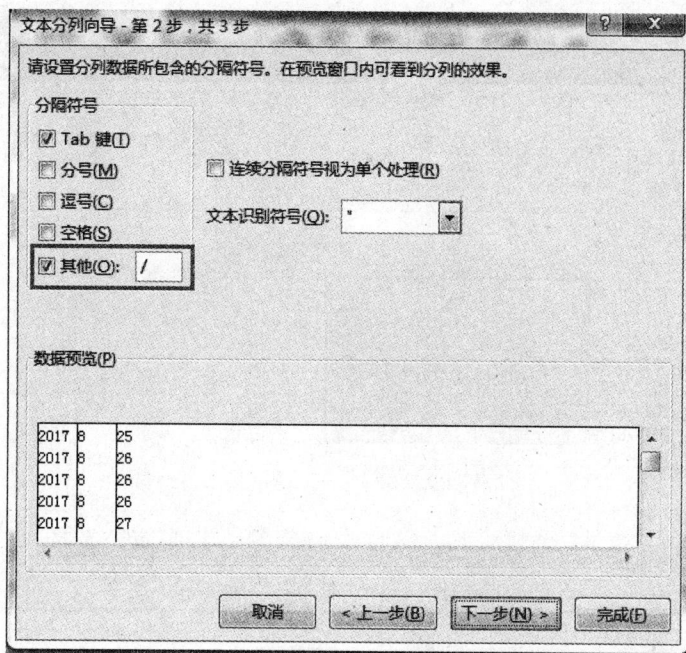

图 1.84　设置"文本分列向导"(2)

(4) 单击"目标区域"框右侧的"折叠对话框"按钮囫，在工作簿中选择所需拆分数据的单元格，单击"完成"按钮，即完成了将一列日期数据分列为年、月、日形式的三列新数据，如图 1.85 和图 1.86 所示。

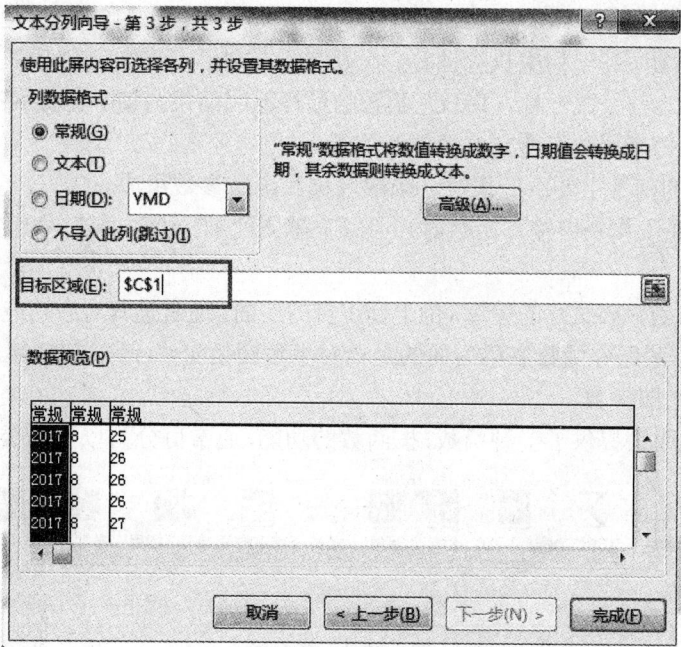

图 1.85　完成"文本分列向导"

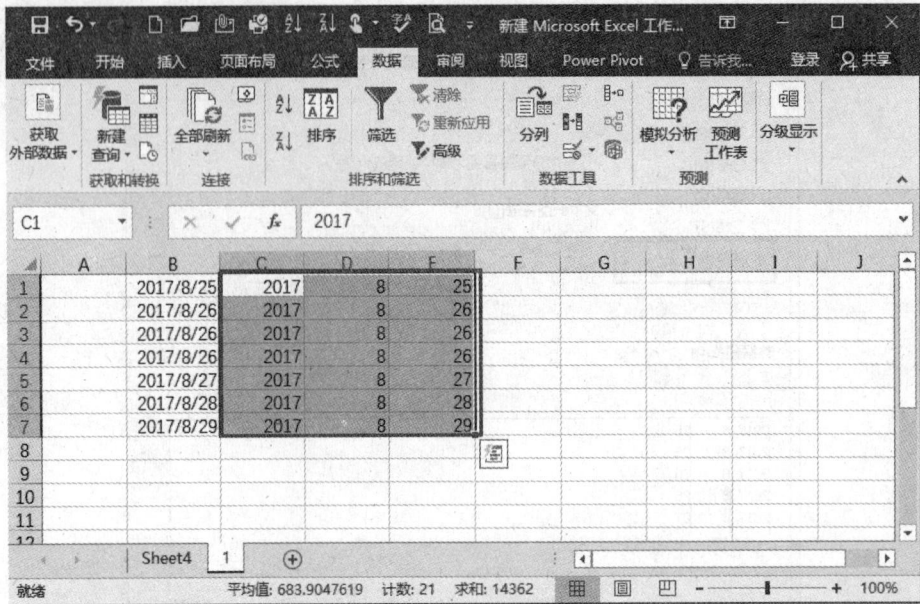

图 1.86　分列结果

1.4.10　使用函数将文本拆分到不同列中

1. 函数概述

(1) Excel 的工作表函数(worksheet functions)通常简称为 Excel 函数,它是由 Excel 内部预先定义并按照特定的顺序和结构来执行计算、分析等数据处理任务的功能模块。Excel 函数也被称为"特殊公式"。与公式一样,Excel 函数的最终返回结果为值。函数只有唯一的名称,名称不区分大小写,每个函数有特定的功能和用途。

(2) 一个完整的函数主要由标识符、函数名称和函数参数组成。

● 标识符:在工作表中输入函数时,必须先输入"="号。"="号通常被称为函数的标识符。

● 函数名称:函数要执行的运算,位于标识符的后面。通常是其对应功能的英文单词缩写。

● 函数参数:紧跟在函数名称后面的是一对半角圆括号"()",被括起来的内容是函数的处理对象,即参数。

(3) Excel 函数库中提供了多种函数,按函数的功能,通常可分为以下几类,如图 1.87 所示。

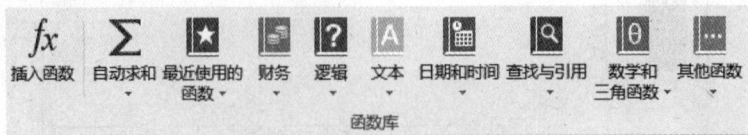

图 1.87　函数分类

(4) 函数的输入方法主要包括：通过快捷按钮插入函数、通过“插入函数”对话框输入、通过编辑栏输入、查询函数几种。

2. 文本类函数

1) LEN 函数

LEN 函数的功能是统计文本字符串中字符数目。

函数语法：=LEN(text)

参数说明：text 表示要统计的文本字符串。

应用举例：应用 LEN 函数统计文本字符串中的字符数目，如图 1.88 所示。

2) RIGHT 函数

RIGHT 函数的功能是从一个文本字符串的最后一个字符开始，截取指定数目的字符。

函数语法：=RIGHT(text，num_chars)

参数说明：text 表示包含要提取字符的文本字符串；num_chars 代表给定的截取数目。

应用举例：应用 RIGHT 函数截取文本字符串中指定数目的字符，如图 1.89 所示。

B2　=LEN(A2)

	A	B	C
1	数据	结果	说明
2	电子报表实务	6	统计文本字符串中字符数目

图 1.88　LEN 函数的用法

B2　=RIGHT(A2,4)

	A	B	C
1	数据	结果	说明
2	电子报表实务	报表实务	从一个文本字符串的最后一个字符开始，截取指定数目的字符。

图 1.89　RIGHT 函数的用法

3) MID 函数

MID 函数的功能是返回文本字符串中从指定位置开始的特定数目的字符。

函数语法：=MID(text，start_num，num_chars)

参数说明：text 表示包含要提取字符的文本字符串；start_num 表示文本中要提取的第一个字符的位置，文本中第一个字符的 start_num 为 1，依此类推；num_chars 用来指定希望 MID 从文本中返回字符的个数。

应用举例：应用 MID 函数从身份证号码中提取出生年月信息，操作如图 1.90 所示。

4) LEFT 函数

LEFT 函数的功能是从一个文本字符串的第一个字符开始，截取指定数目的字符。

函数语法：=LEFT(text，num_chars)

参数说明：text 表示包含要提取字符的文本字符串；num_chars 代表给定的截取数目。

应用举例：应用 LEFT 函数截取文本字符串中指定数目的字符，如图 1.91 所示。

B2　=MID(A2,7,8)

	A	B	C
1	数据	结果	说明
2	210102198208252727	19820825	返回文本字符串中从指定位置开始的特定数目的字符

图 1.90　MID 函数的用法

B2　=LEFT(A2,4)

	A	B	C
1	数据	结果	说明
2	电子报表实务	电子报表	从一个文本字符串的第一个字符开始，截取指定数目的字符。

图 1.91　LEFT 函数的用法

任务 1.1　建立工资管理基础信息库

背景资料

嘉誉公司为规范职工工资核算，提高工资数据的准确性，为后续工资项目计算、核对、人工成本分析、员工薪资制度改进提供原始数据支撑，现要求整理职工基本信息数据表，后续新进员工入职时，按照职工基本情况表数据提交资料，留存复印件；按现行核算制度设计相关工资计算参数表。

任务要求

1. 设计制作职工基本情况表，具体格式及数据如图 1.92“基础数据表”、图 1.93“职工基本情况表”所示。

(说明：本书各项任务练习中所需原始数据，可通过扫描【任务要求】中的二维码获取。)

任务 1.1 原始数据

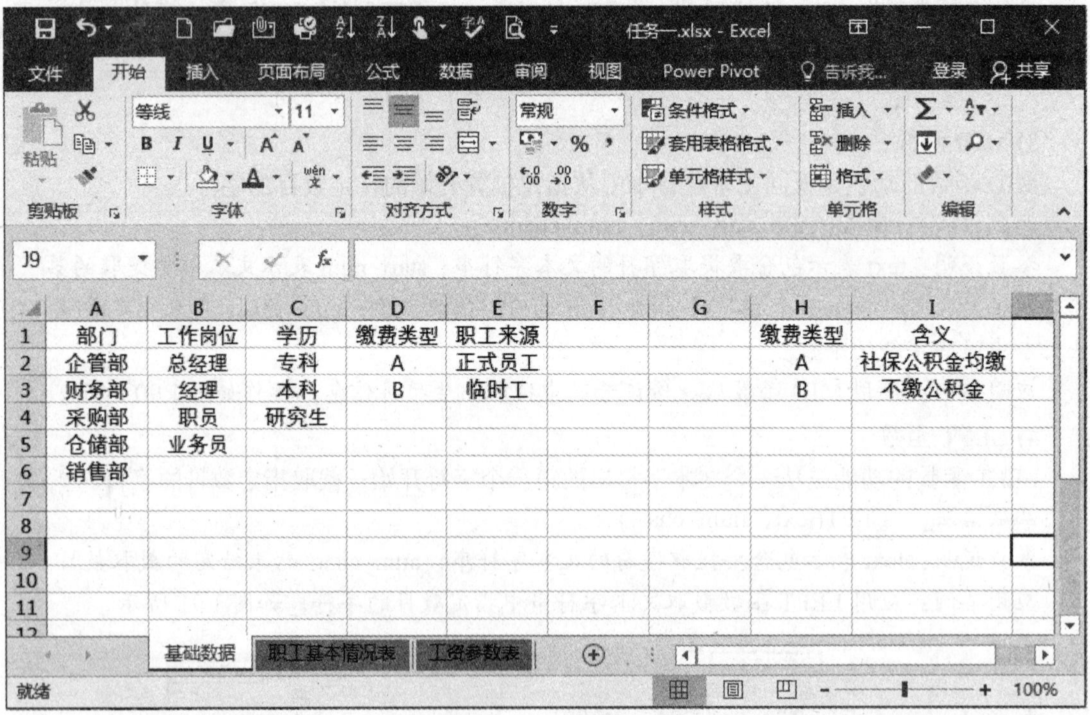

	A	B	C	D	E	F	G	H	I
1	部门	工作岗位	学历	缴费类型	职工来源			缴费类型	含义
2	企管部	总经理	专科	A	正式员工			A	社保公积金均缴
3	财务部	经理	本科	B	临时工			B	不缴公积金
4	采购部	职员	研究生						
5	仓储部	业务员							
6	销售部								

图 1.92　基础数据表

工号	姓名	性别	部门	工作岗位	学历	入职日期	身份证号码	银行卡号	联系电话	电子邮箱	费类	职工来源	登记时间	离职时间
0000184	刘新瑞	女	企管部	总经理	专科	1993/11/24	328063197003202384	9664873693874570	14105585912	949819137@qq.com	A	正式员工	2017/1/1	
0000185	王一清	男	企管部	经理	本科	1994/4/8	170674197008117539	9664873693874571	16387822208	824211173@qq.com	A	正式员工	2017/1/1	
0000186	李淼	女	财务部	经理	研究生	1995/1/4	706676197012260846	9664873693874572	13375357954	718564161@qq.com	A	正式员工	2017/1/1	
0000187	白韦威	男	采购部	经理	本科	1995/8/24	012993197109254531	9664873693874573	13476726309	493857154@qq.com	A	正式员工	2017/1/1	
0000188	尹敬	男	仓储部	经理	专科	1995/11/20	108676197111040634	9664873693874574	18345131104	864749173@qq.com	A	正式员工	2017/1/1	
0000189	桓栋山	男	销售部	经理	专科	1998/9/1	049080197202287493	9664873693874575	15763633990	406155182@qq.com	A	正式员工	2017/1/1	2018/11/5
0000190	包艳宏	男	企管部	职员	专科	1999/1/21	432290197506313632	9664873693874576	16979501672	527119185@qq.com	A	正式员工	2017/1/1	
0000191	曲姗姗	女	仓储部	职员	专科	2001/3/25	859121197604035845	9664873693874577	13859848778	839445181@qq.com	B	临时工	2018/12/10	
0000192	杨杰	女	企管部	职员	研究生	2002/12/2	985646197607180783	9664873693874578	15647614317	788926179@qq.com	A	正式员工	2017/1/1	
0000193	姜宏平	女	财务部	职员	专科	2002/12/12	913837197701119107	9664873693874579	18967166916	961710184@qq.com	A	正式员工	2017/1/1	
0000194	臧洁敏	女	财务部	职员	本科	2005/3/25	852162197701197946	9664873693874580	17810796393	989237187@qq.com	A	正式员工	2017/1/1	
0000195	蔡丽莉	男	财务部	职员	专科	2006/3/2	777329197706024139	9664873693874581	16753584123	410275158@qq.com	B	临时工	2017/1/1	
0000196	车海虹	女	采购部	职员	本科	2006/11/20	590219197709038122	9664873693874582	15435097162	794726186@qq.com	A	正式员工	2017/1/1	
0000197	程丽华	男	采购部	职员	本科	2007/4/27	484086197709124396	9664873693874583	13824997314	879796185@qq.com	B	临时工	2017/1/1	
0000198	褚岳阳	女	采购部	职员	本科	2008/4/27	497731197802227487	9664873693874584	13432860530	292796134@qq.com	A	正式员工	2017/1/1	
0000199	董厚瑛	女	仓储部	职员	本科	2009/10/23	309741197805063702	9664873693874585	14642060015	415988187@qq.com	A	正式员工	2017/1/1	
0000200	樊家惠	女	仓储部	职员	本科	2010/5/11	484875198202142247	9664873693874586	18095525793	134646135@qq.com	B	临时工	2017/1/1	
0000201	付晨光	女	仓储部	职员	本科	2010/11/21	916266198211203565	9664873693874587	15746661679	579545134@qq.com	B	临时工	2017/1/1	
0000202	甘丽婕	女	销售部	业务员	专科	2011/1/22	586938198402124189	9664873693874588	17396677260	937669132@qq.com	B	正式员工	2017/1/1	
0000203	郭建	女	销售部	业务员	专科	2011/4/23	419235198505275704	9664873693874589	13770965404	959373131@qq.com	A	正式员工	2017/1/1	
0000204	胡逸柯	男	销售部	业务员	专科	2011/9/28	287280198507137191	9664873693874590	13943594269	045821147@qq.com	A	正式员工	2017/1/1	
0000205	纪铭佳	女	销售部	经理	本科	2012/5/11	581122198607056008	9664873693874591	16253460625	559312151@qq.com	A	正式员工	2018/11/5	

基础数据 职工基本情况表 工资参数表

图 1.93 职工基本情况表

2. 设计制作工资参数表，将工资计算过程中需要用到的政策参数统一放置在一张表格中，便于工资计算与政策调整时使用，具体内容如图 1.94“工资参数表”所示。

社保参数表																	
三险缴费基数		公司医保缴费基数		公积金缴费基数		个人医保缴费基数		公司缴费比率						个人缴费比率			
上限	下限	上限	下限	上限	下限	上限	下限	养老保险	工伤保险	失业保险	医疗保险	生育保险	住房公积金	养老保险	失业保险	医疗保险	住房公积金
15457	3092	14877	4959	20200	1500	14877	2975	0.2	0.007	0.01	0.08	0.006	0.12	0.08	0.005	0.02	0.12

基本工资	
基本工资	=500+工龄工资
工龄	跨年即为1年工龄，不需满12个月
工龄工资	100/年

个人所得税税率(2018年10月1日起执行)			
起征点	5000		
应税所得	=应税合计-起征点		
级数	全月应纳税所得额	税率	速扣数
1	不超过3000元的部分	3%	0
2	超过3000元～12000元的部分	10%	210
3	超过12000元～25000元的部分	20%	1410
4	超过25000元～35000元的部分	25%	2660
5	超过35000元～55000元的部分	30%	4410
6	超过55000元～80000元的部分	35%	7160
7	超过80000元的部分	45%	15160

个人所得税辅助计算列表		
界限值	税率	速扣数
0	3%	0
3000	10%	210
12000	20%	1410
25000	25%	2660
35000	30%	4410
55000	35%	7160
80000	45%	15160

销售人员提成比率

基础数据 职工基本情况表 工资参数表

图 1.94 工资参数表

操作思路

1. 制作清单列表，每张表格第一行为标题行，标题行不要有空白，用工作表名称代替数据表标题。

2. 不要用斜线表头、总计行，中间不要留空白行。

3. 基础表格尽量使用数据验证，保证数据规范，且提高录入速度。

4. 根据数据类型不同，灵活选择文本、时间、数值、自定义等不同类型。

5. 将数据验证的基础数据统一放在一张基础表格中。

6. 将后续工资计算要用到的参数统一放在一张参数表中。

7. 各字段数值类型设计及输入方法：Excel 2016 中，常见的数据类型有文本型、数字型、日期和时间型以及特殊符号等。考虑到数据本身的特点、提高输入数据速度和准确度，以及后续数据整理的便利性，职工基本情况表中各字段选择的数据类型及输入方法如表 1.1 所示。

表 1.1　字段的数据类型与输入方法

字段名	数字类型	数据验证	输入方法
工号	自定义"0000000"	无	序列填充
姓名	常规	无	键盘录入
性别	常规	男、女	鼠标点选/Ctrl 键不连续输入
部门	常规	企管部、财务部、采购部、仓储部、销售部	鼠标点选+快速输入
工作岗位	常规	总经理、经理、职员、业务员	鼠标点选+快速输入
学历	常规	专科、本科、研究生	鼠标点选+快速输入
入职日期	日期	无	键盘录入
身份证号码	文本	出错警告	键盘录入
银行卡号	自定义 966487369387####	无	键盘录入
联系电话	文本或数字	无	键盘录入
电子邮箱	常规	无	键盘录入
缴费类型	常规	A、B	鼠标点选+快速输入
职工来源	常规	正式员工、临时工	鼠标点选+快速输入
登记时间	日期	无	键盘录入+快速输入

操作步骤

1. 创建工作表

(1) 打开 Excel 软件，建立新的工作簿。

(2) 将 Sheet1、Sheet2、Sheet3 分别命名为"基础数据""职工基本情况表""工资参数表"。

(3) 保存工作簿，命名为"工资管理基础信息库"，如图 1.95 所示。

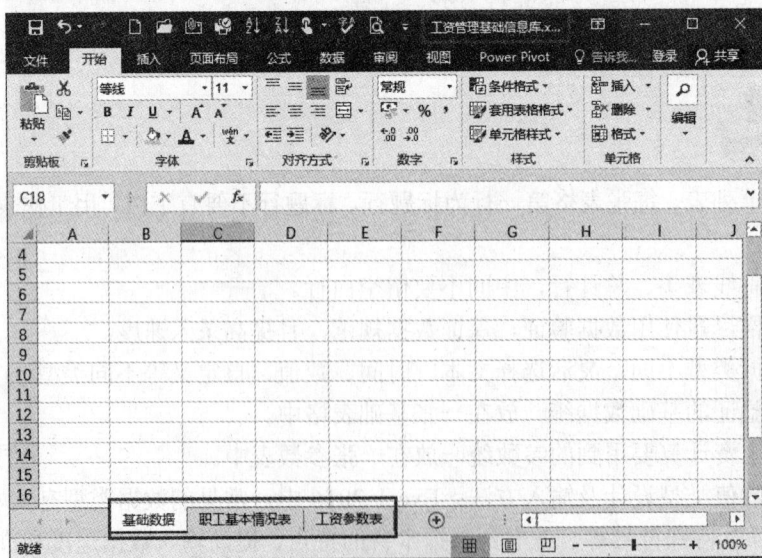

图 1.95　创建基础信息库

2. 基础数据录入

手动录入"基础数据"工作表。

3. 职工基本情况表数据录入

1) 字段名录入

字段名全部手动录入。

2) 设置工号数字类型

右击 A2 单元格，从弹出的快捷菜单中选择"设置单元格格式"命令，在弹出的对话框中选择"数字"→"自定义"，并在类型中输入"0000000"，然后单击"确定"按钮，如图 1.96 所示。

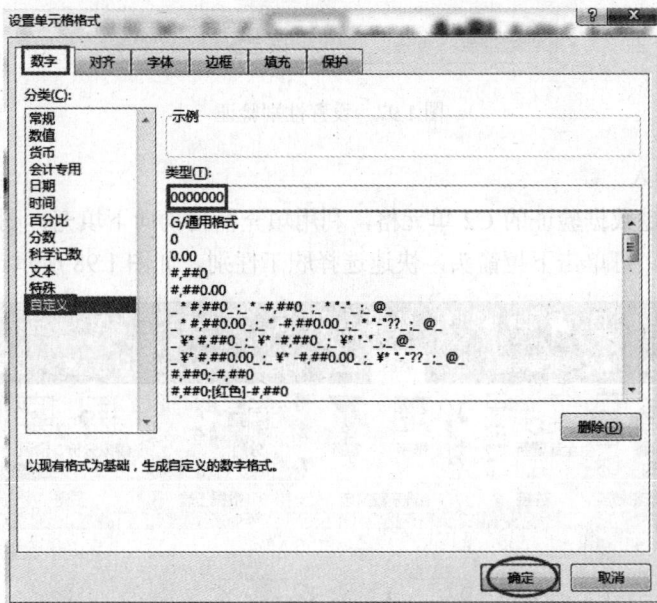

图 1.96 设置工号数字类型

3) 输入第一个职工工号

在设置了自定义格式的 A2 单元格中输入"184"，该单元格会自动调整为第一个职工的工号"0000184"。

4) 快速输入其他职工工号

单击 A2 单元格，将光标移至单元格右下角，单元格出现一个十字标识，同时按住 Ctrl 键，则十字标识右上方出现一个小"+"号，此时利用填充柄自动向下拖拽，该公司职工工号从0000184~0000219 全部快速录入。

5) 设置性别数据验证

(1) 选中 C2 单元格，选择"数据"选项卡下"数据验证"组中的"数据验证"命令，打开"数据验证"对话框。

(2) 设置数据验证条件。"允许"下拉框中选择"序列"，"来源"框中输入"男,女"，单击"确定"按钮，如图 1.97 所示。注意：数据来源几个选项之间要用半角逗号分隔开。

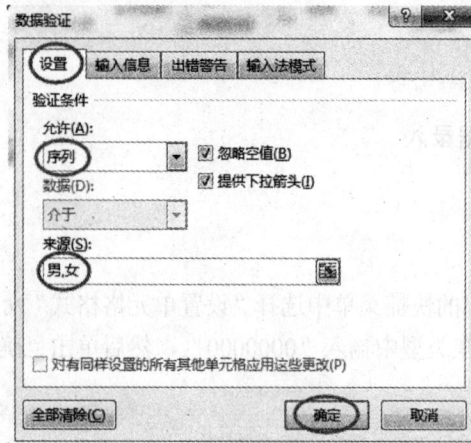

图 1.97　设置性别验证

6) 性别数据输入

单击已经设置过数据验证的 C2 单元格，利用填充柄自动向下填充，则"性别"列都被赋予了数据验证功能。可单击下拉箭头，快速选择职工性别，如图 1.98 所示。

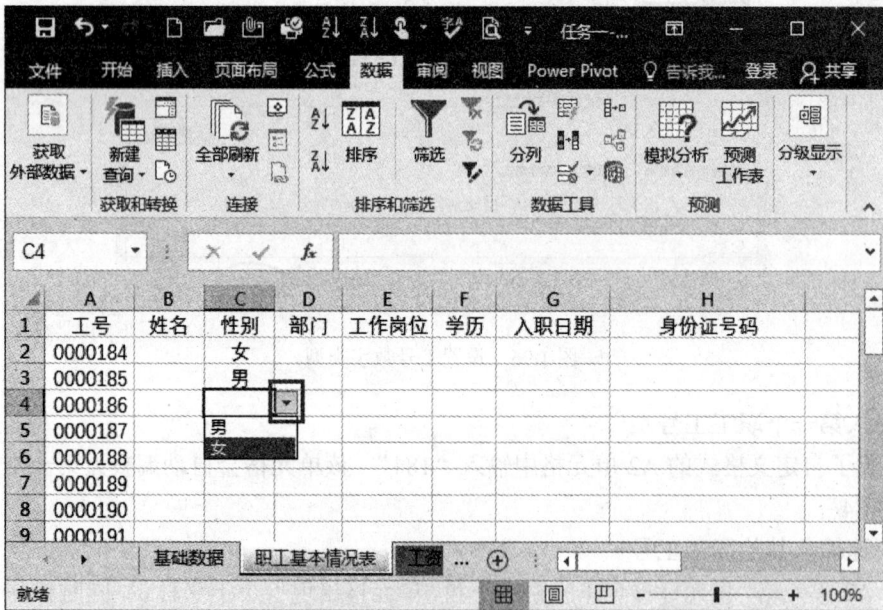

图 1.98　性别数据输入

7) 部门数据验证及输入

与性别数据验证设置方法相同，分别将部门数据验证设置为"企管部""财务部""采购部""仓储部""销售部"，并选择填充每名员工的部门。

8) 工作岗位数据验证及输入

与性别数据验证设置方法相同，分别将工作岗位数据验证设置为"总经理""经理""职员""业务员",并选择填充每名员工的工作岗位。

9) 学历数据验证及输入

与性别数据验证设置方法相同,分别将学历数据验证设置为"专科""本科""研究生",并选择填充每名员工的学历。

10) 入职日期数据格式设置及输入

(1) 选中入职日期所在列,单击鼠标右键,打开"设置单元格格式"对话框。在"数字"选项卡的"分类"列表框中选择"日期",并在右侧"类型"选项中单击需要呈现的日期形式,然后单击"确定"按钮,如图1.99所示。

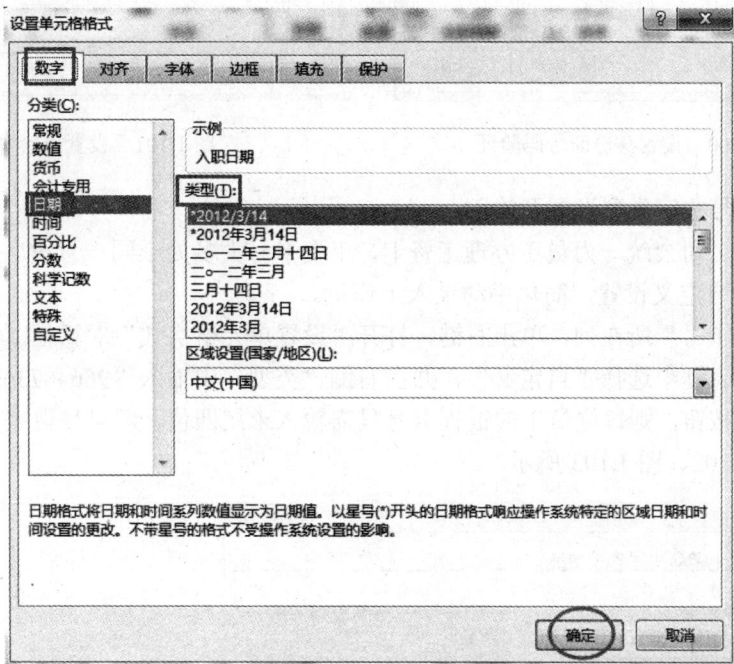

图1.99 入职日期输入

(2) 录入公司员工的入职时间,例如"1993-11-24"。此处需要注意年月日之间的分隔符,如果是"-"或"/",则Excel自动识别为日期;若分隔符录入",""、"".",则无法调整为日期格式。

11) 身份证号码数据验证及输入

(1) 身份证号码需要设置为文本形式。

方法一: 选中身份证号码所在列,单击右键,打开"设置单元格格式"对话框。在"数字"选项卡的"分类"列表框中选择"文本",然后单击"确定"按钮。

方法二: 在录入身份证数据之前,选中要录入的单元格,输入一个半角单引号"'",则Excel自动识别为文本形式录入。

(2) 为使数据更加精确,可以将"身份证号码"列设置数据验证,对小于或大于18位的身份证号码进行出错警告,如图1.100和图1.101所示。

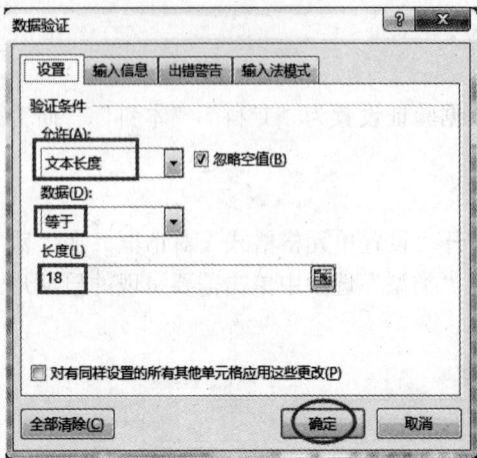

图 1.100　设置身份证号码验证

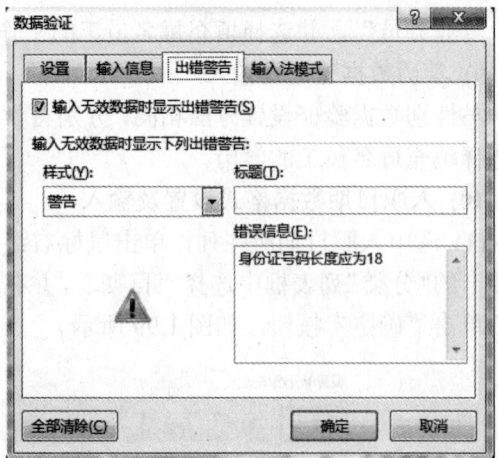

图 1.101　设置出错警告

12) 银行卡号数字类型设置及输入

通常来说，公司会统一为员工办理工资卡，工资卡号大多处于同一号段。为简化数据录入工作，可以进行自定义设置，简化手动录入工作量。

选择"银行卡号"所在列，单击右键，打开"设置单元格格式"对话框。在"数字"选项卡的"分类"列表框中选择"自定义"，并在右侧"类型"中输入"966487369387####"，然后单击"确定"按钮，则每位员工的银行卡号只需输入末尾四位，即可呈现完整的银行卡号信息，操作如图 1.102、图 1.103 所示。

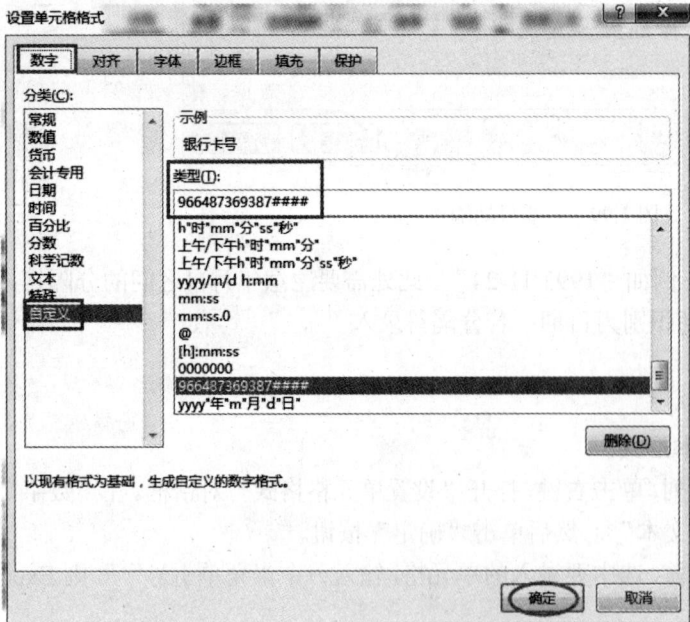

图 1.102　自定义数字类型

图 1.103　自定义录入银行卡号

13) 其他信息录入

联系电话、电子邮箱、缴费类型、职工来源、备注等均为常规形式录入，此处不赘述，详见"操作思路"。

4．工资参数表数据录入

手动录入，过程略。

任务总结

1. Excel 2016 中数字与文本的区别如表 1.2 所示。

表 1.2　Excel 2016 中数字与文本的区别

属性	数字	文本
特征	右对齐	左对齐
格式变化	多种形式变化	相对固定
长度	超 11 位转变为科学计数法	相对稳定
运算	可参与运算	一般无法计算

2. 数据验证是数据规范的有效方法，尤其是不同部门不同时间段填写数据时更有效，给后续专职部门集中汇总处理数据带来极大便利。

3. 使用 Ctrl+Enter 快捷键，可以批量输入相同内容，提高数据录入速度。

4. 数据录入的关键是数据规范，数据类型要与单元格格式相匹配。数据规范的标准是：

(1) 数据结构规范，一列数据仅存放一种信息，无合并单元格，无空格；做到同表同格式；

(2) 数据标准，同物同名称，一定要有一个唯一的识别码将一项事物与其他事务区分出来；用工号作为职工唯一的识别码；

(3) 数据共享性，同一事物在不同部门、不同表格中的名称、格式也要相同且唯一。

5. 养成良好的 Excel 操作习惯：

(1) 双手尽量放在键盘上，或者一手操作键盘、一手操作鼠标，手不要频繁在键盘和鼠标之间切换；

(2) 养成良好的 Excel 数据检查验证习惯，一般根据原始单据信息建立数据表格，做到有据可依。数据输入后，一定要反复、多角度检查验证其准确性。

任务 1.2　整理软件导出数据

背景资料

嘉誉公司从财务软件中导出银行存款明细账，准备与银行对账单核对，但导出的数据都是文本格式，单元格中存在空格，多种类型数据混排在一个单元格中，不便于后续数据处理，现需将导出数据进行规范化整理。系统导出数据如图 1.104 所示。

	A	B	C	D	E	F	G
1	日期	凭证号	票据号	摘要	借方	贷方	余额
2	2018-11-1			期初余额			1389694.48
3	2018-11-1	记-1	3491478	收石家庄家乐福款	181672.64		1571367.12
4	2018-11-1	记-3	8481979	收沈阳新天地款	56804.33		1628171.45
5	2018-11-1	记-5	8165078	付江苏云景玩具厂款		132693.57	1495477.88
6	2018-11-1	记-7	8409300	付福建忠鼎玩具厂款		116304.42	1379173.46
7	2018-11-1	记-8	3535842	付广州金迪玩具厂款		126335.41	1252838.05
8	2018-11-1	记-13	8486766	收杭州大福源款	39457.7		1292295.75
9	2018-11-1	记-21	6181350	收北京家乐福款	104526.33		1396822.08
10	2018-11-2	记-26	9320564	收重庆家乐福款	59704.27		1456526.35
11	2018-11-2	记-27	8750407	收哈尔滨新天地款	177967.39		1634493.74
12	2018-11-2	记-32	3410868	收大连大福源款	72383.23		1706876.97
13	2018-11-2	记-33	6840323	付沈阳盛日玩具厂款		175342.47	1531534.5

图 1.104　系统导出的银行存款明细账

任务要求

1. 将日期调整成标准日期格式。

2. 将凭证编号分成两列，分别为"凭证类别"列、"凭证编号"列。

3. 将摘要拆分成两列，分别为"摘要类型"列、"供应商或客户名称"列。

4. 设置"借方""贷方"及"余额"列，去除空格，变成数值型格式。

任务 1.2 原始数据

操作思路

1. 将日期列利用"数据"→"分列"功能调整成标准日期格式。

2. 在"凭证号"列右侧插入列，利用"数据"→"分列"功能将凭证编号分成两列，分别为"凭证类别"列和"凭证编号"列。

3. 将摘要拆分成"摘要类型""供应商与客户名称"两列。拆分摘要类型，可以使用固定列宽功能，也可用 LEFT()取第一个字；供应商或客户名称分列，因为所有内容最后一个字都是"款"字，去掉"款"字后的字符串就是想得到的字符串，仍然可以用 LEFT()，得到供应商或客户名称。然后复制，选择性粘贴，粘贴数值，将处理好的数据固定。

4. 借方、贷方及余额列，去除空格，变成数值型格式。

操作步骤

1. 将日期调整为标准格式

(1) 选中 A2:A235 列，单击"数据"→"分列"，选中"固定宽度(W)-每列字段加空格对齐"单选项，单击"下一步"按钮，如图 1.105、图 1.106 所示。

图 1.105 分列调整日期格式(1)

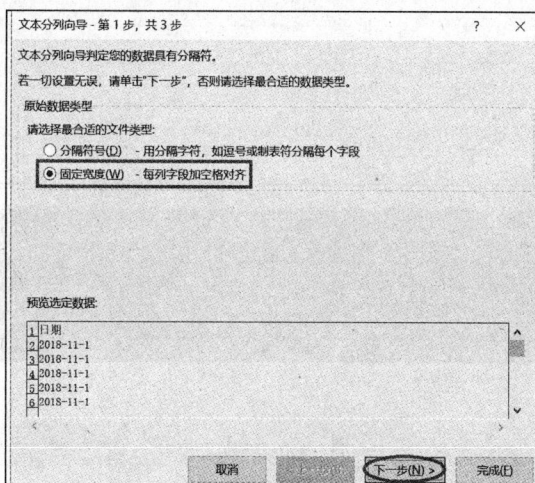

图 1.106 分列调整日期格式(2)

(2) 设置字段宽度，选择默认设置，直接单击"下一步"按钮，如图 1.107 所示。

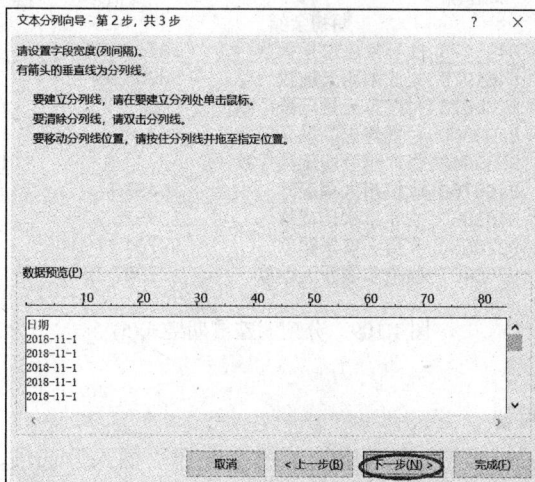

图 1.107 分列调整日期格式(3)

(3) 设置数据格式，选中"日期(D)"，在后面的下拉列表框中选择"YMD" 选项，单击"完成"按钮。此时 A 列中的日期全部变成标准日期格式，如图 1.108、图 1.109 所示。

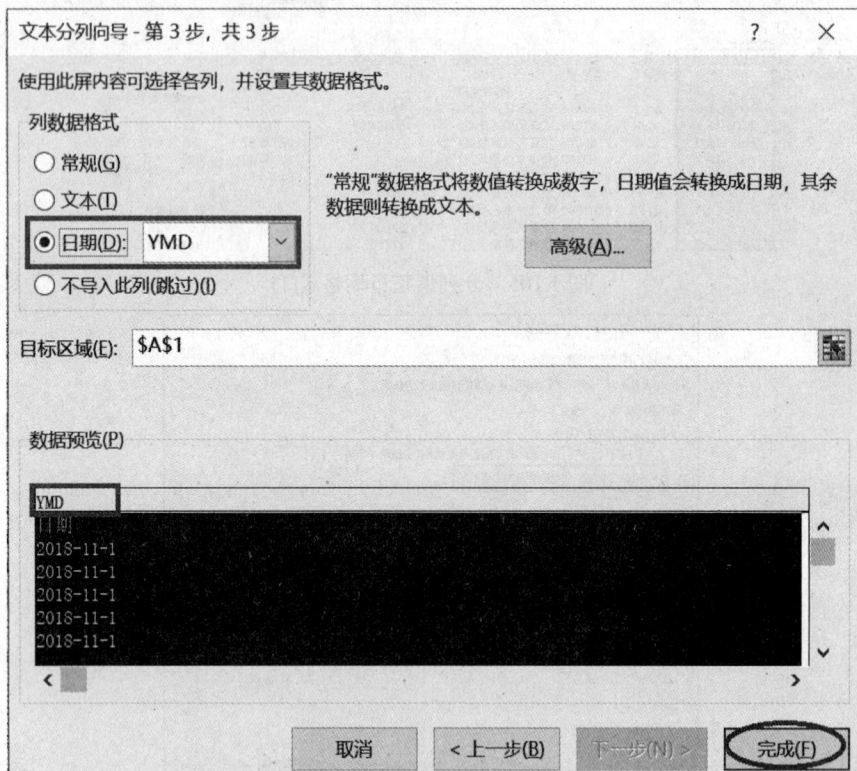

图 1.108　分列调整日期格式(4)

	A	B	C	D	E	F	G
1	日期	凭证号	票据号	摘要	借方	贷方	余额
2	2018/11/1			期初余额			1389694.48
3	2018/11/1	记-1	3491478	收石家庄家乐福款	181672.64		1571367.12
4	2018/11/1	记-3	8481979	收沈阳新天地款	56804.33		1628171.45
5	2018/11/1	记-5	8165078	付江苏云景玩具厂款		132693.57	1495477.88
6	2018/11/1	记-7	8409300	付福建忠鼎玩具厂款		116304.42	1379173.46
7	2018/11/1	记-8	3535842	付广州金迪玩具厂款		126335.41	1252838.05
8	2018/11/1	记-13	8486766	收杭州大福源款	39457.7		1292295.75
9	2018/11/1	记-21	6181350	收北京家乐福款	104526.33		1396822.08
10	2018/11/2	记-26	9320564	收重庆家乐福款	59704.27		1456526.35
11	2018/11/2	记-27	8750407	收哈尔滨新天地款	177967.39		1634493.74

图 1.109　分列调整日期格式(5)

2. 将凭证编号分成两列

(1) 选中 C 列，单击鼠标右键，在弹出的菜单中选择"插入"选项，插入空白列，如图 1.110 所示。

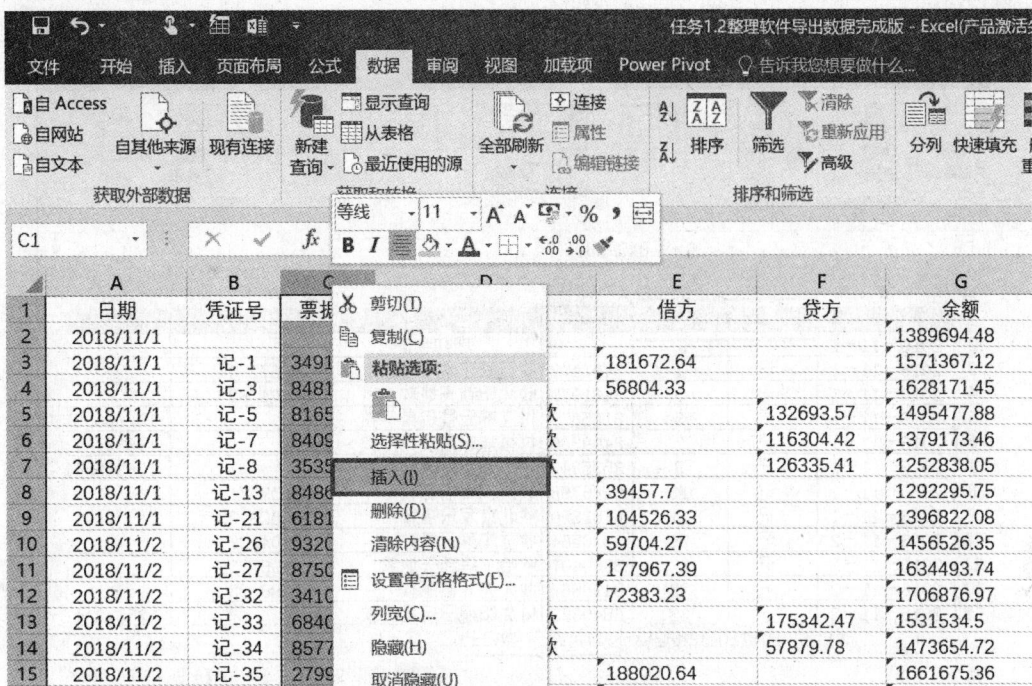

图 1.110　插入空白列

(2) 选中 B 列，执行"数据"→"分列"命令，选中"分隔符号(D)"，单击"下一步"按钮，然后在"分隔符号"复选框中选中"其他"，并在对话框中输入分隔符号"-"，此时"数据预览"框中会显示预览结果，单击"下一步"按钮。最后设置数据格式，选择"常规"，单击"完成"按钮结束分列操作，结果如图 1.111 所示。

	A	B	C	D	E	F	G	H
1	日期	凭证号		票据号	摘要	借方	贷方	余额
2	2018/11/1				期初余额			1389694.48
3	2018/11/1	记	1	3491478	收石家庄家乐福款	181672.64		1571367.12
4	2018/11/1	记	3	8481979	收沈阳新天地款	56804.33		1628171.45
5	2018/11/1	记	5	8165078	付江苏云景玩具厂款		132693.57	1495477.88
6	2018/11/1	记	7	8409300	付福建忠鼎玩具厂款		116304.42	1379173.46
7	2018/11/1	记	8	3535842	付广州金迪玩具厂款		126335.41	1252838.05
8	2018/11/1	记	13	8486766	收杭州大福源款	39457.7		1292295.75
9	2018/11/1	记	21	6181350	收北京家乐福款	104526.33		1396822.08
10	2018/11/2	记	26	9320564	收重庆家乐福款	59704.27		1456526.35
11	2018/11/2	记	27	8750407	收哈尔滨新天地款	177967.39		1634493.74
12	2018/11/2	记	32	3410868	收大连大福源款	72383.23		1706876.97
13	2018/11/2	记	33	6840323	付沈阳盛日玩具厂款		175342.47	1531534.5
14	2018/11/2	记	34	8577892	付沈阳盛日玩具厂款		57879.78	1473654.72
15	2018/11/2	记	35	2799315	收北京家乐福款	188020.64		1661675.36

图 1.111　对"凭证号"进行分列处理结果

(3) 更改 B1 单元格内容为"凭证类别"，C1 单元格输入"凭证编号"，如图 1.112 所示。

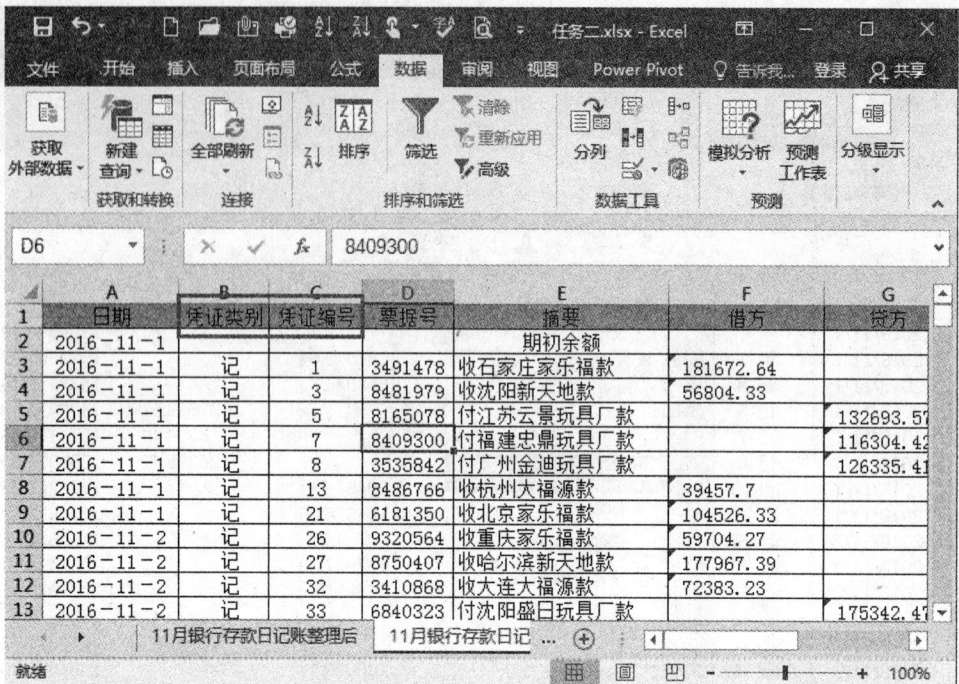

图 1.112　分列结果

3. 摘要分列

方法一： 通过数据分列功能实现，具体步骤如下。

(1) 选中 F 列，单击鼠标右键，从弹出菜单中选择"插入"，插入空白列。

(2) 选中 E 列，执行"数据"→"分列"命令，选择"固定列宽(W)-每列字段加空格对齐"单选项，单击"下一步"按钮，如图 1.113 所示。

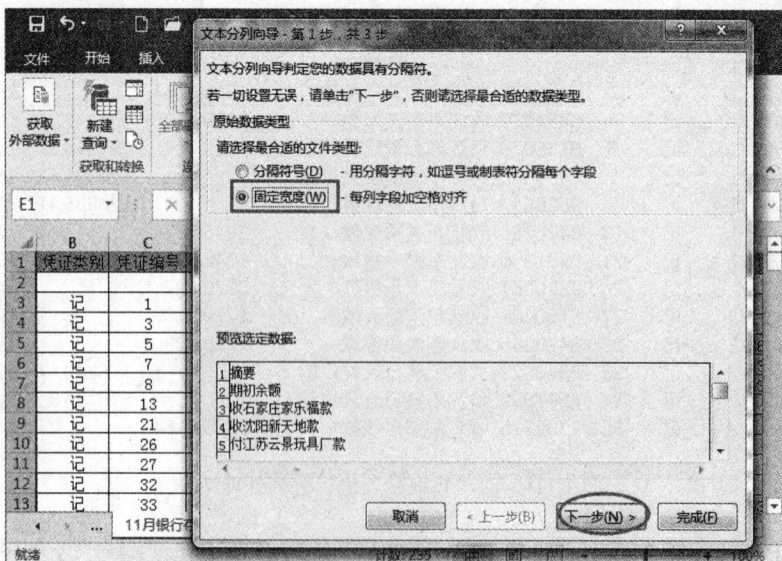

图 1.113　利用"文本分列向导"对摘要进行分列(1)

(3) 在数据预览的标尺处,第一个汉字后单击鼠标左键,建立分列线,单击"下一步"按钮,如图 1.114 所示。

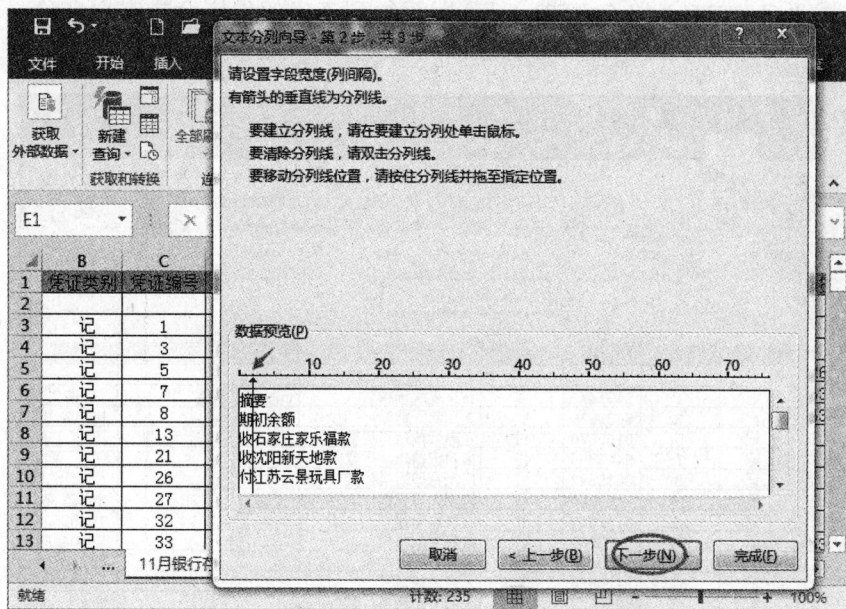

图 1.114 利用"文本分列向导"对摘要进行分列(2)

(4) 设置数据格式,选择"常规",单击"完成"按钮。

(5) 调整 E1、F1 单元格内容分别为"摘要类型""供应商或客户名称",如图 1.115 所示。

图 1.115 利用"文本分列向导"对摘要进行分列(3)

(6) 去掉"供应商或客户名称"列中的"款"字。此列所有内容最后一个字都是"款"字，去掉"款"字后的字符串就是我们想得到的字符串。因此，在 F 列右侧插入一列，选择 G3 单元格，输入公式"=LEFT(F3，LEN(F3)-1)"，即可得到正确的供应商或客户名称，如图 1.116 所示。

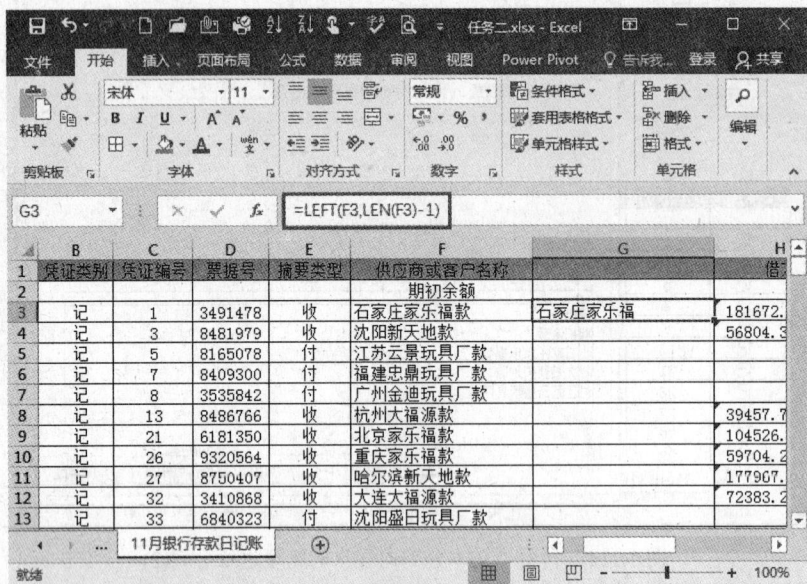

图 1.116　利用"文本分列向导"对摘要进行分列(4)

(7) 将光标放在 G3 单元格右下方，出现十字标识后双击，利用填充柄自动填充 G 列，如图 1.117 所示。

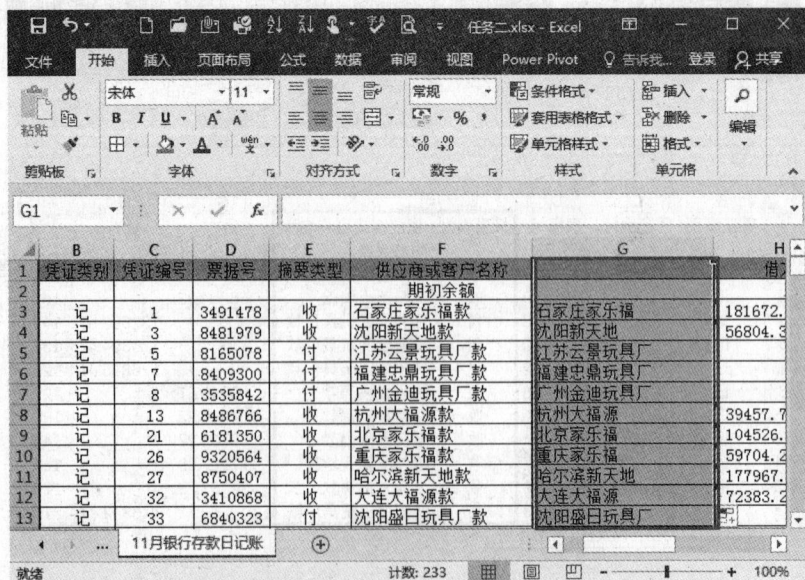

图 1.117　利用填充柄填充分列内容

(8) 先复制 G 列，然后选中 F 列，单击鼠标右键，从弹出菜单中选择"粘贴"→"选择性粘贴"→"粘贴数值"，完成后删除 G 列，如图 1.118、图 1.119 所示。

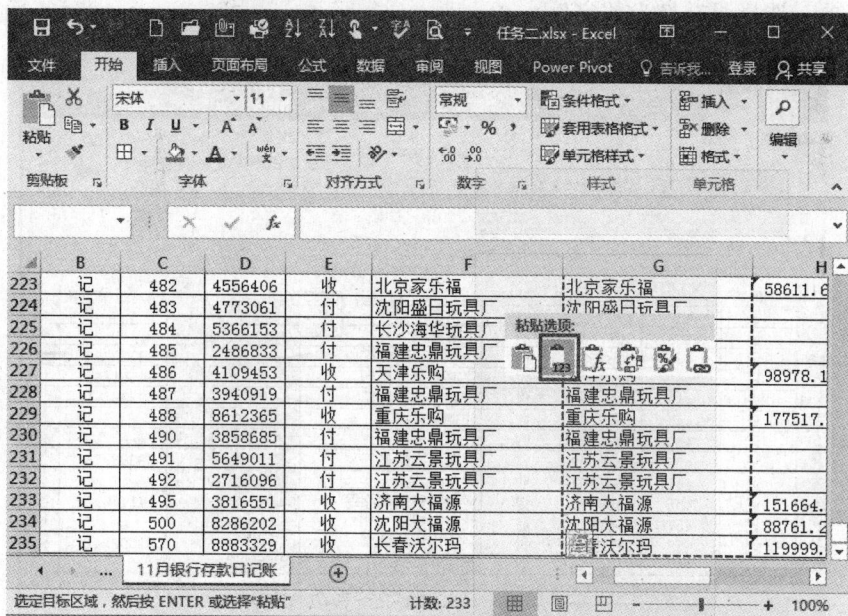

图 1.118　粘贴分列数据

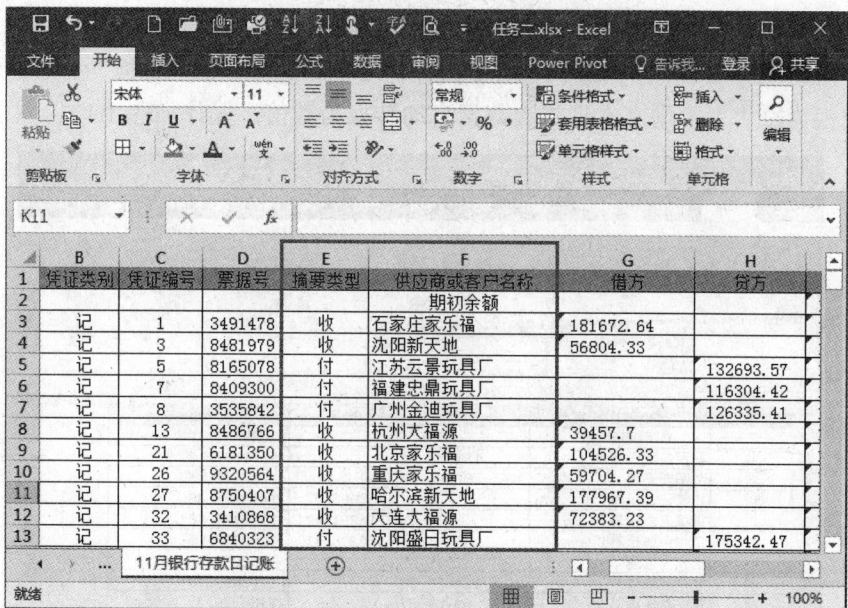

图 1.119　摘要分列结果

方法二： 对"摘要类型"进行分列的时候，也可以不用"数据"→"分列"功能，直接运用函数完成。F3 单元格输入公式"=LEFT(E3,1)"，即可取出摘要第一个字。

4. 整理借方、贷方及余额列

方法一： 选中借方金额数据，如图 1.120 所示，单元格左上角绿标前会出现一个感叹号，单击下拉菜单，选择"转换为数字"。

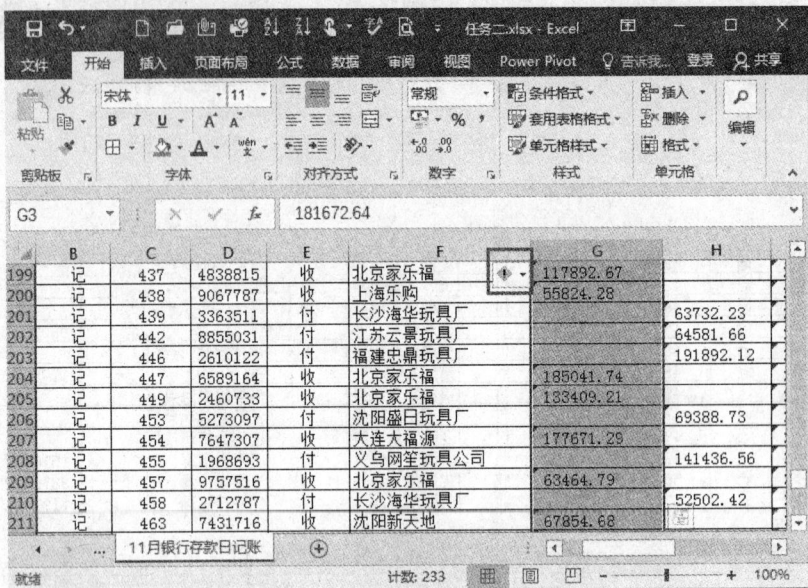

图 1.120　文本转换数值

方法二： 选中一个有数字的单元格，复制里面的空格" "，然后选中借方、贷方、余额等数据，在"开始"选项卡下的"编辑"组中执行"查找和选择"→"替换"命令，将单元格中的小空格替换为空""，则文本形式的数据自动转换为数值，操作如图 1.121~图 1.125 所示。

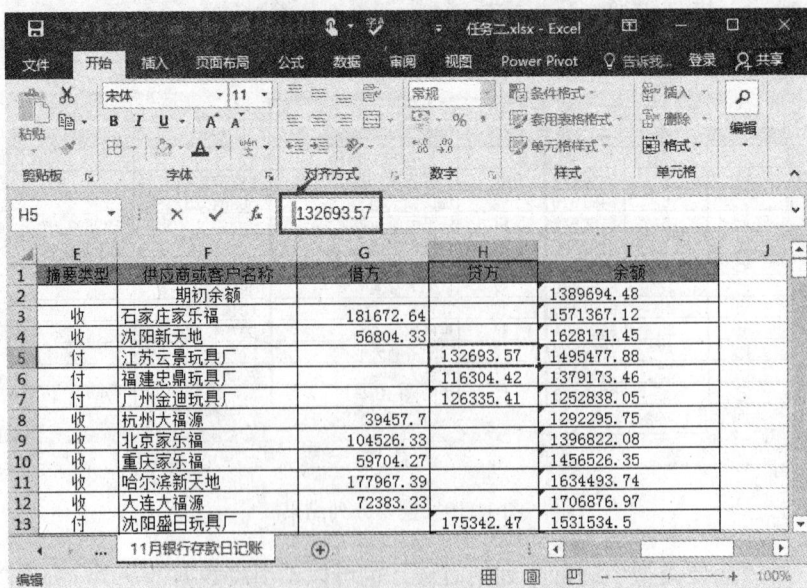

图 1.121　查找替换文本中的空格(1)

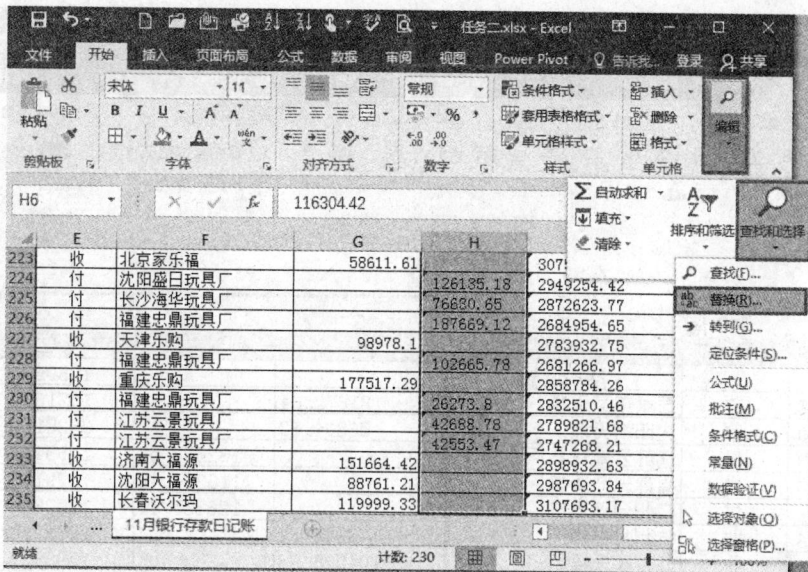

图 1.122 查找替换文本中的空格(2)

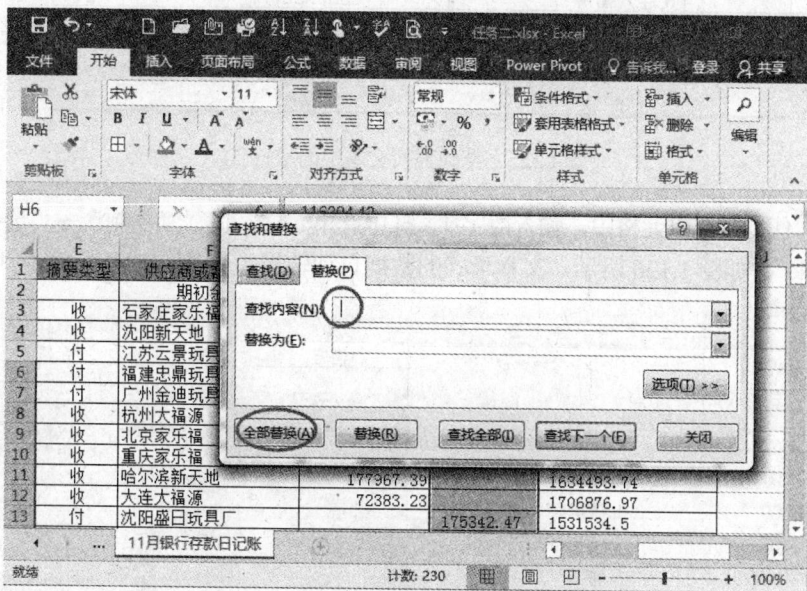

图 1.123 查找替换文本中的空格(3)

图 1.124 查找替换文本中的空格(4)

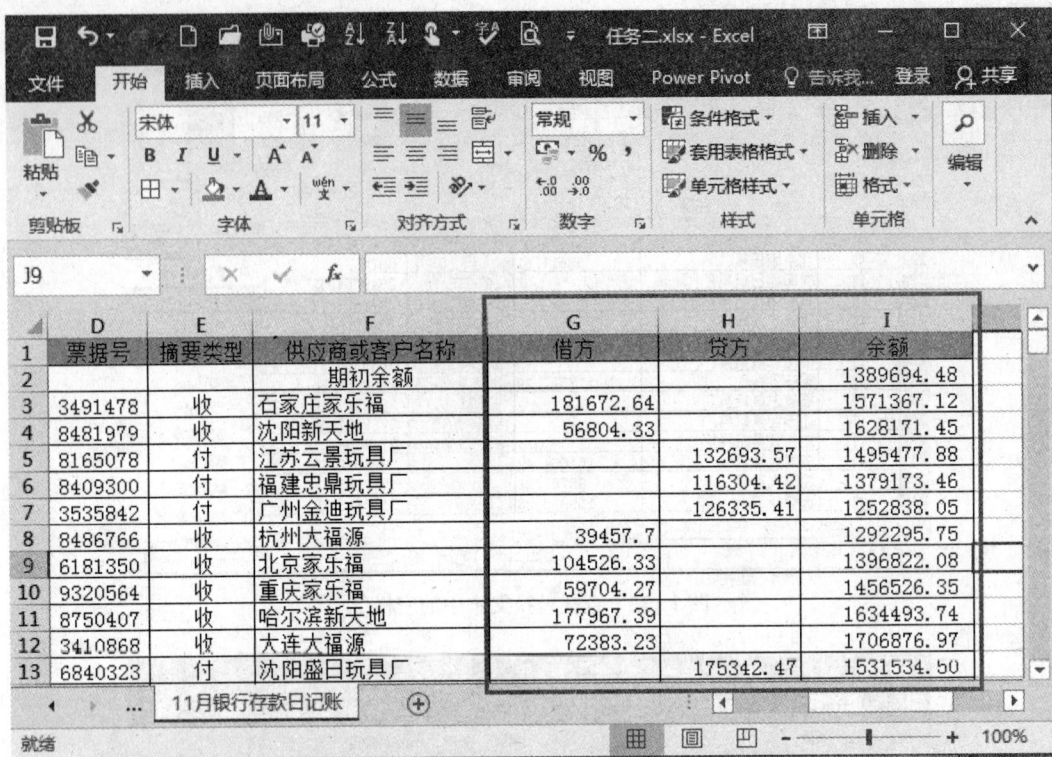

图 1.125　查找替换文本中的空格(5)

方法三：任意空白单元格中，输入数字 1，选中此单元格，执行"复制"→"选择性粘贴"→"运算"→"乘"，如图 1.126 所示，文本形式的数据自动转换为数值。

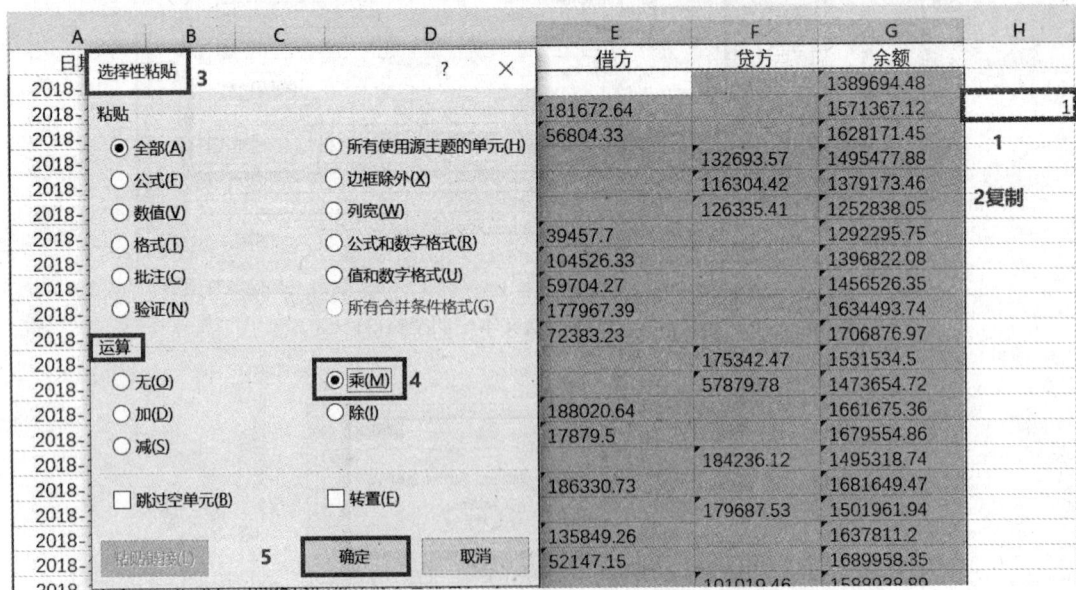

图 1.126　选择性粘贴转换文本数字

整理后的银行存款日记账工作表如图 1.127 所示。

	A	B	C	D	E	F	G	H	I
1	日期	凭证类别	凭证编号	票据号	摘要类型	供应商或客户名称	借方	贷方	余额
2	2018/11/1					期初余额			1389694.48
3	2018/11/1	记	1	3491478	收	石家庄家乐福	181672.64		1571367.12
4	2018/11/1	记	3	8481979	收	沈阳新天地	56804.33		1628171.45
5	2018/11/1	记	5	8165078	付	江苏云景玩具厂		132693.57	1495477.88
6	2018/11/1	记	7	8409300	付	福建忠鼎玩具厂		116304.42	1379173.46
7	2018/11/1	记	8	3535842	付	广州金迪玩具厂		126335.41	1252838.05
8	2018/11/1	记	13	8486766	收	杭州大福源	39457.7		1292295.75
9	2018/11/1	记	21	6181350	收	北京家乐福	104526.33		1396822.08
10	2018/11/2	记	26	9320564	收	重庆家乐福	59704.27		1456526.35
11	2018/11/2	记	27	8750407	收	哈尔滨新天地	177967.39		1634493.74
12	2018/11/2	记	32	3410868	收	大连大福源	72383.23		1706876.97
13	2018/11/2	记	33	6840323	付	沈阳盛日玩具厂		175342.47	1531534.5

11月银行存款日记账整理后 | 11月银行存款日记账

图 1.127 整理后的银行存款日记账

任务总结

1. 单元格的内容一定要与单元格的格式相匹配，才能进行后续的计算与汇总。

2. 批量将"文本型"数字调整为"数值型"数字的常用方法包括：

(1) 文本绿标前，转换为数值。

(2) 选中一个有数字的单元格，复制里面的空格，执行"查找和选择"→"替换"命令。

(3) 执行"复制"→"选择性粘贴"→"运算"→"乘"命令。

3. 文本函数 LEN()、RIGHT()、MID()，经常用于选取字符串中的特定内容，想要使用好这些函数，需要仔细观察思考待处理数据的特点和规律。

这些方法是财会工作中常用的基本操作，熟练掌握这些技巧，会大大提高工作效率。

项目二
财务数据整理与计算

2.1 公式的基本操作

公式(formula)是由一系列单元格的引用、函数以及运算符等组成，以等号"="为引导，通过运算符按照一定的顺序组合进行数据运算处理的等式。

使用公式是为了有目的地计算结果，或根据计算结果改变其所作用单元格的条件格式、设置规划、求解模型等。Excel 的公式必须且只能返回值。

2.1.1 公式的基本概念

1. 参数

公式中用于执行操作或计算的数值称为参数。

2. 常量

常量是一个不通过计算得出的值，它始终保持不变。例如，日期 10/9/2016、数字 210，以及文本"销售收入"都是常量。表达式或从表达式得到的值不是常量。

3. 运算符

运算符是指定要执行的公式，如加法、减法、乘法或除法的计算类型。默认计算发生的顺序，但可以通过使用括号来更改此顺序。

公式的基本样式和种类如表 2.1 所示。

表 2.1　公式的基本样式和种类

序号	公式	说明
1	=13*7+12*30	包含常量运算的公式
2	=A3*6-B2*5	包含单元格引用的公式
3	=单价*数量	包含名称的公式
4	=SUM(A1*3, B5*7)	包含函数的公式

2.1.2 公式中的运算符

在输入的公式中，各个参与运算的数字和单元格引用都由代表各种运算类型的符号连接而成，这些符号被称为运算符。常用的运算符有算术运算符、文本运算符、比较运算符和引用运算符。

1. 算数运算符

常用的算术运算符主要有：加号"+"、减号"-"、乘号"*"、除号"/"、百分号"%"以及乘方"^"。

2. 文本运算符

文本连接运算符只有与号"&"，该符号用于将两个文本值连接或串起来产生一个连接的文本值。

3. 比较运算符

常用的比较运算符主要有：等号"="、大于号">"、小于号"<"、大于或等于号">="、小于或等于号"<="，以及不等号"<>"。

4. 引用运算符

常用的引用运算符有：区域运算符"："、联合运算符"，"以及交叉运算符" "(即空格)。

5. 运算符的优先级

在一个混合运算的公式中，对于不同优先级的运算，按照从高到低的顺序进行计算。对于相同优先级的运算，按照从左到右的顺序进行计算。

各种运算符的优先级(从高到低)为：冒号"："、空格" "、逗号"，"、负数"-"、百分号"%"、乘方"^"、乘号"*"或除号"/"、加号"+"或减号"-"、连字符"&"，以及比较运算符"=" "<" ">" "<=" ">=" "<>"。

2.1.3 公式的输入、编辑与删除

1. 公式的输入

除单元格格式设置为"文本"单元格之外，在单元格中输入等号"="的时候，Excel 将自动变为输入公式的状态。如果在单元格中输入加号"+"或减号"-"等，系统会自动在前面加上等号，变为输入公式状态。输入公式的两种常用方法为手动输入与鼠标辅助输入。

1) 手动输入

以"职工工资调整表"中计算"工资合计"为例，手动输入的方法为：在 H3 单元格输入公式"=D3+E3+F3+G3"，按下 Enter 键，即可在 H3 单元格中显示计算结果。手动输入操作如图 2.1 所示。

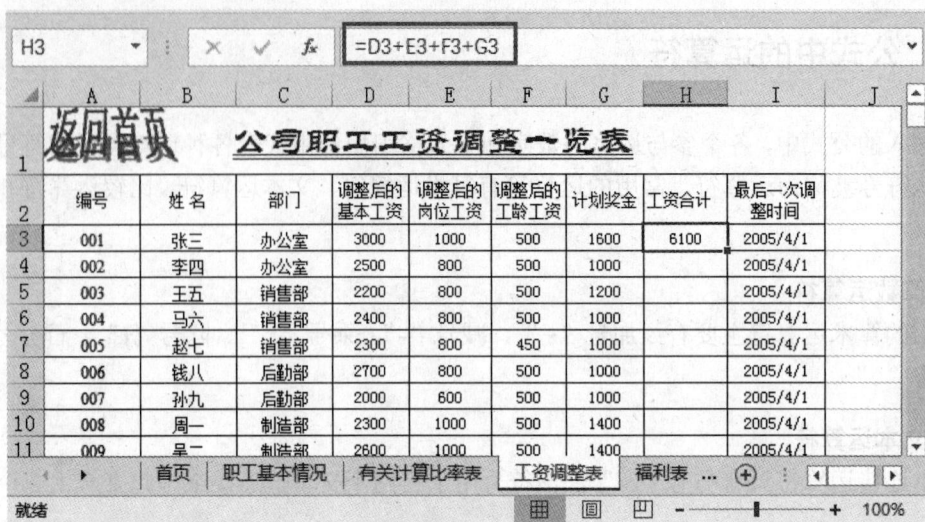

图 2.1 手动输入公式

2) 使用鼠标辅助输入

在引用单元格较多的情况下，使用鼠标辅助输入可以提高工作效率。如上例，可以在 H3 单元格输入等号 "="，然后单击 D3 单元格，此时该单元格周围出现闪动的虚线边框，可以看到 D3 单元格被引用到了公式中，接着在 H3 单元格中输入运算符 "+"，单击 E3 单元格，则 E3 单元格也被引用到了公式中，以同样的方法可以将 F3 和 G3 引用到公式中，操作如图 2.2 所示。

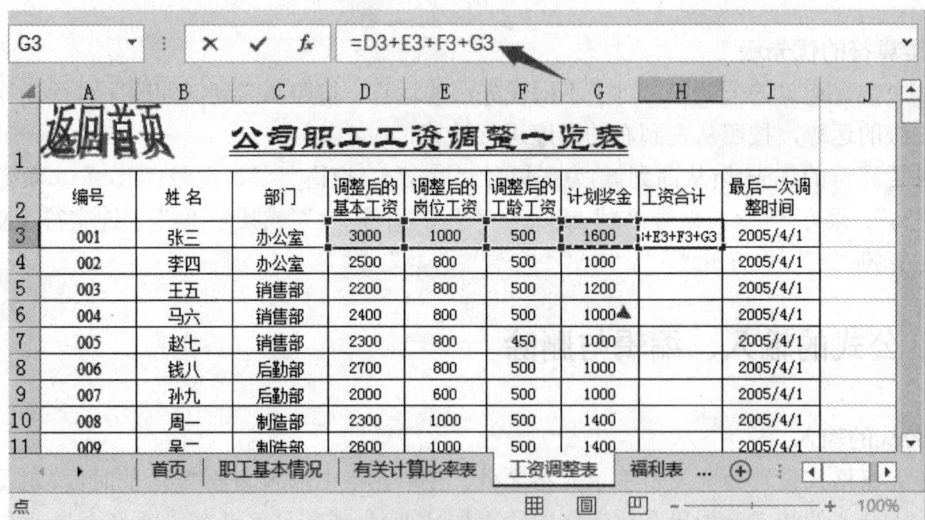

图 2.2 使用鼠标辅助输入公式

2. 公式的编辑

如果输入的公式需要进行修改，可以通过以下三种方法进入单元格编辑状态。

方法一：选中公式所在的单元，并按下 F2 键。

方法二： 双击公式所在的单元格。

方法三： 选中公式所在的单元格，单击列表上方的编辑栏。

3. 公式的删除

如果要删除公式，可以通过以下方法。

方法一： 选中公式所在的单元格，按下 Del 键即可清除单元格的全部内容。

方法二： 进入单元格剪辑状态后，将光标放置在某个位置，使用 Del 键删除光标后面或使用 Backspace 键删除光标前面公式的部分内容。

方法三： 如果需要删除多单元格数组公式，需要选中其所在的全部单元格，再按下"Del"键。

2.1.4　单元格公式常见错误信息

单元格公式常见错误信息如表 2.2 所示。

表 2.2　单元格公式常见错误信息表

显示信息	原　　因
#####	列宽不足以显示内容
#DIV/0!	在公式中有除数为零，或者有除数为空白的单元格(Excel 把空白单元格视为 0)
#N/A	在公式中使用查找功能的函数时，没有可用的数值
#NAME?	在公式中使用了 Excel 无法识别的文本。例如：函数的名称拼写错误，使用了没有被定义的区域或单元格名称，引用时没有加引号等
#NUM!	当需要数字型参数时，公式中却引用了一个非数字型参数；给了公式一个无效的参数；公式返回的值太大或太小
#VALUE	文本类型的数据参与了数值运算，函数参数的数值类型不正确；函数的参数本应该是单一值，却提供了一个区域作为参数；输入一个数组公式时，忘记按 Ctrl+Shift+Enter 组合键
#REF!	公式中使用了无效的单元格引用。例如：删除了被公式引用的单元格；把公式复制到含有引用自身的单元格中
#NULL!	使用了不正确的区域运算符或引用的单元格区域的交集为空

2.1.5　单元格的引用

单元格的引用是指在 Excel 公式中使用单元格的地址来代替单元格及其数据。引用的作用在于标识工作表上的单元格或单元格区域，并指明公式中所使用的数据的位置。下面将介绍单元格引用样式、相对引用、绝对引用、混合引用的相关知识，以及在同一工作簿中引用单元格和跨工作簿引用单元格的方法。

1. A1 和 R1C1 引用样式

根据表示方式的不同，单元格引用分为 A1 引用样式和 R1C1 引用样式。

1) A1 引用样式

在默认情况下，Excel 使用 A1 引用样式，即使用字母 A～XFD 表示列标，用数字 1～1 048 576 表示行号，单元格的地址由列标和行号组成。例如，位于第 C 列和第 7 行交叉处的单元格，其单元格地址为"C7"。

在引用单元格区域时，使用引用运算符":"表示左上角单元格和右下角单元格的坐标相连。比如，引用 B 列第 5 行至 F 列第 9 行之间的所有单元格组成的矩形区域，单元格地址为"B5:F9"。

如果是引用整行或整列，可以省去列标或行号，比如"1:1"表示工作表中的第一行，即"A1:XFD1"；"A:A"表示 A 列，即"A1:A1048576"。

2) R1C1 引用样式

在 R1C1 引用样式中，Excel 的行标和列号都将用数字来表示。比如，选择第 2 行第 3 列交叉处位置，Excel 名称框中显示"R2C3"，其中 R 是"行(row)"的英文首字母大写，C 是"列(column)"的英文首字母大写。

要启用 R1C1 引用样式，可以采用以下操作：打开"Excel 选项"对话框，切换到"公式"选项卡，在右侧的"使用公式"栏中选中"R1C1 引用样式"复选框，单击"确定"按钮即可，操作如图 2.3 所示。

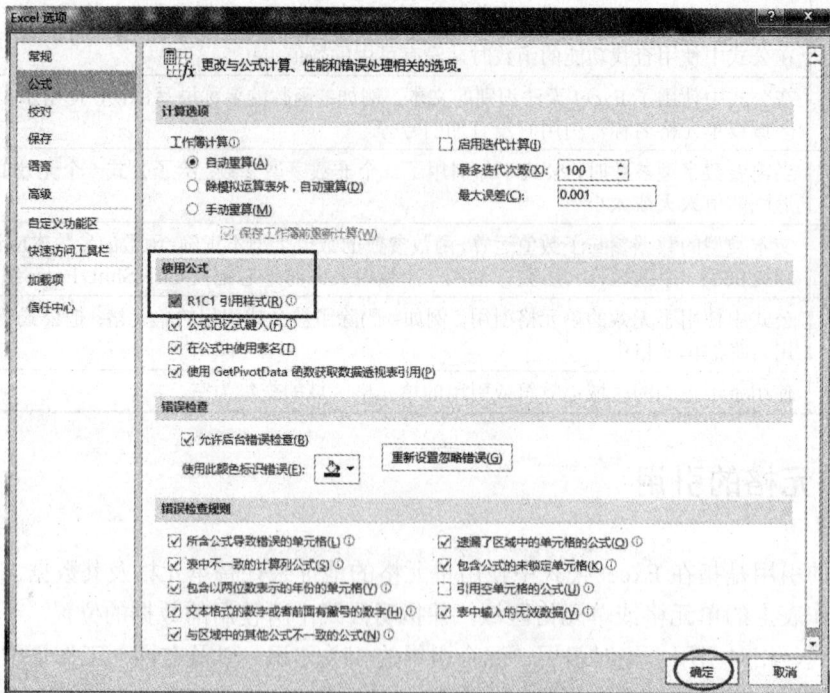

图 2.3　启用 RICI 引用样式

2. 相对引用单元格

使用相对引用，单元格引用会随公式所在单元格的位置变更而改变。如在相对引用中复制公式时，公式中引用的单元格地址将被更新，指向与当前公式位置相对应的单元格。默认情况下，Excel 2016 使用的是相对引用。

以"职工工资调整表"为例，将 H3 单元格中的公式"=D3+E3+F3+G3"通过 Ctrl+C 和 Ctrl+V 组合键复制到 H4 单元格，可以看到，复制到 H4 单元格中的公式更新为"=D4+E4+F4+G4"，其引用指向了与当前公式位置相对应的单元格，如图 2.4 所示。

图 2.4　相对引用单元格

3. 绝对引用单元格

对于使用了绝对引用的公式，被复制或移动到新位置后，公式中引用的单元格地址保持不变。需要注意，在使用绝对引用时，应在被引用单元格的行号和列标之前分别加入符号"$"。

以"职工工资调整表"为例，在 H3 单元格中输入公式"=$D$3+$E$3+$F$3+$G$3"，通过 Ctrl+C 和 Ctrl+V 组合键复制到 H4 单元格，可以看到，复制到 H4 单元格中的公式没有发生变化，两个单元格中公式一致，操作如图 2.5 所示。

图 2.5　绝对引用单元格

4. 混合引用单元格

混合引用是指相对引用与绝对引用同时存在于一个单元格的地址引用中。如果公式所在单元格的位置改变，相对引用部分会改变，而绝对引用部分不变。混合引用的使用方法与绝对引用的使用想法相似，通过在行号和列标前加入符号"$"来实现。

以"职工工资调整表"为例，在 H3 单元格中输入公式"=$D3+$E3+$F3+$G3"，通过 Ctrl+C 和 Ctrl+V 组合键复制到 H4 单元格，可以看到，两个公式中使用了相对引用的单元格地址发生了改变，而使用绝对引用的单元格地址不变，操作如图 2.6 所示。

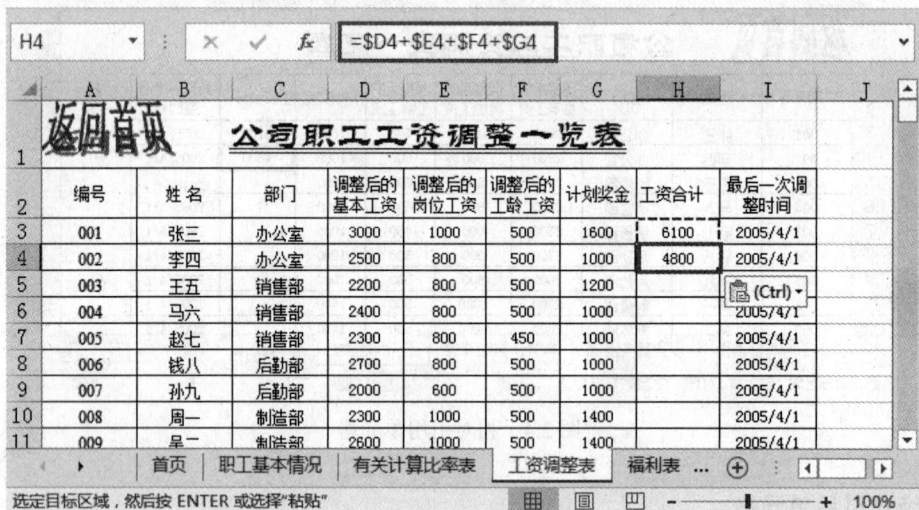

图 2.6　混合引用单元格

5. 不同引用之间的快速切换

在 Excel 中输入公式时，只要正确使用 F4 键，就能简单地对单元格的相对引用和绝对引用进行切换。例如，在某单元格中输入公式"=SUM(A2:A6)"，选中整个公式后按 F4 键，该公式内容变为"=SUM($A$2:$A$6)"，相对引用就变成了绝对引用。F4 键可以在相对引用、绝对引用和混合引用中进行四种不同形式的切换。

6. 三维引用单元格

1) 引用同一工作簿中不同工作表中的单元格

Excel 不仅可以在同一工作表中引用单元格或单元格区域中的数据，还可引用同一工作簿中其他工作表上的单元格或单元格区域中的数据。在同一工作簿的不同工作表中引用单元格的格式为"=工作表名称！单元格地址"，如"=Sheet1！H5"，即为引用 Sheet1 工作表中的 H5 单元格。

2) 引用同一工作簿中多个工作表中的单元格

同上，我们还可以引用同一工作簿中多个工作表中的单元格。我们以工资管理系统为例，"工资结算清单"中"应发工资"应为基本工资、岗位工资、工龄工资、住房补贴、伙食补贴、交通补贴、医疗补助、奖金等项目相加求和，而这些项目数据分别来自"工资管理系统"工作簿中的"职工工资调整表""福利表""考勤及奖金表"等，如图 2.7 所示。

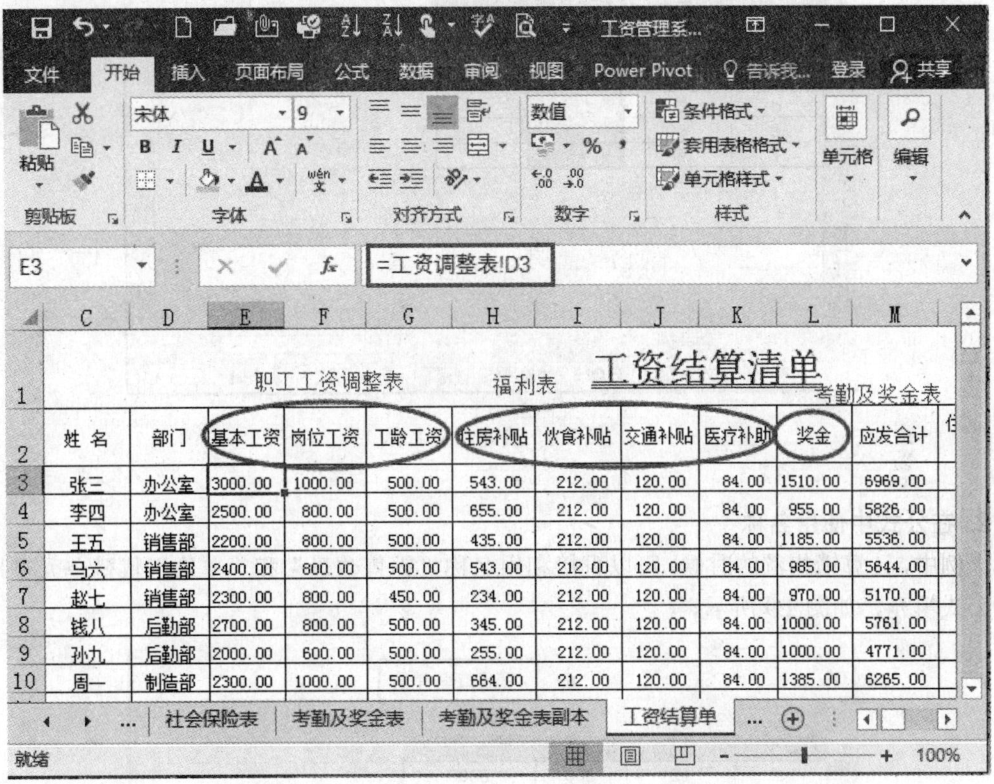

图 2.7　引用同一工作簿中多个工作表中的单元格

3) 引用不同工作簿中的单元格

跨工作簿引用数据，即引用其他工作簿中工作表中的单元格数据的方法，与引用同一工作簿不同工作表的单元格数据操作方法类似。一般格式为"=工作簿存储地址[工作簿名称]工作表名称! 单元格地址"，具体操作不再赘述。

2.1.6　定义及应用名称

1. 定义名称

在 Excel 2016 中，可以定义名称来代替单元格地址，并将其应用到公式计算中，以便提高工作效率，减少计算错误。名称可以代表单元格、区域、公式、数组、单词或者字符串等。

快速定义名称方法：打开销售情况统计工作簿，选中 C2:C7 单元格区域，在编辑栏左侧的名称框中输入要创建的名称，例如"销售数量"，按下 Enter 键确认，即可快速定义名称，操作如图 2.8 所示。可以采用相同的办法定义"单价"名称。

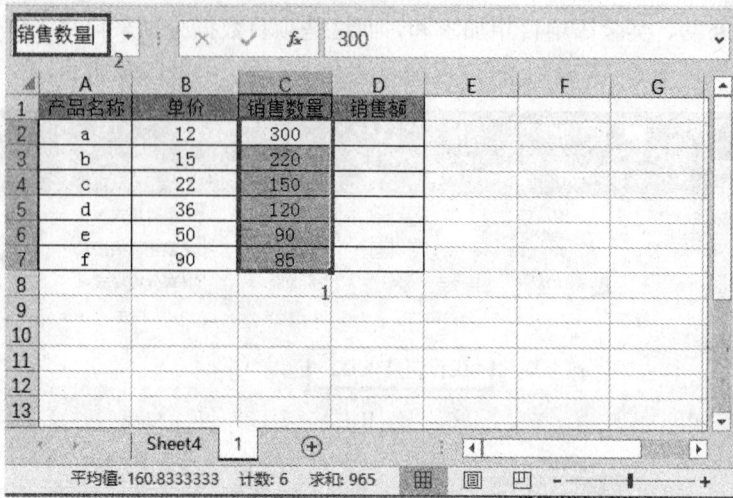

图 2.8　快速定义名称

2. 在公式中使用名称

上例中，计算销售额的时候，可以直接利用名称"销售数量"和"单价"代替单元格地址，进行公式填充，如图 2.9 所示。

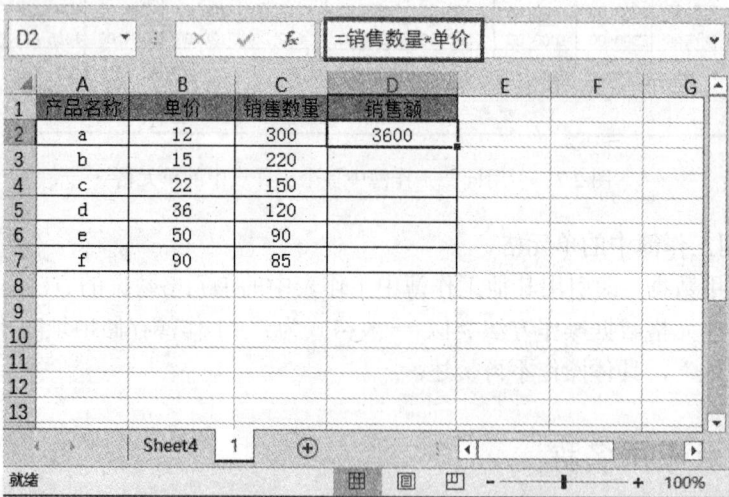

图 2.9　在公式中使用定义名称

2.2　Excel 函数基本操作

Excel 的工作表函数(worksheet functions)通常简称为 Excel 函数，它是由 Excel 内部预先定义并按照特定的顺序和结构来执行计算、分析等数据处理任务的功能模块。Excel 函数也被称为"特殊公式"。与公式一样，Excel 函数的最终返回结果为值。函数只有唯一的名称，名称不区分大小写，每个函数有特定的功能和用途。

2.2.1　函数的输入技巧

1. 手动输入法

如果知道函数名称及语法，可直接在编辑栏内按照函数表达式输入。

1) 直接输入

选择要输入函数的单元格，单击编辑按钮，输入等号"="，然后输入函数名和一对半角括号，在括号内输入函数参数即可。函数输入完成后单击编辑栏上的"输入"按钮或按下 Enter 键即可。

2) 使用公式记忆式键入

对一些较复杂的函数，记忆起来比较困难，此时可以使用公式记忆式键入功能。公式记忆式键入功能可以在输入公式时出现备选的函数和已定义的名称列表，帮助我们自动完成公式。

例如，在单元格中输入"=SU"之后，Excel 将自动显示所有以 SU 开头的函数、名称或"表"的扩展下拉菜单。在扩展菜单中移动上下方向键或用鼠标选择不同的函数，其右侧将显示该函数功能简介，双击鼠标或按下 Tab 键可将此函数添加到当前的编辑位置，如图 2.10 所示。

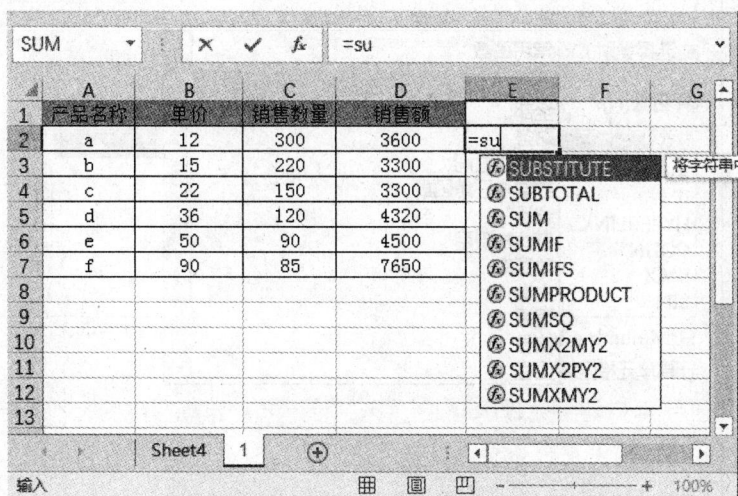

图 2.10　使用公式记忆式键入函数

2. 使用"插入函数"对话框

如果对函数不熟悉，那么使用"插入函数"对话框将有助于工作表函数的输入，方法如下。

(1) 选中要显示计算结果的单元格，单击编辑栏中的"插入函数"按钮，如图 2.11 所示。

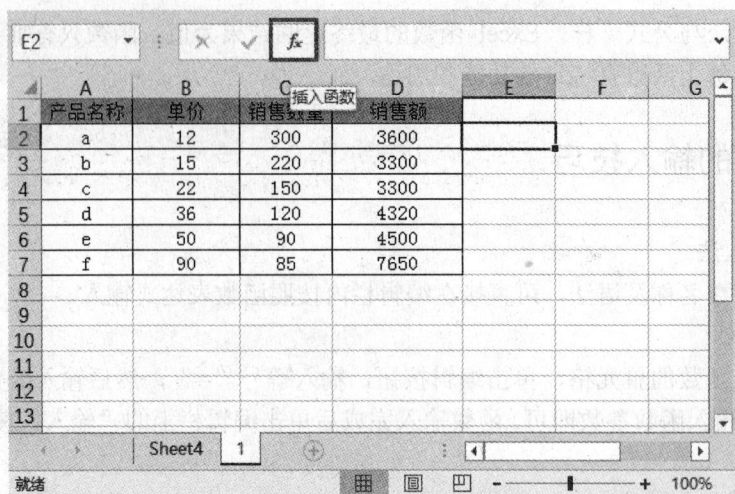

图 2.11　插入函数

(2) 弹出"插入函数"对话框，在"或选择类别"下拉列表框中选择函数类别，默认为"常用函数"，在"选择函数"列表框中选择需要的函数，单击"确定"按钮，如图 2.12 所示。

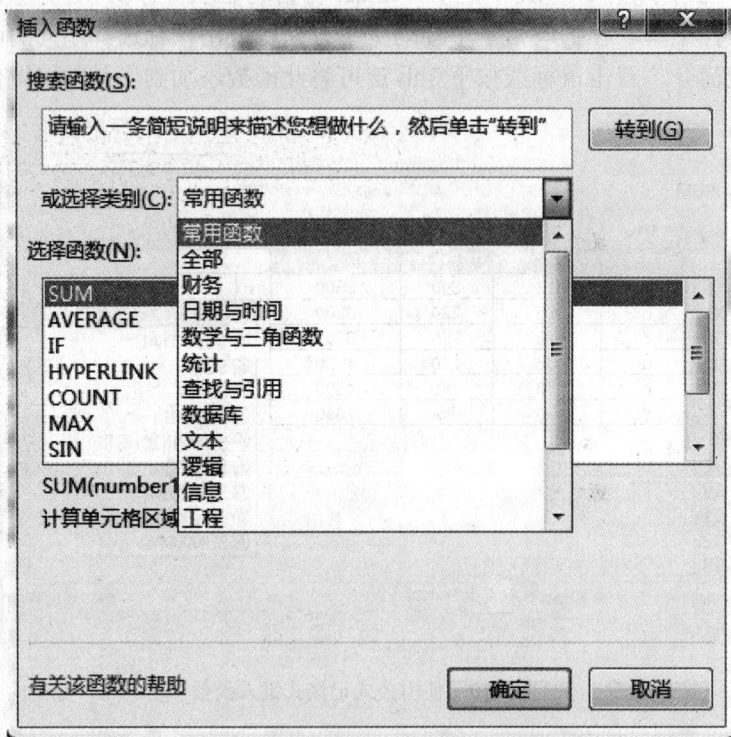

图 2.12　选择函数

(3) 弹出"函数参数"对话框，默认在 Number1 文本框中显示了函数参数，可根据需要对其进行设置，单击"确定"按钮，如图 2.13 所示。

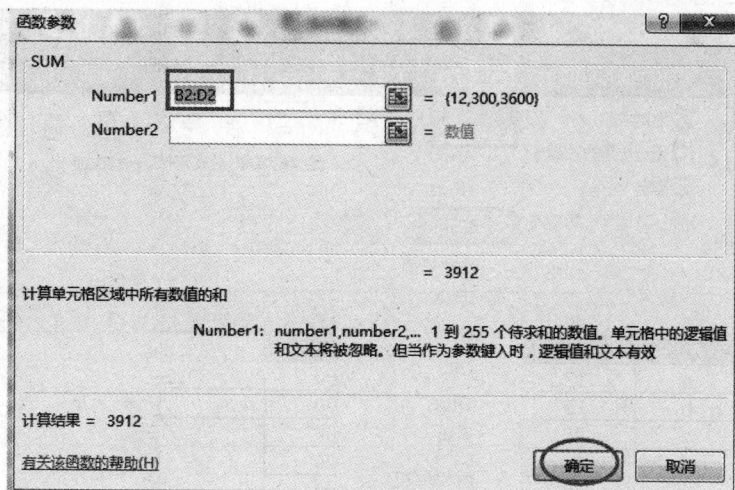

图 2.13 编辑函数参数

(4) 返回工作表，即可在给定单元格中显示出计算结果，如图 2.14 所示。

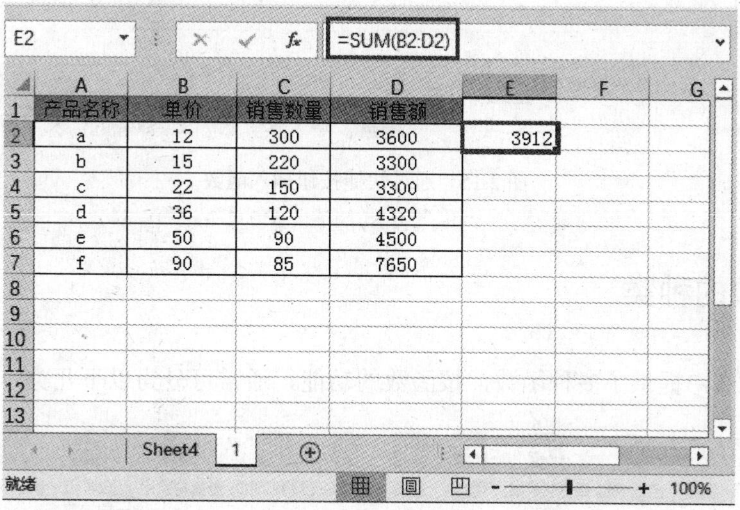

图 2.14 函数计算结果

3. 通过快捷按钮插入函数

对于一些常用的函数，可以利用"开始"或"公式"选项卡中的快捷按钮来实现输入，以 IF 函数为例操作，如图 2.15 所示。

4. 重新编辑公式

当现有的公式不够准确完整的时候，我们可以重新编辑公式。单击需要编辑公式的单元格，则编辑栏中会出现原有的公式，直接在编辑栏中对公式进行编辑后，按下 Enter 键即可。

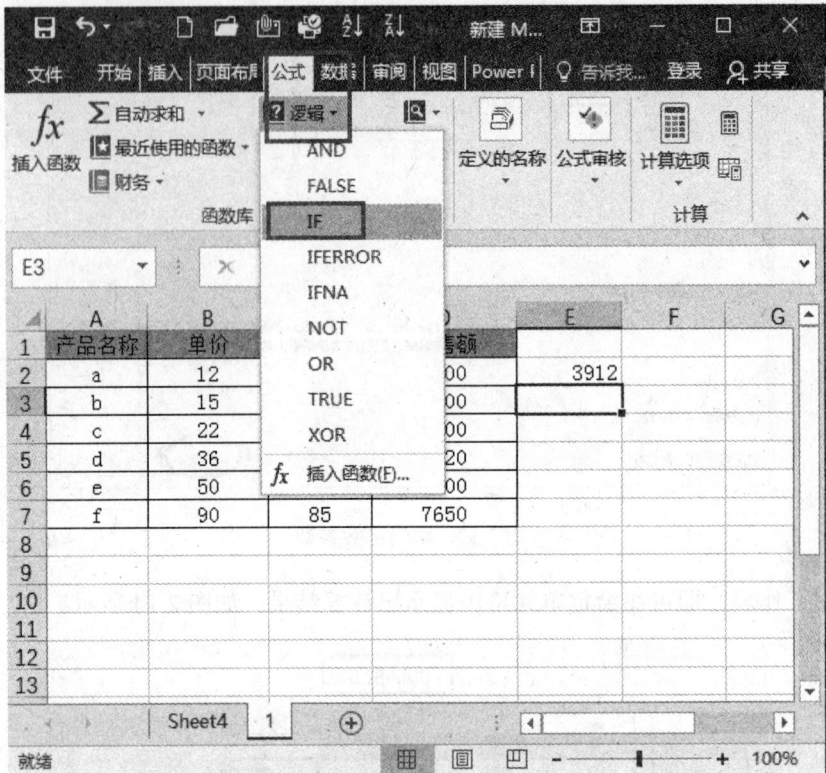

图 2.15　通过快捷按钮插入函数

2.2.2　函数的种类

Excel 函数库中提供了多种函数，按函数的功能，通常可分为以下几类，如图 2.16 所示。

图 2.16　函数分类

(1) 文本函数：用来处理公式中的文本字符串。如 TEXT 函数可将数值转换为文本，LOWER 函数可将文本字符串的所有字母转换成小写形式等。

(2) 逻辑函数：用来测试是否满足某个条件，并判断逻辑值。其中 IF 函数使用非常广泛。

(3) 日期和时间函数：用来分析或操作公式中与日期和时间有关的值。如 DAY 函数可返回以序号列表示的某日期在一个月中的天数等。

(4) 数学和三角函数：用来进行数学和三角方面的计算。其中三角函数采用弧度作为角的单位，如 RADIANS 函数可以把角度转换为弧度等。

(5) 财务函数：用来进行有关财务方面的计算。如 DB 函数可返回固定资产的折旧值，IPMT 函数可返回投资回报的利息部分等。

(6) 统计函数：用来对一定范围内的数据进行统计分析。如 MAX 函数可返回一组数值中的最大值，COVER 函数可返回协方差等。

(7) 查找与引用函数：用来查找列表或表格中的指定值。如 VLOOKUP 函数可在表格数组的首列查找指定的值，并由此返回表格数组当前行中其他列的值等。

(8) 数据库函数：主要用来对存储在数据清单中的数值进行分析，判断其是否符合特定的条件。如 DSTDEVP 函数可计算数据的标准偏差。

(9) 信息函数：用来帮助鉴定单元格中的数据所属的类型或单元格是否为空等。

(10) 工程函数：用来处理复杂的数字，并在不同的计数体系和测量体系中进行转换，主要用在工程应用程序中。使用这类函数时，还必须执行加载宏命令。

(11) 其他函数：Excel 还有一些函数没有出现在"插入函数"对话框中，它们是命令、自定义、宏控件和 DDE 等相关的函数。此外，还有一些使用加载宏创建的函数。

2.2.3　函数参数类型

一个完整的函数主要由标识符、函数名称和函数参数组成。

标识符：在工作表中输入函数时，必须先输入"＝"号。"＝"号通常被称为函数的标识符。

函数名称：函数要执行的运算，位于标识符的后面。通常是其对应功能的英文单词缩写。

函数参数：紧跟在函数名称后面的是一对半角圆括号"()"，被括起来的内容是函数的处理对象，即参数。函数参数类型有以下几种。

(1) 常量参数，主要包括文本(如"课程")、数值(如"77")以及日期(如"2016-11-1")等内容。

(2) 单元格引用参数，主要包括引用单个单元格和引用单元格区域等。

(3) 逻辑值参数，主要包括逻辑真(如"TURE")、逻辑假(如"FALSE")以及逻辑判断表达式等。

(4) 函数式参数：在 Excel 中可以使用一个函数式的返回结果作为另一个函数式的参数，这种方法称为函数嵌套，如"=IF(A2>8, "优",IF(A2>6, "良好","合格"))"。

(5) 数组参数：函数的数组参数既可以是一组常量，也可以为单元格区域的引用。

> 提示：当一个函数式中有多个参数时，需要用英文状态的逗号将其隔开。

2.2.4　Excel 常用函数介绍

1. 逻辑函数

1) IF 函数

IF 函数的功能是根据对指定条件的逻辑判断的真假结果，返回相对应的内容。

函数语法：=IF(Logical_test,Value_if_true,Value_if_false)

参数说明：Logical_test 代表逻辑判断表达式；Value_if_true 表示当判断条件为逻辑"真(TRUE)"时的显示内容，如果忽略返回"TRUE"；Value_if_false 表示当判断条件为逻辑"假(FALSE)"时的显示内容，如果忽略返回"FALSE"。 参数如图 2.17 所示。

应用举例：应用 IF 函数判断单元格中的男女性别，如图 2.18 所示。

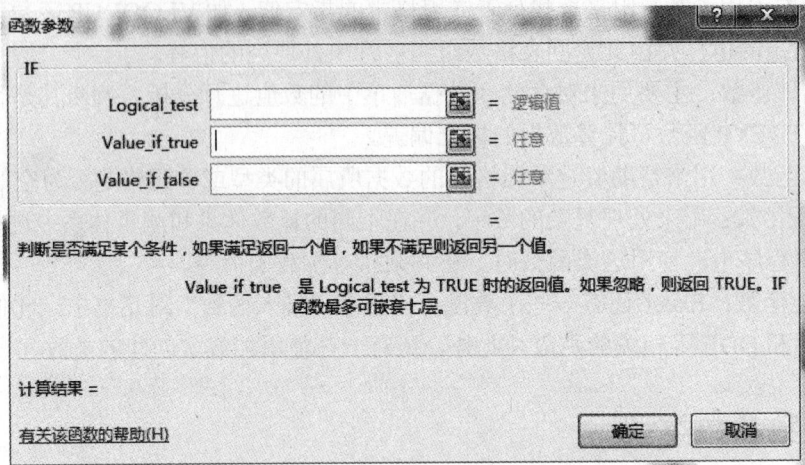

图 2.17　IF 函数参数图

图 2.18　IF 函数使用方法

提示：当函数参数为文本字符时，需将文本字符添加半角双引号(" ")。

2) IFS 函数

IFS 函数的功能是检查单元格值是否满足一个或多个条件，并返回第一个 TRUE 条件所对应的值。IFS 可以取代多个嵌套 IF 语句，有多个条件时方便阅读。

函数语法：=IFS(Something is True 1,Value_if_true 1, Something is True 2,Value_if_true 2,…Something is True 127,Value_if_true 127,Value_if_false)

参数说明：Something is True 代表逻辑判断表达式；Value_if_true 表示当判断条件为逻辑"真(TRUE)"时的显示内容，如果忽略返回 TRUE；Value_if_false 表示当判断条件为逻辑"假(FALSE)"时的显示内容，如果忽略返回 FALSE。

(注意：仅当具有 Office 365 订阅时，IFS 函数才能使用。IFS 函数允许测试最多 127 个不同的条件，一般不建议对 IFS 语句使用过多条件，输入过多条件会使函数构建、测试和更新变得十分困难。)

应用举例：应用 IFS 函数判断不同分数对应的成绩等级，如图 2.19 所示。

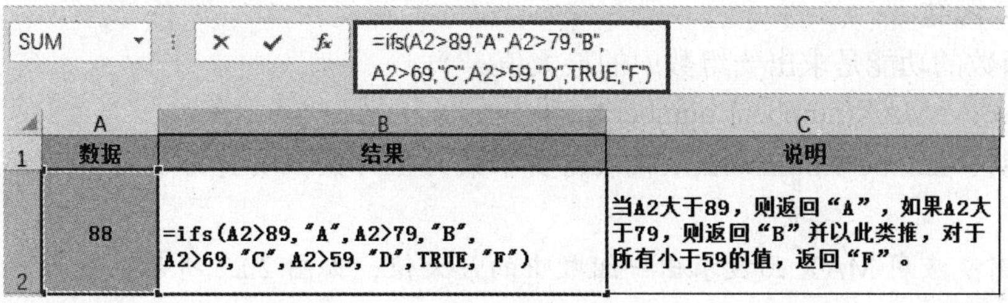

	A	B	C
		=ifs(A2>89,"A",A2>79,"B",	
		A2>69,"C",A2>59,"D",TRUE,"F")	
1	数据	结果	说明
2	88	=ifs(A2>89,"A",A2>79,"B", A2>69,"C",A2>59,"D",TRUE,"F")	当A2大于89，则返回"A"，如果A2大于79，则返回"B"并以此类推，对于所有小于59的值，返回"F"。

图 2.19　IFS 函数的使用方法

3) IFERROR 函数

IFERROR 函数的功能是判断一个表达式是否为错误值，若表达式是错误值，则返回 Value_if_error，否则返回表达式自身的值。

函数语法：=IFERROR(Value,Value_if_error)

参数说明：Value 是需要检查是否存在错误的表达式；Value_if_error 为公式计算结果错误时返回的值。参数如图 2.20 所示。

应用举例：应用 IFERROR 函数判断表达式中有无错误值，如图 2.21 所示。

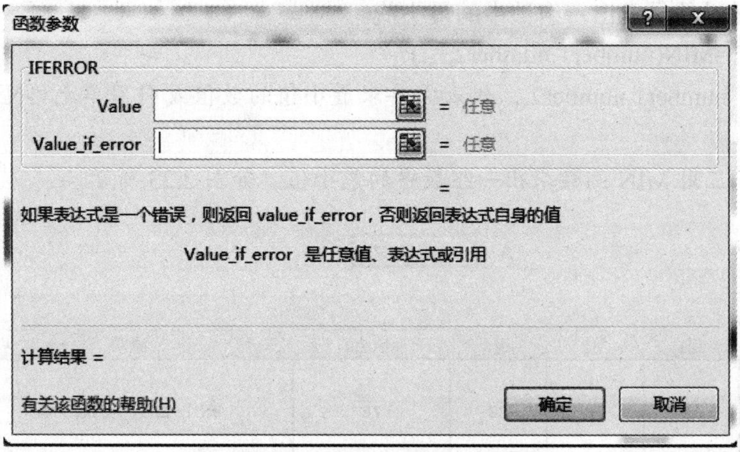

图 2.20　IFERROR 函数参数图

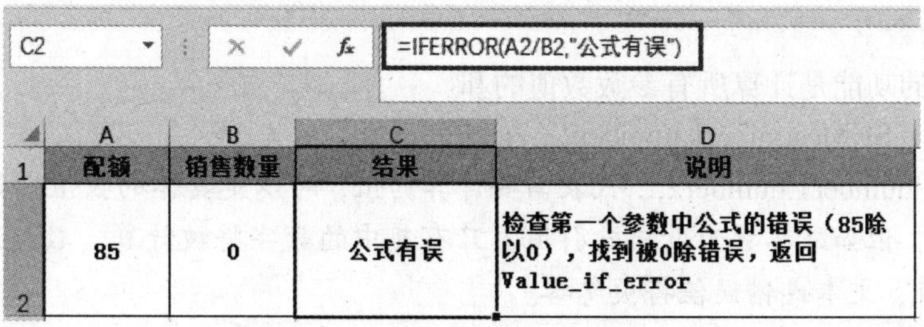

	A	B	C	D
	C2			=IFERROR(A2/B2,"公式有误")
1	配额	销售数量	结果	说明
2	85	0	公式有误	检查第一个参数中公式的错误（85除以0），找到被0除错误，返回Value_if_error

图 2.21　IFERROR 函数使用方法

2. 统计函数

1) MAX 函数

MAX 函数的功能是求出一组数中的最大值。

函数语法：=MAX(number1,number2,…)

参数说明：number1,number2,…代表需要求最大值的数值或引用单元格(区域)，参数不超过 30 个。

应用举例：应用 MAX 函数求出一组数中的最大值，如图 2.22 所示。

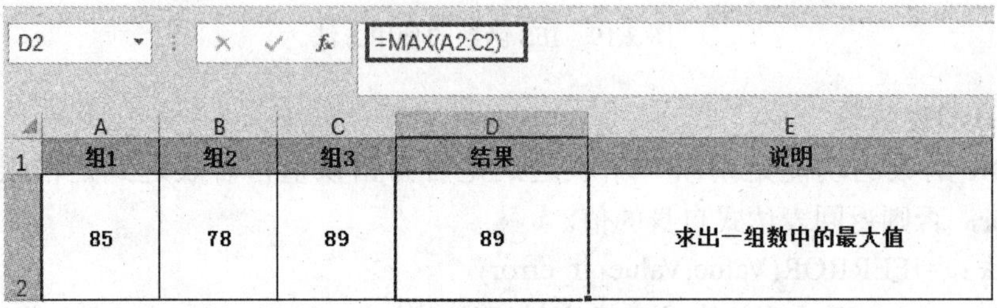
D2
=MAX(A2:C2)
A
B
C
D
E
1
组1
组2
组3
结果
说明
85
78
89
89
求出一组数中的最大值
2

图 2.22　MAX 函数使用方法

2) MIN 函数

MIN 函数的功能是求出一组数中的最小值。

函数语法：=MIN(number1,number2,…)

参数说明：number1,number2,…代表需要求最小值的数值或引用单元格(区域)，参数不超过 30 个。

应用举例：应用 MIN 函数求出一组数中的最小值，如图 2.23 所示。

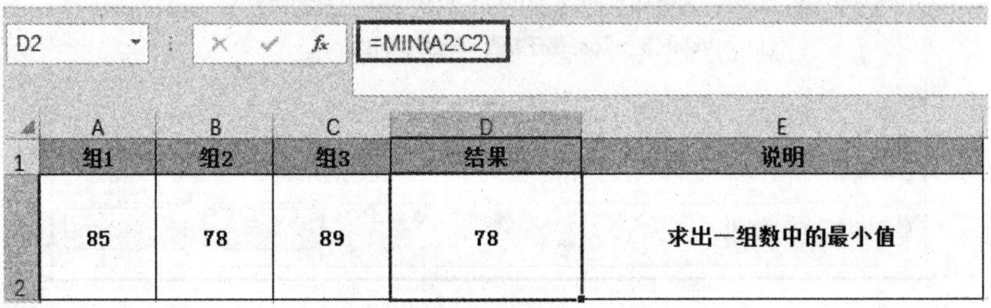
D2
=MIN(A2:C2)
A
B
C
D
E
1
组1
组2
组3
结果
说明
85
78
89
78
求出一组数中的最小值
2

图 2.23　MIN 函数使用方法

3) SUM 函数

SUM 函数的功能是计算所有参数数值的和。

函数语法：=SUM(number1,number2,…)

参数说明：number1,number2,…代表需要计算的值，可以是具体的数值、引用的单元格(区域)、逻辑值等。但如果参数为数组或引用，只有其中的数字将被计算，数组或引用中的空白单元格、逻辑值、文本或错误值将被忽略。

区域求和常用于对一张工作表中的所有数据求总计。此时可以让单元格指针停留在存放结果的单元格，然后在 Excel 编辑栏中输入公式“=SUM()”，在括号中间单击，最后拖过需要求和的所有单元格。如果这些单元格是不连续的，可以按住 Ctrl 键分别拖过它们。对于需要减去的单元格，可以按住 Ctrl 键逐个选中，然后在公式引用的单元格前输入负号。

应用举例：应用 SUM 函数求出一组数的合计值，如图 2.24 所示。

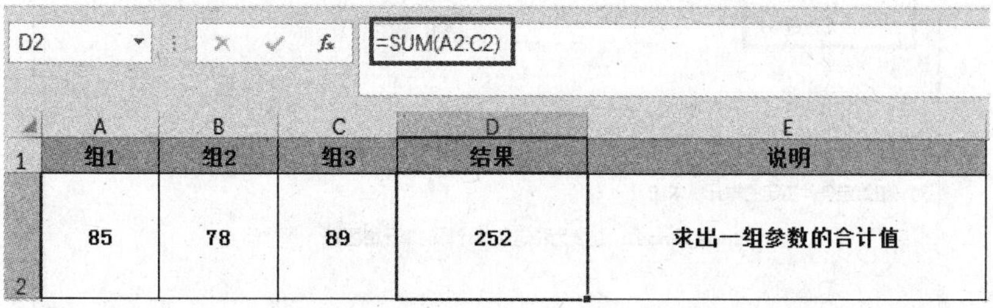

	A	B	C	D	E
1	组1	组2	组3	结果	说明
2	85	78	89	252	求出一组参数的合计值

公式栏：D2 =SUM(A2:C2)

图 2.24 SUM 函数使用方法

4) SUMIF 函数

SUMIF 函数的功能是计算符合指定条件的单元格区域内的数值和。

函数语法：=SUMIF(Range,Criteria,Sum_Range)

参数说明：Range 代表条件判断的单元格区域；Criteria 为指定条件表达式；Sum_Range 代表需要计算的数值所在的单元格区域。

应用举例：应用 SUMIF 函数求出 a 产品的销售额合计，如图 2.25 所示。

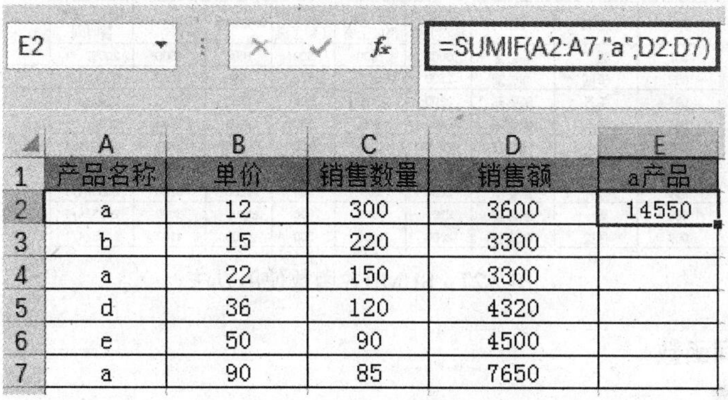

公式栏：E2 =SUMIF(A2:A7,"a",D2:D7)

	A	B	C	D	E
1	产品名称	单价	销售数量	销售额	a产品
2	a	12	300	3600	14550
3	b	15	220	3300	
4	a	22	150	3300	
5	d	36	120	4320	
6	e	50	90	4500	
7	a	90	85	7650	

图 2.25 SUMIF 函数使用方法

5) SUMIFS 函数

SUMIFS 函数的功能是计算满足多个条件的全部参数的总和。

函数语法：=SUMIFS(Sum_Range,Criteria_Range1,Criteria1,(Criteria_Range2, Criteria2),…)

参数说明：Sum_Range 代表需要求和的单元格区域；Criteria_Range1 代表使用 Criteria1 进行测试的区域；Criteria1 定义将计算 Criteria_Range1 中的哪些单元格的和。参数说明如图 2.26 所示。

应用举例：应用 SUMIFS 函数求出销售部中基本工资大于或等于 2300 元的职工的工资合计数之和，如图 2.27 所示。

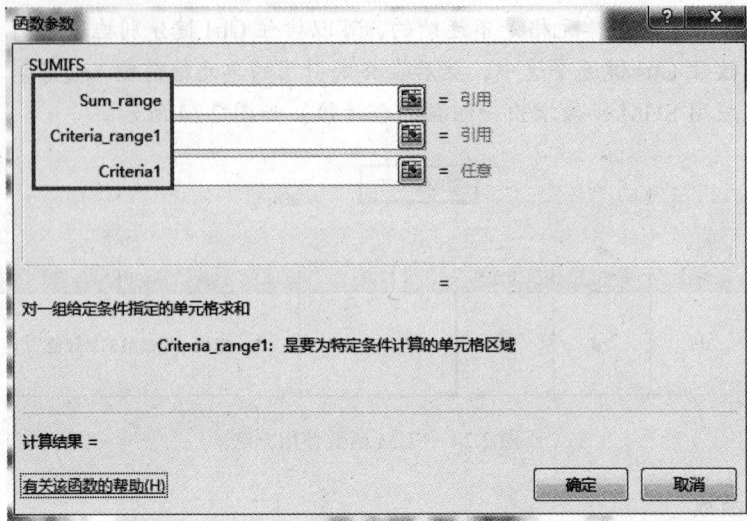

图 2.26　SUMIFS 函数参数说明

图 2.27　SUMIFS 函数使用方法

3. 日期与时间函数

1) YEAR 函数

YEAR 函数的功能是获取某一日期对应的年份。

函数语法：=YEAR(serial_number)

参数说明：serial_number 表示日期。

应用举例：应用 YEAR 函数提取 1982-8-25 对应的年份，如图 2.28 所示。

图 2.28　YEAR 函数使用方法

2) DAY 函数

DAY 函数的功能是获取某一日期对应的日数。

函数语法：=DAY(serial_number)

参数说明：serial_number 表示日期。

应用举例：应用 DAY 函数提取 1982-8-25 对应的日数，如图 2.29 所示。

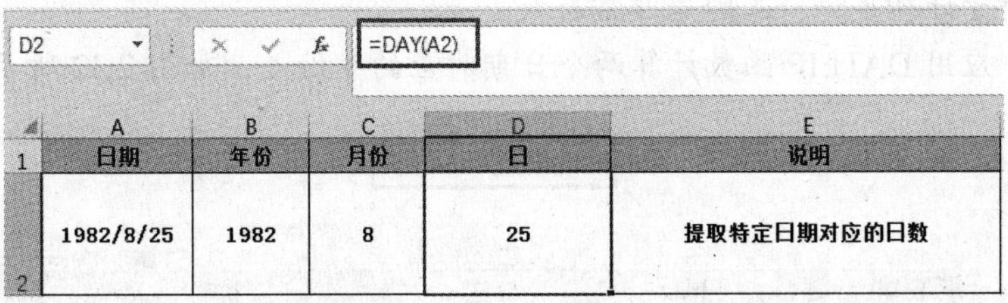
D2　=DAY(A2)

	A	B	C	D	E
1	日期	年份	月份	日	说明
2	1982/8/25	1982	8	25	提取特定日期对应的日数

图 2.29　DAY 函数使用方法

3) NOW 函数

NOW 函数的功能是返回当前系统日期和时间。当需要在工作表上显示当前日期和时间或者根据当前日期和时间计算一个值，并在每次打开工作表时更新该值，使用 NOW 函数非常方便。

函数语法：=NOW()

参数说明：NOW 函数括号内无须加入参数。

应用举例：应用 NOW 函数提取当前系统日期和时间，如图 2.30 所示。

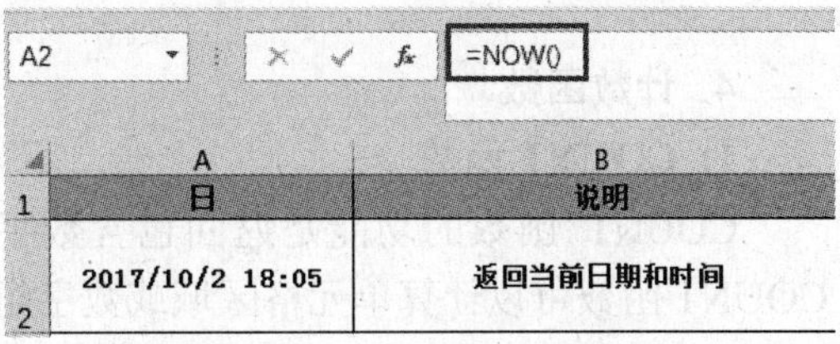
A2　=NOW()

	A	B
1	日	说明
2	2017/10/2 18:05	返回当前日期和时间

图 2.30　NOW 函数使用方法

4) DATE 函数

DATE 函数的功能是给出指定数值的日期。

函数语法：=DATE(year,month,day)

参数说明：year 为指定的年份数值(小于 9999)；month 为指定的月份数值(可以大于 12)；day 为指定的天数。

应用举例：应用 DATE 函数合成指定数值的日期，如图 2.31 所示。

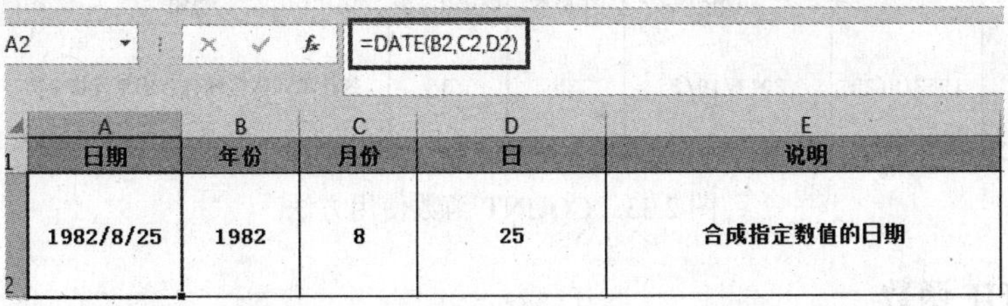
A2　=DATE(B2,C2,D2)

	A	B	C	D	E
1	日期	年份	月份	日	说明
2	1982/8/25	1982	8	25	合成指定数值的日期

图 2.31　DATE 函数使用方法

5) DATEDIF 函数

DATEIF 函数的功能是计算返回两个日期参数的差值。

函数语法：=DATEDIF(date1,date2, "y")、=DATEDIF(date1,date2, "m")、=DATEDIF(date1, date2, "d")

参数说明：date1 代表前面一个日期，date2 代表后面一个日期；y(m、d)要求返回两个日期相差的年(月、天)数。

特别提示：DATEDIF 函数是 Excel 中的一个隐藏函数，在函数向导中是找不到的，可以直接输入使用，对于计算年龄、工龄等非常有效。

应用举例：应用 DATEIF 函数计算两个日期对应的年份差，如图 2.32 所示。

C2 =DATEDIF(A2,B2,"y")

	A	B	C	D
1	日期1	日期2	年份差	说明
2	1982/8/25	2017/10/2	35	计算两个日期参数的年份差

图 2.32　DATEDIF 函数使用方法

4. 计数函数

1) COUNT 函数

COUNT 函数的功能是返回包含数字及包含参数列表中的数字的单元格的个数。利用 COUNT 函数可以计算单元格区域或数字组中数字字段的输入项个数。

函数语法：=COUNT(value1,value2,…)

参数说明：value1,value2,…为包含或引用各种类型数据的参数(1~30 个)，但只有数字类型的数据才被计算。COUNT 函数在计数时，将把数字、日期或以文本代表的数字计算在内，但是，错误值或其他无法转换为数字的文字将被忽略。

应用举例：应用 COUNT 函数计算单元格区域包含的单元格个数，如图 2.33 所示。

D2 =COUNT(A2:C2)

	A	B	C	D	E
1	日期1	日期2	年份差	单元格个数	说明
2	1982/8/25	2017/10/2	35	3	统计单元格区域包含的单元格个数

图 2.33　COUNT 函数使用方法

2) COUNTIF 函数

COUNTIF 函数的功能是统计某个单元格区域中符合指定条件的单元格数目。

函数语法：=COUNTIF(Range,Criteria)

参数说明：Range 代表要统计的单元格区域；Criteria 表示指定的条件表达式。

应用举例：应用 COUNTIF 函数统计销售数量大于 200 的产品种类，如图 2.34 所示。

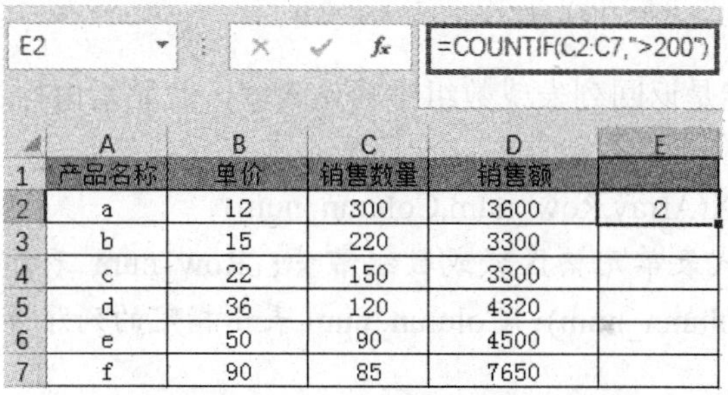

图 2.34　COUNTIF 函数使用方法

5. 查找与引用函数

1) VLOOKUP 函数

VLOOKUP 函数的功能是在数据表的首列查找指定的数值，并由此返回数据表当前行中指定列处的数值。

函数语法：=VLOOKUP(Lookup_value,Table_array,Col_index_num,Range_lookup)

参数说明：Lookup_value 代表需要查找的数值；Table_array 代表需要在其中查找数据的单元格区域；Col_index_num 为在 Table_array 区域中待返回的匹配值的序列号(当 Col_index_num 为 2 时返回 Table_array 第 2 列中的数值，为 3 时返回第 3 列中的值……)；Range_lookup 为一逻辑值，如果为 TRUE 或省略，则返回近似匹配值，也就是说，如果找不到精确匹配值，则返回小于 Lookup_value 的最大数值；如果为 FALSE，则返回精确匹配值，如果找不到，则返回错误值#N/A。

特别提示：Lookup_value 参数必须在 Table_array 区域的首列中；如果忽略 Range_lookup 参数，则 Table_array 的首列必须进行排序。

应用举例：应用 VLOOKUP 函数查找工作结算清单中的数据，如图 2.35 所示。

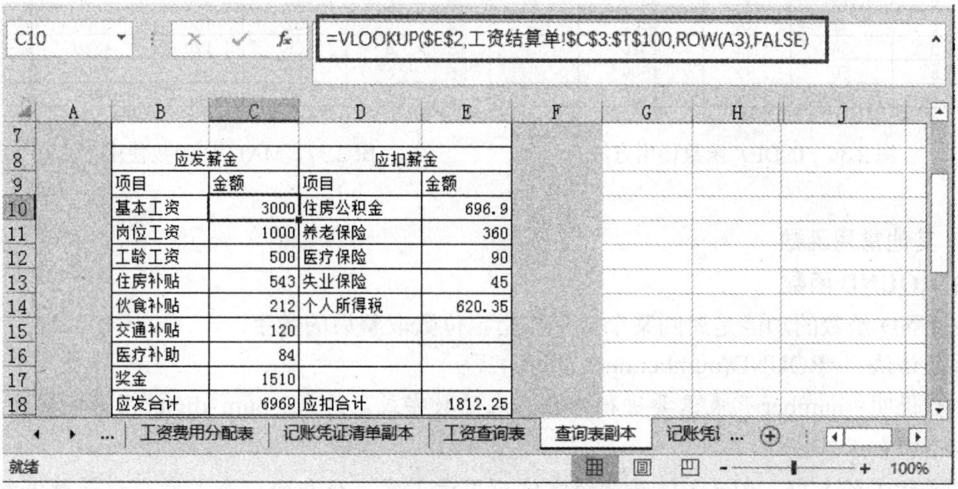

图 2.35　VLOOKUP 函数使用方法

2) INDEX 函数

INDEX 函数的功能是返回列表或数组中的元素值，此元素由行序号和列序号的索引值进行确定。

函数语法：= INDEX(Array,Row_num,Column_num)

参数说明：Array 代表单元格区域或数组常量；Row_num 表示指定的行序号(如果省略 Row_num，则必须有 Column_num)；Column_num 表示指定的列序号(如果省略 Column_num，则必须有 Row_num)。

应用举例：应用 INDEX 函数查找特定区域中第 3 行第 4 列交叉处的单元格内容，如图 2.36 所示。

3) MATCH 函数

MATCH 函数的功能是返回在指定方式下与指定数值匹配的数组中元素的相应位置。

函数语法：=MATCH(Lookup_value,Lookup_array,Match_type)

参数说明：Lookup_value 代表需要在数据表中查找的数值；Lookup_array 表示可能包含所要查找的数值的连续单元格区域；Match_type 表示查找方式的值(-1、0 或 1)。

如果 Match_type 为-1，查找大于或等于 Lookup_value 的最小数值，Lookup_array 必须按降序排列；如果 Match_type 为 1，查找小于或等于 Lookup_value 的最大数值，Lookup_array 必须按升序排列；如果 Match_type 为 0，查找等于 Lookup_value 的第一个数值，Lookup_array 可以按任何顺序排列；如果省略 Match_type，则默认为 1。

应用举例：应用 MATCH 函数返回"22"在 B2:B7 中的位置，如图 2.37 所示。

	E2	fx	=INDEX(A1:D7,3,4)

	A	B	C	D	E
1	产品名称	单价	销售数量	销售额	
2	a	12	300	3600	3300
3	b	15	220	3300	
4	c	22	150	3300	
5	d	36	120	4320	
6	e	50	90	4500	
7	f	90	85	7650	

	E2	fx	=MATCH(B4,B2:B7,0)

	A	B	C	D	E
1	产品名称	单价	销售数量	销售额	
2	a	12	300	3600	3
3	b	15	220	3300	
4	c	22	150	3300	
5	d	36	120	4320	
6	e	50	90	4500	
7	f	90	85	7650	

图 2.36　INDEX 函数使用方法　　　　图 2.37　MATCH 函数使用方法

6. 其他常用函数

1) ROUND 函数

ROUND 函数的功能是返回某个数字按指定位数取整后的数字。

函数语法：=ROUND(number,num_digits)

参数说明：number 代表需要进行四舍五入的数字或表达式；num_digits 用来指定由第几位小数以下四舍五入。

在实际工作表中，ROUND 函数经常被应用于工资、公积金、个人所得税等数据的计算。

应用举例：应用 ROUND 函数对小数进行四舍五入，如图 2.38 所示。

图 2.38　ROUND 函数使用方法

2) ISNA 函数

ISNA 函数的功能是检测一个值是否为#N/A，返回 TREU 或 FALSE。

函数语法：=ISNA(Value)

参数说明：Value 代表需要检测的值。检测值可以是一个单元格、公式，或者是一个单元格、公式或数值的名称。参数说明如图 2.39。

应用举例：应用 ISNA 函数检测指定单元格是否为#N/A，如图 2.40 所示。

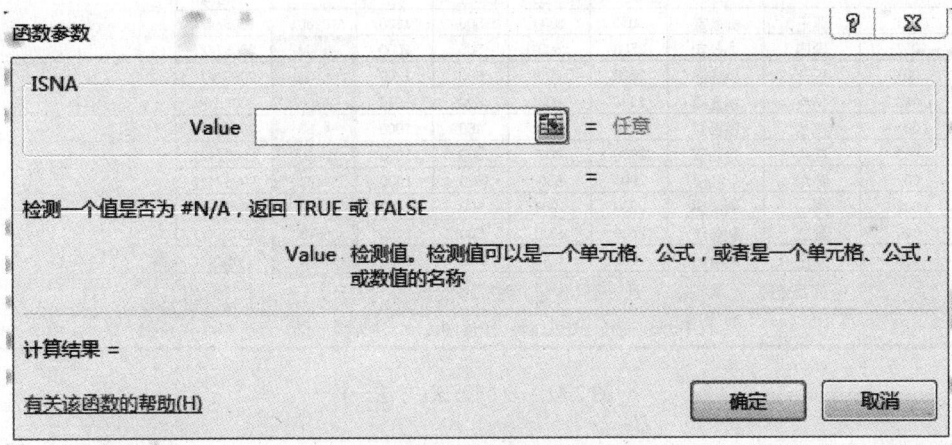

图 2.39　ISNA 函数参数图

图 2.40　ISNA 函数使用方法

2.3 公式与函数应用技巧

2.3.1 复制公式

在 Excel 中创建公式后，如果其他单元格需要使用相同的计算方法，可以通过复制和粘贴的方法进行操作。比如，将"职工工资调整表"中的公式"=D2+E2+F2+G2"复制到 H3:H11 单元格中，具体操作方法如下。

方法一： 拖曳填充柄。单击 H2 单元格，指向该单元格右下角，当鼠标指针变为黑色十字填充柄时，按下鼠标左键，向下拖拽至 H11 单元格即可，操作如图 2.41 所示。

H2				fx	=D2+E2+F2+G2						
	A	B	C	D	E	F	G	H	I	J	K
1	编号	姓 名	部门	调整后的基本工资	调整后的岗位工资	调整后的工龄工资	计划奖金	工资合计	最后一次调整时间		
2	001	张三	办公室	3000	1000	500	1600	6100	2005/4/1		
3	002	李四	办公室	2500	800	500	1000	4800	2005/4/1		
4	003	王五	销售部	2200	800	500	1200	4700	2005/4/1		
5	004	马六	销售部	2400	800	500	1000	4700	2005/4/1		
6	005	赵七	销售部	2300	800	450	1000	4550	2005/4/1		
7	006	钱八	后勤部	2700	800	500	1000	5000	2005/4/1		
8	007	孙九	后勤部	2000	600	500	1000	4100	2005/4/1		
9	008	周一	制造部	2300	1000	500	1400	5200	2005/4/1		
10	009	吴二	制造部	2600	1000	500	1400	5500	2005/4/1		
11	010	郑三	制造部	2500	600	500	1400	5000	2005/4/1		

工资调整表　福利表　社会保险表　考勤及奖金表　考勤及奖金表副本

就绪　　　　　平均值: 4965　计数: 10　求和: 49650　　　　　　　　　　100%

图 2.41　复制公式(方法一)

方法二： 双击填充柄。单击 H2 单元格，然后双击单元格右下角的填充柄，公式将向下填充至其相邻列的第一个空单元格的上一行，即 H11 单元格。

方法三： 快捷键填充。选择 H2:H11 单元格区域，然后按下 Ctrl+D 组合键或单击"开始"选项卡"编辑"组中的"填充"下拉按钮，在弹出的快捷菜单中单击"向下"按钮。如果需要向右复制，可使用 Ctrl+R 组合键。

方法四： 选择性粘贴。单击 F5 单元格，然后单击"开始"选项卡中"复制"按钮，或按下 Ctrl+C 组合键，再选择 H2:H11 单元格区域，单击"开始"选项卡中"粘贴"下拉按钮，在弹出的快捷菜单中选择"公式"按钮，如图 2.42 所示。

方法五： 多单元格同时输入。单击 H2 单元格，然后按下 Shift 键，再单击 H11 单元格，选中该单元格区域，然后单击编辑栏中的公式，按下 Ctrl+Enter 组合键，在 H2:H11 单元格中将输入相同的公式。

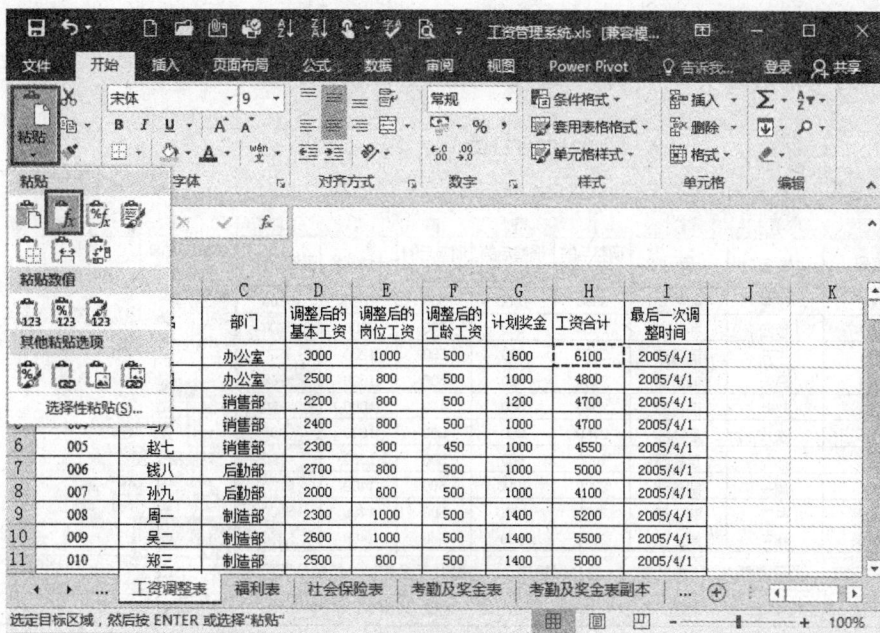

图 2.42　复制与选择性粘贴公式

2.3.2　将公式转换为值

有些工作表需要将公式转换为数值，主要有以下几种方法。

方法一： 选取整个数据区域，右击在弹出的菜单中选择"复制"，然后仍在选取的区域上右击，在弹出的菜单中单击"选择性粘贴"→"值"选项。

方法二： 选取整个数据区域，把光标放在边线上，当光标变成"四方向箭头"状时，按下右键向右拖并返回原位置，松开右键，在快捷菜单上选择"仅复制数值"，如图 2.43 所示。

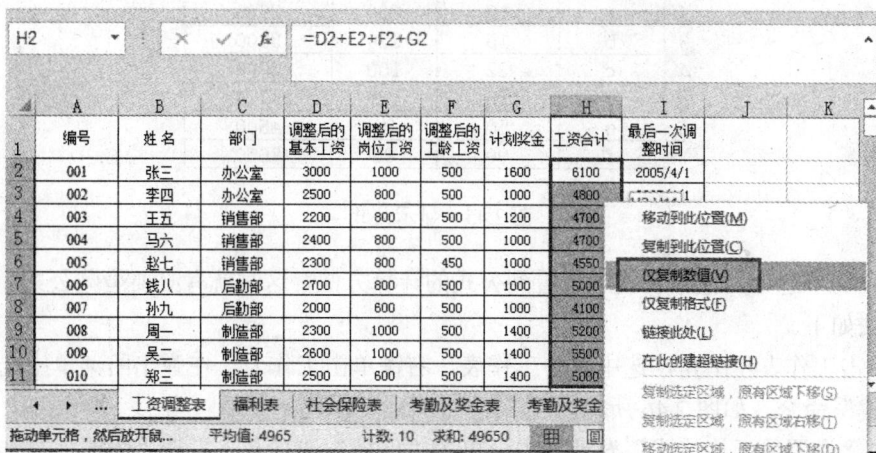

图 2.43　将公式转换为值(方法二)

方法三： 选取整个数据区域，按下 Ctrl+C 或右键单击"复制"，然后按 Ctrl+V 组合键，单击右下角的"粘贴选项"→"值"选项，如图 2.44 所示。

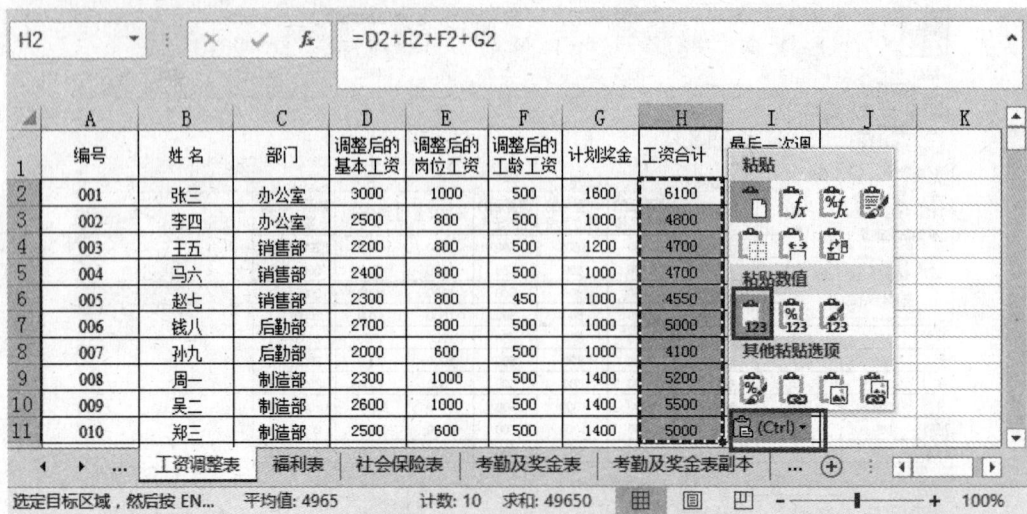

图 2.44　将公式转换为值(方法三)

2.3.3　隐藏工作表中的公式

在工作表中，单击一个有公式的单元格，在公式栏就会出现单元格的公式，如图 2.45 所示。

图 2.45　显示公式

有时我们不想让其他报表使用者看到公式的计算方法，这时就有必要隐藏公式。隐藏公式的具体方法如下。

(1) 单击工作表左上角，选中整个工作表，右键单击工作表，在弹出的菜单中选择"设置单元格格式"命令，如图 2.46 所示。

(2) 在"设置单元格格式"对话框中，单击"保护"选项卡，勾选"隐藏"复选框，单击"确定"按钮完成设置，如图 2.47 所示。

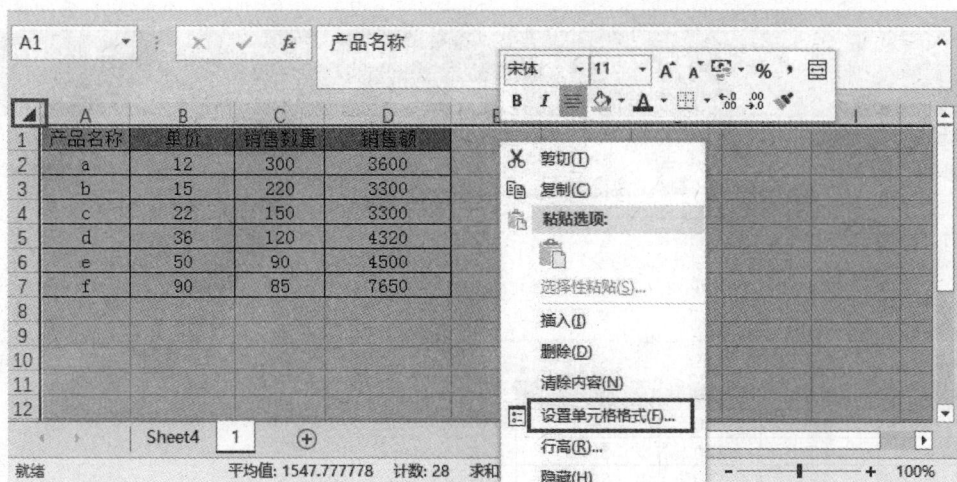

图 2.46　选中工作表并设置单元格格式

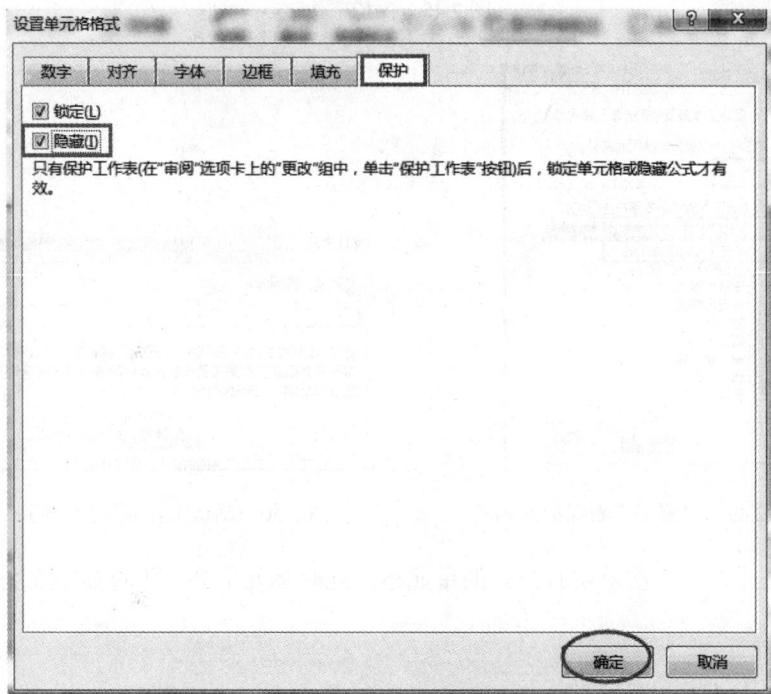

图 2.47　保护与隐藏单元格

(3) 只有在保护工作表后，隐藏的公式才有效，因此需要继续进行保护工作表操作。单击"审阅"菜单下的"保护工作表"命令，如图 2.48 所示。

(4) 在弹出的保护工作表对话框中，勾选"选定锁定单元格""选定未锁定的单元格"复选框，然后输入保护密码，单击"确定"按钮，如图 2.49 所示。

(5) 确认工作表保护密码，如图 2.50 所示。

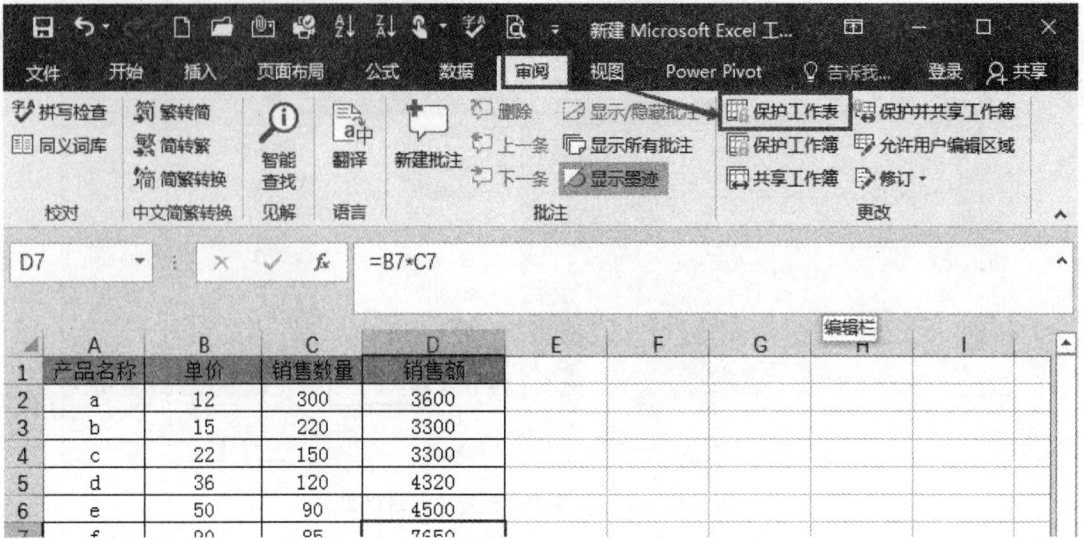

图 2.48　保护工作表

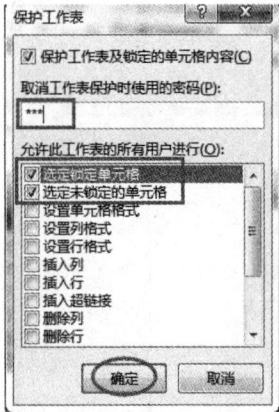

图 2.49　设置工作表保护密码

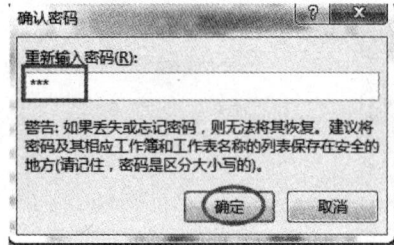

图 2.50　确认工作表保护密码

　　(6) 返回工作表，再次单击有公式的单元格，此时单元格公式不再显示在公式栏中，如图 2.51 所示。

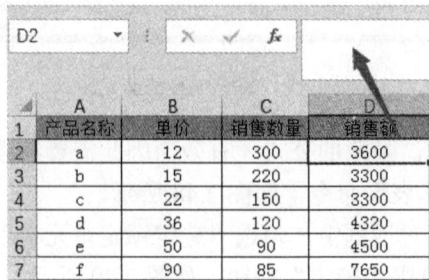

图 2.51　公式隐藏完成

任务 2.1 五险一金计算

背景资料

资料一：2018 年 7 月，嘉誉公司所在市人力资源和社会保障局公布了 2017 年本市在岗职工月平均工资为 5152.25 元。养老保险、失业保险、生育保险的缴费基数确认原则：以职工上年实际应付工资为基数计算缴纳。如果上年实际应付工资小于本市社会平均工资(以下简称"社平工资")60%，以社平工资的 60% 作为缴费基数；如果上年实际应付工资大于社平工资 3 倍以上，以社平工资 3 倍数封顶作为缴费基数。即 2018 年 7 月开始，养老保险、失业保险、生育保险的最低缴费基数是 5152.25×0.6=3091.35 元，取整为 3092 元，三险的最高缴费基数是 5152.25×3=15 456.75 元，四舍五入为 15 457 元。

2018 年 7 月，嘉誉公司所在市社会医疗保险管理局门户网站发布公告，调整本市医疗保险最低缴费基数，将原执行的 2016 年度职工月平均工资 4253 元，调整为 2017 年度职工月平均工资 4959 元。用人单位医疗保险按上年工资总额的 8% 计算，低于医保上年度职工月平均工资 4959 元的，按 4959 元计算，在职职工按本人上年工资收入的 2% 缴纳个人医疗保险费，低于医保上年度职工月平均工资 4959 元的，按 4959 的 60% 计算(2975)。

住房公积金缴存基数为职工本人上一年度月平均工资，但不得低于当地市人民政府规定的最低工资标准。职工上一年度月平均工资超出本市上一年度社会月平均工资 500% 以外部分的，不计入缴存基数。住房公积金缴存比例 12%，单位应在每年 7 月份对住房公积金缴存基数进行调整。目前，公司所在地最低签合同工资为 1500 元，企业和个人各承担的最低住房公积金为 1500×12%=180 元，合计 360 元。

综上所述，嘉誉公司五险一金缴费基数上下限、公司及个人缴费比例如图 2.52 所示。

	A	B	C	D	E	F	G	H	I	J	K	L	M	N	O	P	Q	R
1								社保参数表										
2	三险缴费基数		公司医保缴费基数		公积金缴费基数		个人医保缴费基数		企业						个人			
3	上限	下限	上限	下限	上限	下限	上限	下限	养老保险	工伤保险	失业保险	医疗保险	生育保险	住房公积金	养老保险	失业保险	医疗保险	住房公积金
4	15457	3092	14877	4959	20200	1500	14877	2975	0.2	0.007	0.01	0.08	0.006	0.12	0.08	0.005	0.02	0.12

图 2.52 公司社保缴费基数及比例表

资料二：嘉誉公司员工工号、姓名、社保公积金缴费基数(即上年平均月工资)如图 2.53 所示。

资料三：任务 1.1 完成的职工基本情况表。

	A	B	C
1	工号	姓名	应缴费基数
2	0000184	刘新瑞	12325
3	0000185	王一清	9562
4	0000186	李淼	9479
5	0000187	白韦威	9483
6	0000188	尹敬	9428
7	0000189	桓栋山	9154
8	0000190	包艳宏	7035
9	0000191	曲姗姗	6813
10	0000192	杨杰	6773
11	0000193	姜宏平	6716
12	0000194	臧洁敏	6465

图 2.53 职工缴费基数表

任务要求

1. 根据资料一、二、三，计算本次调整的所有在职员工的五险一金缴费基数。

2. 根据调整后的社保参数表和缴费基数表，计算调整后员工五险一金单位和个人部分的缴费金额。

3. 将数据保存好，此数据可以作为下次社保公积金调整之前所有月份工资计算中社保公积金部分的数据，根据新入职员工和离职员工变化而调整员工信息。

任务 2.1 原始数据

操作思路

1. 缴费基数的确定方法，根据社平工资计算出缴费最低限和最高限之后，就是在本人工资、缴费最高限二者取低者，在本人工资、缴费最低限二者之间取高者，所以借助 MAX()、MIN() 选取合适的缴费基数。

2. 新建社保计算表，将现有在职职工的工号、姓名复制粘贴到本表，注意与基础数据表相比可能会有离职员工，如本期工号为 189 的员工离职，不参与缴费基数的计算了。

3. 社保计算表中，身份证号码应用 VLOOKUP() 函数从职工基本情况表中查找。

缴费基数=VLOOKUP($A2,工资基础数据!$A$1:$G$37,COLUMN(D2),FALSE)。

嘉誉公司养老保险=ROUND($D2*工资参数表!I$4,2)。

4. 因考虑到后续人工费用分项目核算，所以在后面加入嘉誉公司项目合计、个人项目合计以及部门、职工类型、此次计算时间等信息，以便后续的工作。

操作步骤

1. 计算公司和职工个人的五险一金缴费基数

打开"任务 2.1 社保计算表原始数据"工作簿，内含社保计算表、工资参数表、工资基础数据、职工基本情况表四张工作表，如图 2.54 所示。

图 2.54　任务 2.1 社保计算表原始数据工作簿

1) 养老保险、工伤保险、失业保险缴费基数计算

当职工上年月平均工资大于缴费基数上限时，缴费基数按上限执行；当职工上年月平均工资小于缴费基数下限时，缴费基数按下限执行；当职工上年月平均工资在缴费基数上下限之间时，按职工个人平均工资作为缴费基数。

首先将职工上年月平均工资与缴费基数上限进行比较，利用公式"=MIN(C2,工资参数表!$A$4)"取二者中较低数(为保证函数下拖自动填充，此处 A4 单元格需要绝对引用，下同)，再将上式结果与缴费基数下限进行比较，利用公式"=MAX(MIN(C2,工资参数表!$A$4)"，工资参数表!$B$4)取二者中较高数，即可得到刘新瑞的三险缴费基数，函数自动填充，得到全体员工三险缴费基数，如图 2.55 所示。

图 2.55　养老保险、工伤保险、失业保险缴费基数计算

2) 公司医保缴费基数、个人医保缴费基数、公积金缴费基数计算

我们可以运用相同的函数来计算公司医保缴费基数、个人医保缴费基数、公积金缴费基数，计算方法如图 2.56～图 2.58 所示。

图 2.56　公司医保缴费基数计算

F2 | =MAX(MIN(C2,工资参数表!$E$4),工资参数表!$F$4)

	A	B	C	D	E	F	G
1	工号	姓名	应缴费基数	三险缴费基数	公司医保缴费基数	公积金缴费基数	个人医保缴费基数
2	0000184	刘新瑞	12325	12325	12325	12325	12325
3	0000185	王一清	9562	9562	9562	9562	9562
4	0000186	李淼	9479	9479	9479	9479	9479
5	0000187	白韦威	9483	9483	9483	9483	9483
6	0000188	尹敬	9428	9428	9428	9428	9428
7	0000189	桓栋山	9154	9154	9154	9154	9154
8	0000190	包艳宏	7035	7035	7035	7035	7035
9	0000191	曲姗姗	6813	6813	6813	6813	6813
10	0000192	杨杰	6773	6773	6773	6773	6773
11	0000193	姜宏平	6716	6716	6716	6716	6716
12	0000194	臧洁敏	6465	6465	6465	6465	6465
13	0000195	蔡丽莉	6307	6307	6307	6307	6307
14	0000196	车海虹	6341	6341	6341	6341	6341
15	0000197	程丽华	6225	6225	6225	6225	6225
16	0000198	褚岳阳	6183	6183	6183	6183	6183
17	0000199	董厚琰	6081	6081	6081	6081	6081
18	0000200	樊家惠	5925	5925	5925	5925	5925
19	0000201	付晨光	5946	5946	5946	5946	5946
20	0000202	甘丽婕	2857	3092	4959	2857	2975
21	0000203	郭建	2837	3092	4959	2837	2975
22	0000204	胡逸柯	3284	3284	4959	3284	3284
23	0000205	纪铭佳	2879	3092	4959	2879	2975
24	0000206	靳萱魁	2647	3092	4959	2647	2975
25	0000207	李梦曦	2101	3092	4959	2101	2975
26	0000208	梁敏青	2100	3092	4959	2100	2975
27	0000209	刘志丹	3209	3209	4959	3209	3209
28	0000210	毛锋琳	2731	3092	4959	2731	2975

图 2.57　公积金缴费基数计算

G2 | =MAX(MIN(C2,工资参数表!$G$4),工资参数表!$H$4)

	A	B	C	D	E	F	G
1	工号	姓名	应缴费基数	三险缴费基数	公司医保缴费基数	公积金缴费基数	个人医保缴费基数
2	0000184	刘新瑞	12325	12325	12325	12325	12325
3	0000185	王一清	9562	9562	9562	9562	9562
4	0000186	李淼	9479	9479	9479	9479	9479
5	0000187	白韦威	9483	9483	9483	9483	9483
6	0000188	尹敬	9428	9428	9428	9428	9428
7	0000189	桓栋山	9154	9154	9154	9154	9154
8	0000190	包艳宏	7035	7035	7035	7035	7035
9	0000191	曲姗姗	6813	6813	6813	6813	6813
10	0000192	杨杰	6773	6773	6773	6773	6773
11	0000193	姜宏平	6716	6716	6716	6716	6716
12	0000194	臧洁敏	6465	6465	6465	6465	6465
13	0000195	蔡丽莉	6307	6307	6307	6307	6307
14	0000196	车海虹	6341	6341	6341	6341	6341
15	0000197	程丽华	6225	6225	6225	6225	6225
16	0000198	褚岳阳	6183	6183	6183	6183	6183
17	0000199	董厚琰	6081	6081	6081	6081	6081
18	0000200	樊家惠	5925	5925	5925	5925	5925
19	0000201	付晨光	5946	5946	5946	5946	5946
20	0000202	甘丽婕	2857	3092	4959	2857	2975
21	0000203	郭建	2837	3092	4959	2837	2975
22	0000204	胡逸柯	3284	3284	4959	3284	3284
23	0000205	纪铭佳	2879	3092	4959	2879	2975
24	0000206	靳萱魁	2647	3092	4959	2647	2975
25	0000207	李梦曦	2101	3092	4959	2101	2975
26	0000208	梁敏青	2100	3092	4959	2100	2975
27	0000209	刘志丹	3209	3209	4959	3209	3209
28	0000210	毛锋琳	2731	3092	4959	2731	2975

图 2.58　个人医保缴费基数计算

2. 制作社保计算表

1) 搭建社保计算表框架

分别在表头行输入工号、姓名、身份证号码、三险缴费基数、公司医保缴费基数、公积金缴费基数、个人医保缴费基数、公司养老保险、公司工伤保险、公司失业保险、公司医疗保险、公司生育保险、公司住房公积金、企业合计、个人养老保险、个人失业保险、个人医疗保险、个人住房公积金、个人合计、部门、职工类型、时间等字段。

2) 填写职工工号

将"工资基础数据"表中的职工工号复制到社保计算表 A 列,注意将 0000189 号桓栋山信息删去,因其已在 2018 年 5 月离职。

3) 填写职工姓名

利用 VLOOKUP()函数从工资基础数据表中查找到工号对应的姓名,在 B2 单元格输入"=VLOOKUP(A2,工资基础数据!$A$1:$G$37,2,FALSE)",下拖自动填充到 B 列,如图 2.59 所示。

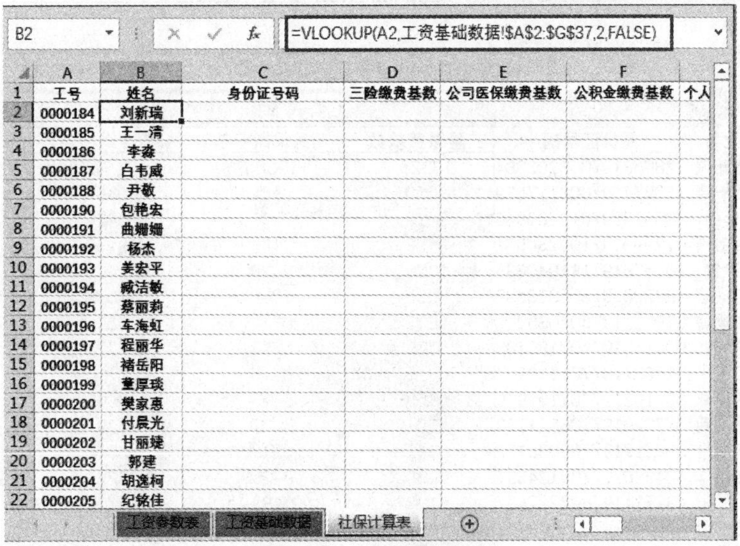

图 2.59　查找职工姓名

4) 填写职工身份证号码

利用 VLOOKUP()函数从职工基本情况表中查找到工号对应的身份证号码,在 C2 单元格输入 "=VLOOKUP(A2,职工基本情况表!$A$1:$H$37,8,0)",下拖自动填充到 C 列,如图 2.60 所示。

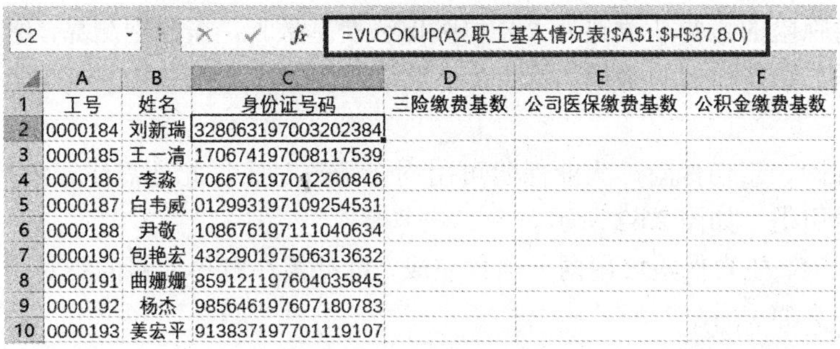

图 2.60　查找职工身份证号码

5) 填写职工三险缴费基数

利用 VLOOKUP()函数从工资基础数据表中查找到工号对应的三险缴费基数，因为社保计算表中此区域字段顺序与工资基础数据表顺序相同，VLOOKUP 函数中的 col_index_num 可以用 COLUMN(D2)来表示，在 D2 单元格输入"=VLOOKUP($A2,工资基础数据!$A$1:$G$37, COLUMN(D2),FALSE)"，如此当 D2 单元格计算完毕后，可直接将鼠标放在 D2 右下角，自动右拖下拖，则全部职工的三险缴费基数、公司医保缴费基数、公积金缴费基数、个人医保缴费基数都可以显示出来，如图 2.61 所示。

> **提示：** 由于工号只需要下拖，不需要右拖，因此需对工号单元格进行混合引用，即$A2，同理区域参数需进行绝对引用，即$A$1:$G$37。

图 2.61　VLOOKUP 函数查找职工缴费基数

6) 公司五险金额计算

公司养老保险、工伤保险、失业保险缴费基数相同，都为社保计算表中"三险缴费基数"，医疗保险和生育保险的缴费基数都为"公司医保缴费基数"，需分别测算，缴费金额均为相应项目的缴费基数与缴费比例的乘积。因涉及小数位数较多，可利用 ROUND 函数对计算结果进行四舍五入。

公司养老保险、工伤保险、失业保险可用同一函数完成，此处需注意单元格的绝对引用、相对引用和混合引用，如图 2.62 所示。

公司医疗保险、生育保险可用同一函数完成，此处需注意单元格的绝对引用、相对引用和混合引用，如图 2.63 所示。

| H2 | | | × ✓ *fx* | =ROUND($D2*工资参数表!I$4,2) | | | | | |

	F	G	H	I	J	K	L	M
1	公积金缴费基数	个人医保缴费基数	公司养老保险	公司工伤保险	公司失业保险	公司医疗保险	公司生育保险	公司住房公积
2	12325	12325	2465.00	86.28	123.25			
3	9562	9562	1912.40	66.93	95.62			
4	9479	9479	1895.80	66.35	94.79			
5	9483	9483	1896.60	66.38	94.83			
6	9428	9428	1885.60	66.00	94.28			
7	7035	7035	1407.00	49.25	70.35			
8	6813	6813	1362.60	47.69	68.13			
9	6773	6773	1354.60	47.41	67.73			
10	6716	6716	1343.20	47.01	67.16			
11	6465	6465	1293.00	45.26	64.65			
12	6307	6307	1261.40	44.15	63.07			
13	6341	6341	1268.20	44.39	63.41			
14	6225	6225	1245.00	43.58	62.25			
15	6183	6183	1236.60	43.28	61.83			
16	6081	6081	1216.20	42.57	60.81			
17	5925	5925	1185.00	41.48	59.25			
18	5946	5946	1189.20	41.62	59.46			
19	2857	2975	618.40	21.64	30.92			
20	2837	2975	618.40	21.64	30.92			
21	3284	3284	656.80	22.99	32.84			
22	2879	2975	618.40	21.64	30.92			

工资参数表　工资基础数据　社保计算表　⊕

图 2.62　公司养老保险、工伤保险、失业保险计算

| K2 | | | × ✓ *fx* | =ROUND($E2*工资参数表!L$4,2) | | | | | |

	G	H	I	J	K	L	M	N	
1	个人医保缴费基数	公司养老保险	公司工伤保险	公司失业保险	公司医疗保险	公司生育保险	公司住房公积金	企业合计	个.
2	12325	2465.00	86.28	123.25	986	73.95			
3	9562	1912.40	66.93	95.62	764.96	57.37			
4	9479	1895.80	66.35	94.79	758.32	56.87			
5	9483	1896.60	66.38	94.83	758.64	56.9			
6	9428	1885.60	66.00	94.28	754.24	56.57			
7	7035	1407.00	49.25	70.35	562.8	42.21			
8	6813	1362.60	47.69	68.13	545.04	40.88			
9	6773	1354.60	47.41	67.73	541.84	40.64			
10	6716	1343.20	47.01	67.16	537.28	40.3			
11	6465	1293.00	45.26	64.65	517.2	38.79			
12	6307	1261.40	44.15	63.07	504.56	37.84			
13	6341	1268.20	44.39	63.41	507.28	38.05			
14	6225	1245.00	43.58	62.25	498	37.35			
15	6183	1236.60	43.28	61.83	494.64	37.1			
16	6081	1216.20	42.57	60.81	486.48	36.49			
17	5925	1185.00	41.48	59.25	474	35.55			
18	5946	1189.20	41.62	59.46	475.68	35.68			
19	2975	618.40	21.64	30.92	396.72	29.75			
20	2975	618.40	21.64	30.92	396.72	29.75			
21	3284	656.80	22.99	32.84	396.72	29.75			
22	2975	618.40	21.64	30.92	396.72	29.75			

工资参数表　工资基础数据　社保计算表　⊕

图 2.63　公司医疗保险、生育保险计算

7) 住房公积金计算

在嘉誉公司中，员工类型分为 A 类和 B 类，公司负责为 A 类职工缴纳住房公积金。因此

我们需要先利用 IF 函数判断职工的缴费类型,若缴费类型为 A,则继续计算住房公积金金额,若缴费类型为 B,则住房公积金为 0。职工缴费类型可以利用 VLOOKUP 函数去职工基本情况表中查找,公积金计算结果保留到整数位,在 M2 单元格输入 "=IF(VLOOKUP(A2,职工基本情况表!$A$2:$L$37,12,FALSE)="B",0,ROUND(F2*工资参数表!$N$4,0))",如图 2.64 所示。

	身份证号码	三险缴费基数	公司医保缴费基数	公积金缴费基数	个人医保缴费基数	司养老保险	司工伤保险	司失业保险	司医疗保险	司生育保险	司住房公积金
2	328063197003202384	12325	12325	12325	12325	2465.00	86.28	123.25	986	73.95	1479
3	170674197008117539	9562	9562	9562	9562	1912.40	66.93	95.62	764.96	57.37	1147
4	706676197012260846	9479	9479	9479	9479	1895.80	66.35	94.79	758.32	56.87	1137
5	012993197109254531	9483	9483	9483	9483	1896.60	66.38	94.83	758.64	56.9	1138
6	108676197111040634	9428	9428	9428	9428	1885.60	66.00	94.28	754.24	56.57	1131
7	432290197506313632	7035	7035	7035	7035	1407.00	49.25	70.35	562.8	42.21	844
8	859121197604035845	6813	6813	6813	6813	1362.60	47.69	68.13	545.04	40.88	0
9	985646197607180783	6773	6773	6773	6773	1354.60	47.41	67.73	541.84	40.64	813
10	913837197701119107	6716	6716	6716	6716	1343.20	47.01	67.16	537.28	40.3	806
11	852162197701197946	6465	6465	6465	6465	1293.00	45.26	64.65	517.2	38.79	776
12	777329197706024139	6307	6307	6307	6307	1261.40	44.15	63.07	504.56	37.84	0
13	590219197709038122	6341	6341	6341	6341	1268.20	44.39	63.41	507.28	38.05	761
14	484086197709124396	6225	6225	6225	6225	1245.00	43.58	62.25	498	37.35	0
15	497731197802227487	6183	6183	6183	6183	1236.60	43.28	61.83	494.64	37.1	742
16	309741197805063702	6081	6081	6081	6081	1216.20	42.57	60.81	486.48	36.49	730
17	484875198202142247	5925	5925	5925	5925	1185.00	41.48	59.25	474	35.55	0
18	916266198211203565	5946	5946	5946	5946	1189.20	41.62	59.46	475.68	35.68	0
19	586938198402124189	3092	4959	2857	2975	618.40	21.64	30.92	396.72	29.75	0
20	419235198505275704	3092	4959	2837	2975	618.40	21.64	30.92	396.72	29.75	340
21	287280198507137191	3284	4959	3284	3284	656.80	22.99	32.84	396.72	29.75	394

图 2.64 公司住房公积金计算

由于个人缴纳公积金部分的基数和比例都与公司相同,可以直接引用单元格填列个人住房公积金缴费金额,如图 2.65 所示。

	公司医疗保险	公司生育保险	公司住房公积金	企业合计	个人养老保险	个人失业保险	个人医疗保险	个人住房公积金	个人合计
2	986	73.95	1479					1479	
3	764.96	57.37	1147					1147	
4	758.32	56.87	1137					1137	
5	758.64	56.9	1138					1138	
6	754.24	56.57	1131					1131	
7	562.8	42.21	844					844	
8	545.04	40.88	0					0	
9	541.84	40.64	813					813	
10	537.28	40.3	806					806	
11	517.2	38.79	776					776	
12	504.56	37.84	0					0	
13	507.28	38.05	761					761	
14	498	37.35	0					0	
15	494.64	37.1	742					742	
16	486.48	36.49	730					730	
17	474	35.55	0					0	
18	475.68	35.68	0					0	
19	396.72	29.75	0					0	
20	396.72	29.75	340					340	
21	396.72	29.75	394					394	
22	396.72	29.75	345					345	
23	396.72	29.75	0					0	

图 2.65 个人住房公积金计算

8) 计算五险一金

计算企业缴纳五险一金合计,如图 2.66 所示。

图 2.66　企业缴纳五险一金合计

9) 个人缴纳保险计算

个人缴纳养老保险、失业保险、医疗保险计算方法与公司的缴纳方法相同，分别用个人缴纳保险基数与缴纳比例相乘，结果取两位小数，据此可计算个人缴纳保险与公积金合计。上述过程如图 2.67～图 2.69 所示。

图 2.67　个人养老、失业保险计算

Q2 | × ✓ fx | =ROUND(G2*工资参数表!$Q$4,2)

	J	K	L	M	N	O	P	Q	R
1	公司失业保险	公司医疗保险	公司生育保险	公司住房公积金	企业合计	个人养老保险	个人失业保险	个人医疗保险	个人住房
2	123.25	986	73.95	1479	5213.48	986	61.63	246.5	147
3	95.62	764.96	57.37	1147	4044.28	764.96	47.81	191.24	114
4	94.79	758.32	56.87	1137	4009.13	758.32	47.4	189.58	113
5	94.83	758.64	56.9	1138	4011.35	758.64	47.42	189.66	113
6	94.28	754.24	56.57	1131	3987.69	754.24	47.14	188.56	113
7	70.35	562.8	42.21	844	2975.61	562.8	35.18	140.7	844
8	68.13	545.04	40.88	0	2064.34	545.04	34.07	136.26	0
9	67.73	541.84	40.64	813	2865.22	541.84	33.87	135.46	813
10	67.16	537.28	40.3	806	2840.95	537.28	33.58	134.32	806
11	64.65	517.2	38.79	776	2734.90	517.2	32.33	129.3	776
12	63.07	504.56	37.84	0	1911.02	504.56	31.54	126.14	0
13	63.41	507.28	38.05	761	2682.33	507.28	31.71	126.82	761
14	62.25	498	37.35	0	1886.18	498	31.13	124.5	0
15	61.83	494.64	37.1	742	2615.45	494.64	30.92	123.66	742
16	60.81	486.48	36.49	730	2572.55	486.48	30.41	121.62	730
17	59.25	474	35.55	0	1795.28	474	29.63	118.5	0
18	59.46	475.68	35.68	0	1801.64	475.68	29.73	118.92	0
19	30.92	396.72	29.75	0	1097.43	247.36	15.46	59.5	0
20	30.92	396.72	29.75	340	1437.43	247.36	15.46	59.5	340
21	32.84	396.72	29.75	394	1533.10	262.72	16.42	65.68	394
22	30.92	396.72	29.75	345	1442.43	247.36	15.46	59.5	345
23	30.92	396.72	29.75		1097.43	247.36	15.46	59.5	

工资参数表 | 工资基础数据 | 社保计算表

图 2.68 个人医疗保险计算

S2 | × ✓ fx | =SUM(O2:R2)

	M	N	O	P	Q	R	S	T	U
1	公司住房公积金	企业合计	个人养老保险	个人失业保险	个人医疗保险	个人住房公积金	个人合计	部门	职工类型
2	1479	5213.48	986	61.63	246.5	1479	2773.13		
3	1147	4044.28	764.96	47.81	191.24	1147	2151.01		
4	1137	4009.13	758.32	47.4	189.58	1137	2132.3		
5	1138	4011.35	758.64	47.42	189.66	1138	2133.72		
6	1131	3987.69	754.24	47.14	188.56	1131	2120.94		
7	844	2975.61	562.8	35.18	140.7	844	1582.68		
8	0	2064.34	545.04	34.07	136.26	0	715.37		
9	813	2865.22	541.84	33.87	135.46	813	1524.17		
10	806	2840.95	537.28	33.58	134.32	806	1511.18		
11	776	2734.90	517.2	32.33	129.3	776	1454.83		
12	0	1911.02	504.56	31.54	126.14	0	662.24		
13	761	2682.33	507.28	31.71	126.82	761	1426.81		
14	0	1886.18	498	31.13	124.5	0	653.63		
15	742	2615.45	494.64	30.92	123.66	742	1391.22		
16	730	2572.55	486.48	30.41	121.62	730	1368.51		
17	0	1795.28	474	29.63	118.5	0	622.13		
18	0	1801.64	475.68	29.73	118.92	0	624.33		
19	0	1097.43	247.36	15.46	59.5	0	322.32		
20	340	1437.43	247.36	15.46	59.5	340	662.32		
21	394	1533.10	262.72	16.42	65.68	394	738.82		
22	345	1442.43	247.36	15.46	59.5	345	667.32		
23	0	1097.43	247.36	15.46	59.5	0	322.32		

工资参数表 | 工资基础数据 | 社保计算表

图 2.69 个人缴纳保险、公积金合计

10) 职工基本情况表

考虑到后续人工费用分项目核算，因此在表后应用 VLOOKUP 函数加入嘉誉公司部门、

职工类型信息，同时明确此次计算时间，以方便后续工作，在 T2 单元格输入"=VLOOKUP(A2, 职工基本情况表!\$A\$2:\$M\$37,4,FALSE)"，在 U3 单元格输入"=VLOOKUP(A2,职工基本情况表!\$A\$2:\$M\$37,13,FALSE)"，如图 2.70 所示。

	I	J	K	L	M	N	O	P	Q	R	S	T	U	V
	司工伤保险	司失业保险	司医疗保险	司生育保险	司住房公积金	企业合计	个人养老保险	个人失业保险	个人医疗保险	个人住房公积金	个人合计	部门	职工类型	时间
2	86.28	123.25	986	73.95	1479	5213.48	986	61.63	246.5	1479	2773.13	企管部	正式员工	2018年7月
3	66.93	95.62	764.96	57.37	1147	4044.28	764.96	47.81	191.24	1147	2151.01	企管部	正式员工	2018年7月
4	66.35	94.79	758.32	56.87	1137	4009.13	758.32	47.4	189.58	1137	2132.3	财务部	正式员工	2018年7月
5	66.38	94.83	758.64	56.9	1138	4011.35	758.64	47.42	189.66	1138	2133.72	采购部	正式员工	2018年7月
6	66.00	94.28	754.24	56.57	1131	3987.69	754.24	47.14	188.56	1131	2120.94	仓储部	正式员工	2018年7月
7	49.25	70.35	562.8	42.21	844	2975.61	562.8	35.18	140.7	844	1582.68	企管部	正式员工	2018年7月
8	47.69	68.13	545.04	40.88	0	2064.34	545.04	34.07	136.26	0	715.37	企管部	临时工	2018年7月
9	47.41	67.73	541.84	40.64	813	2865.22	541.84	33.87	135.46	813	1524.17	企管部	正式员工	2018年7月
10	47.01	67.16	537.28	40.3	806	2840.95	537.28	33.58	134.32	806	1511.18	财务部	正式员工	2018年7月
11	45.26	64.65	517.2	38.79	776	2734.90	517.2	32.33	129.3	776	1454.83	财务部	正式员工	2018年7月

图 2.70　部门、职工类型、时间的填列

11) 社保计算表

制作完成的社保计算表如图 2.71 所示。

	A	B	H	I	J	K	L	M	N	O	P	Q	R	S	T	U	V
1	工号	姓名	司养老保险	司工伤保险	司失业保险	司医疗保险	司生育保险	司住房公积	企业合计	个人养老保险	个人失业保险	个人医疗保险	个人住房公积	个人合计	部门	职工类型	时间
2	0000184	刘新瑞	2465.00	86.28	123.25	986	73.95	1479	5213.48	986	61.63	246.5	1479	2773.13	企管部	正式员工	2018年
3	0000185	王一清	1912.40	66.93	95.62	764.96	57.37	1147	4044.28	764.96	47.81	191.24	1147	2151.01	企管部	正式员工	2018年
4	0000186	李淼	1895.80	66.35	94.79	758.32	56.87	1137	4009.13	758.32	47.4	189.58	1137	2132.3	财务部	正式员工	2018年
5	0000187	白韦威	1896.60	66.38	94.83	758.64	56.9	1138	4011.35	758.64	47.42	189.66	1138	2133.72	采购部	正式员工	2018年
6	0000188	尹敬	1885.60	66.00	94.28	754.24	56.57	1131	3987.69	754.24	47.14	188.56	1131	2120.94	仓储部	正式员工	2018年
7	0000190	包艳宏	1407.00	49.25	70.35	562.8	42.21	844	2975.61	562.8	35.18	140.7	844	1582.68	企管部	正式员工	2018年
8	0000191	曲姗姗	1362.60	47.69	68.13	545.04	40.88	0	2064.34	545.04	34.07	136.26	0	715.37	企管部	临时工	2018年
9	0000192	杨杰	1354.60	47.41	67.73	541.84	40.64	813	2865.22	541.84	33.87	135.46	813	1524.17	企管部	正式员工	2018年
10	0000193	姜宏平	1343.20	47.01	67.16	537.28	40.3	806	2840.95	537.28	33.58	134.32	806	1511.18	财务部	正式员工	2018年
11	0000194	臧洁敏	1293.00	45.26	64.65	517.2	38.79	776	2734.90	517.2	32.33	129.3	776	1454.83	财务部	正式员工	2018年
12	0000195	蔡丽莉	1261.40	44.15	63.07	504.56	37.84	0	1911.02	504.56	31.54	126.14	0	662.24	财务部	临时工	2018年

图 2.71　社保计算表

任务总结

1. 在 Excel 中使用公式，通常在字段名下的第一行单元格设置好后，再复制到其他行。所以，公式设置时一定要考虑好公式复制到其他单元格的适用性，要合理使用单元格的 4 种引用方式。

2. Excel 中的数值精度并非与单元格实际显示一致，为保证可控的数值精度，计算公式中通常使用 ROUND() 函数精确进行四舍五入，也可以根据需要使用 ROUNDDOWN()、ROUNDUP() 函数。

3. VLOOKUP() 函数，本次任务使用的是其精确查找功能，一般适用于一对一的查找，查找的数值通常是一个唯一标识，如职工按工号查找、商品按编码查找等，如果按职工姓名查找，重名可能会使查找的数据不准确。

4. 大量数据使用一个公式批量处理，一定要保证数据处理的准确性。所以，每次公式计算完毕，一定要随机抽检若干计算结果，检验其是否准确，养成良好的工作习惯。

任务 2.2 职工销售业绩提成计算

背景资料

资料一：2018 年嘉誉公司按销售业绩对业务员进行考核，嘉誉公司销售人员业绩提成比率表如图 2.72 所示。

销售人员业绩提成比率表

月销售额	界限值	提成比率	扣除数
0～100 000	100 000	0.0015	0
100 000～300 000	300 000	0.0025	100
300 000 以上		0.0035	400

图 2.72　嘉誉公司销售提成比率表

资料二：2018 年 12 月销售明细表。部分明细表如图 2.73 所示，完整销售数据可以从配套教学资源 "任务 2.2 销售业绩提成原始数据" 中获取。

	A	B	C	D	E	F	G
1	统计日期	业务员	商品名称	商品代码	销售数量	销售单价	销售金额
2	2018/12/14	甘丽婕	积木	JM001	242	31.00	7502.00
3	2018/12/14	甘丽婕	积木	JM002	297	117.00	34749.00
4	2018/12/14	甘丽婕	机器人	JQ005	477	168.00	80136.00
5	2018/12/14	甘丽婕	水枪	SQ004	202	176.00	35552.00
6	2018/12/14	甘丽婕	沙滩玩具	ST002	163	188.00	30644.00
7	2018/12/11	甘丽婕	金刚	JG002	266	66.00	17556.00
8	2018/12/11	甘丽婕	金刚	JG002	414	66.00	27324.00
9	2018/12/10	甘丽婕	金刚	JG002	438	66.00	28908.00
10	2018/12/10	甘丽婕	金刚	JG004	435	296.00	128760.00
11	2018/12/10	甘丽婕	机器人	JQ004	452	247.00	111644.00
12	2018/12/10	甘丽婕	沙滩玩具	ST004	328	208.00	68224.00
13	2018/12/10	甘丽婕	沙滩玩具	ST005	309	228.00	70452.00
14	2018/12/10	甘丽婕	音乐盒	YY001	135	50.00	6750.00
15	2018/12/10	甘丽婕	音乐盒	YY002	256	54.00	13824.00
16	2018/12/10	甘丽婕	音乐盒	YY004	319	237.00	75603.00
17	2018/12/10	甘丽婕	音乐盒	YY005	274	200.00	54800.00

图 2.73　2018 年 12 月销售明细表(部分)

任务要求

1. 统计 2018 年 12 月各业务员销售额总和。
2. 按提成比率表计算各业务员 2018 年 12 月的业绩提成。
3. 将计算好的数据，复制粘贴到工资数据资料 "销售人员业绩提成表"。任务 2.2 原始数据

操作思路

1. 分类汇总。使用 SUMIF() 函数进行分类汇总。

2. IF()函数判断业绩，分段提成。不同销售额，提成比率不同，需要判断函数 IF，多种情况需要嵌套使用。如“=IF(D9<=提成比率!B$3,ROUND(D9*提成比率!C$3,0),IF(D9<=提成比率!B$4,ROUND(D9*提成比率!C$4-提成比率!D$4,0),ROUND(D9*提成比率!C$5-提成比率!D$5,0)))”。

3. 业绩提成的计算，除了使用 IF()函数之外，还可以尝试使用 VLOOKUP()模糊判断、数组公式以及数据透视表完成。

4. 销售总和及业务提成的计算，可以使用数据透视表一次性解决，这种操作方法，可在项目三学习后进行。

自检：数据计算后，分别计算销售明细表中销售金额的合计数、提成计算表中销售额的合计数，二者相等才可。

操作步骤

1. 填列销售人员工号与姓名

打开“任务 2.2 销售业绩提成原始数据”工作簿，工作簿中包含“销售人员业绩提成计算表 IF”“销售人员业绩提成计算表 VLOOKUP”“销售人员业绩提成计算表 MAX”“数据透视表”“提成比率”“销售明细表”六张工作表，可以尝试用不同方法完成销售业绩提成的计算，不管哪种方法，都需要取得业务员的工号和姓名。

从职工基本情况表中将销售部业务员的工号和姓名复制粘贴到“销售人员业绩提成计算表 IF”中，注意销售部经理纪铭佳不负责具体销售业务，需要从业绩提成表中删除，如图 2.74 所示。

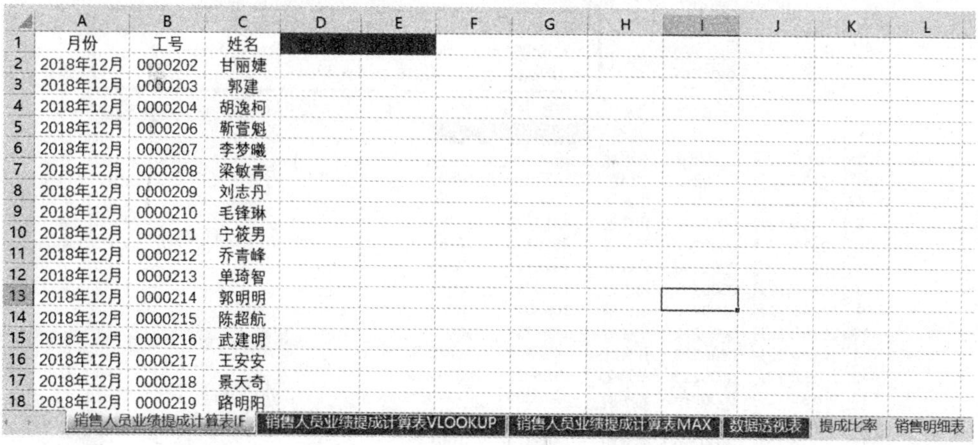

	A	B	C	D	E
1	月份	工号	姓名	[illegible]	[illegible]
2	2018年12月	0000202	甘丽婕		
3	2018年12月	0000203	郭建		
4	2018年12月	0000204	胡逸柯		
5	2018年12月	0000206	靳萱魁		
6	2018年12月	0000207	李梦曦		
7	2018年12月	0000208	梁敏青		
8	2018年12月	0000209	刘志丹		
9	2018年12月	0000210	毛锋琳		
10	2018年12月	0000211	宁筱男		
11	2018年12月	0000212	乔青峰		
12	2018年12月	0000213	单琦智		
13	2018年12月	0000214	郭明明		
14	2018年12月	0000215	陈超航		
15	2018年12月	0000216	武建明		
16	2018年12月	0000217	王安安		
17	2018年12月	0000218	景天奇		
18	2018年12月	0000219	路明阳		

图 2.74 填列销售人员工号与姓名

2. 计算各销售人员销售金额合计

运用 SUMIF()函数进行分类汇总，从销售明细表中提取出各销售人员销售金额并汇总，如图 2.75 所示。

D2 =SUMIF(销售明细表!$B$2:$B$359,C2,销售明细表!$G$2:$G$359)

	B	C	D	E
1	工号	姓名	销售额	业务提成
2	0000202	甘丽婕	1935680	
3	0000203	郭建	830647	
4	0000204	胡逸柯	1094336	
5	0000206	靳萱魁	4819793	
6	0000207	李梦曦	3618635	
7	0000208	梁敏青	1215123	
8	0000209	刘志丹	1158711	
9	0000210	毛锋琳	1058040	
10	0000211	宁筱男	1257238	
11	0000212	乔青峰	899818	
12	0000213	单琦智	1186968	
13	0000214	郭明明	279390	
14	0000215	陈超航	631783	
15	0000216	武建明	588744	
16	0000217	王安安	945929	
17	0000218	景天奇	574080	
18	0000219	路明阳	0	
19				

销售人员业务提成计算表 | 数据透视表 | 提成比率 | 销售明细表

图 2.75 运用 SUMIF 函数计算各销售员销售额合计

3. 按提成比率表计算各业务员的提成

方法一： IF()函数

不同销售额提成比率不同，需要判断多种情况，嵌套使用 IF()函数，并对计算结果进行取整。IF 函数使用方法为："=IF(D2<=提成比率!B$3,ROUND(D2*提成比率!C$3),IF(D2<=提成比率!B$4,ROUND(D2*提成比率!C$4-提成比率!D$4,0),ROUND(D2*提成比率!C$5-提成比率!D$5,0)))"，如图 2.76 所示。

E2 =IF(D2<=提成比率!B$3,ROUND(D2*提成比率!C$3,0),IF(D2<=提成比率!B$4,ROUND(D2*提成比率!C$4-提成比率!D$4,0),ROUND(D2*提成比率!C$5-提成比率!D$5,0)))

	A	B	C	D	E
1	月份	工号	姓名	销售额	业务提成
2	2018年12月	0000202	甘丽婕	1935680	6375
3	2018年12月	0000203	郭建	830647	2507
4	2018年12月	0000204	胡逸柯	1094336	3430
5	2018年12月	0000206	靳萱魁	4819793	16469
6	2018年12月	0000207	李梦曦	3618635	12265
7	2018年12月	0000208	梁敏青	1215123	3853
8	2018年12月	0000209	刘志丹	1158711	3655
9	2018年12月	0000210	毛锋琳	1058040	3303
10	2018年12月	0000211	宁筱男	1257238	4000
11	2018年12月	0000212	乔青峰	899818	2749
12	2018年12月	0000213	单琦智	1186968	3754
13	2018年12月	0000214	郭明明	279390	598
14	2018年12月	0000215	陈超航	631783	1811
15	2018年12月	0000216	武建明	588744	1661
16	2018年12月	0000217	王安安	945929	2911
17	2018年12月	0000218	景天奇	574080	1609
18	2018年12月	0000219	路明阳	0	0
19				22094915	70950

图 2.76 运用 IF 函数嵌套计算业绩提成

方法二： VLOOKUP()函数模糊查找

利用 VLOOKUP()函数进行模糊查找功能，找到提成比率及扣除数。首先，根据公司设定的提成比率表设计辅助计算列，如图 2.77 所示，根据销售额查找对应的提成比率及扣除数。在销售额右侧增加"提成比率""扣除数""业绩提成"三列。查找提成比率的公式为："=VLOOKUP(D2,提成比率!$G$3:$I$5,2,1)"，查找扣除数的计算公式为："= VLOOKUP(D2,提成比率!$G$3:$I$5,3,1)"，计算业务提成的计算公式为："=ROUND(D2*E2-F2,0)"，计算出业务员 2018 年 12 月的业绩提成。

业绩提成计算辅助列

月销售额	提成比例	扣除数
0	0.0015	0
100 000	0.0025	100
300 000	0.0035	400

图 2.77　辅助计算列

提示：VLOOKUP()函数模糊查找，辅助计算列的最左侧数值要按照从小到大的顺序排列，一般取每个区间的最小值；函数的最后一个参数是"1"或"TRUE"。

方法三： MAX()函数

1) 定义名称

进入提成比率工作表，单击公式"选项卡"→"名称管理器"→"新建"，名称栏输入"提成比率"，引用位置处，选择$C$3:$C$5 区域，如图 2.78 所示。同样方法定义名称"扣除数"。

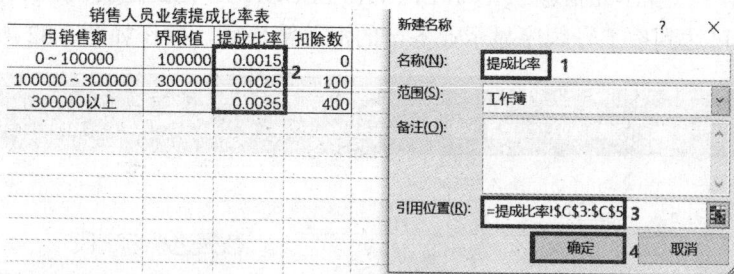

图 2.78　定义"提成比率"名称

2) 计算业绩提成

在业绩提成列下第二行单元格内输入"=ROUND(MAX(D2*提成比率-扣除数),0)"，同时摁住 Ctrl+Shift+Enter 数组公式确认键，编辑栏内显示如图 2.79 所示外加{}的数组公式。

图 2.79　MAX()计算业绩提成

自检：一方面，随机找 1~2 个销售员，也可以找较高或较低销售额者，手动查找其适用的提成比率与扣除数，计算其业务提成的数值，判断公式计算结果是否准确；另一方面，不同方法计算的结果可以互相比对判断，看是否一致。

任务拓展

利用数据透视表进行分类汇总

(说明：此部分内容可在学习项目三数据透视表后练习操作。)

1) 创建数据透视表

进入销售明细表，光标放入任一有数据单元格，执行"插入"→"数据透视表"命令，进入创建数据透视表对话框，如图 2.80 和图 2.81 所示。

2) 排序问题

运用数据透视表汇总业务员销售金额后我们发现，员工排名没有按照工号排列，解决方法可选择如下几种：

(1) 选中数据透视表中的业务员姓名及销售额区域，执行"复制"→"选择性粘贴"→"数值"，将汇总的数据值粘贴到"销售人员业绩提成表"中，通过 VLOOKUP 函数根据姓名查找销售金额，当月没有销售业绩的业务员销售额单元格会出现#N/A，需通过 IFERROR 函数将错误值转换为 0，在 C3 单元格输入"=IFERROR(VLOOKUP (B2,$E$1: $F$16,2,FALSE),0)"，通过上述操作即可达到按工号顺序显示业务员的汇总销售额，操作如图 2.82 所示。

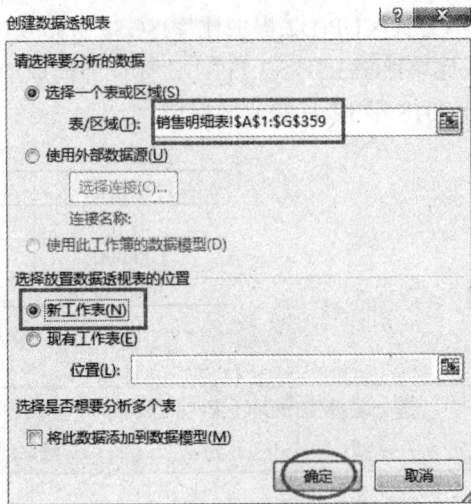

图 2.80　创建数据透视表

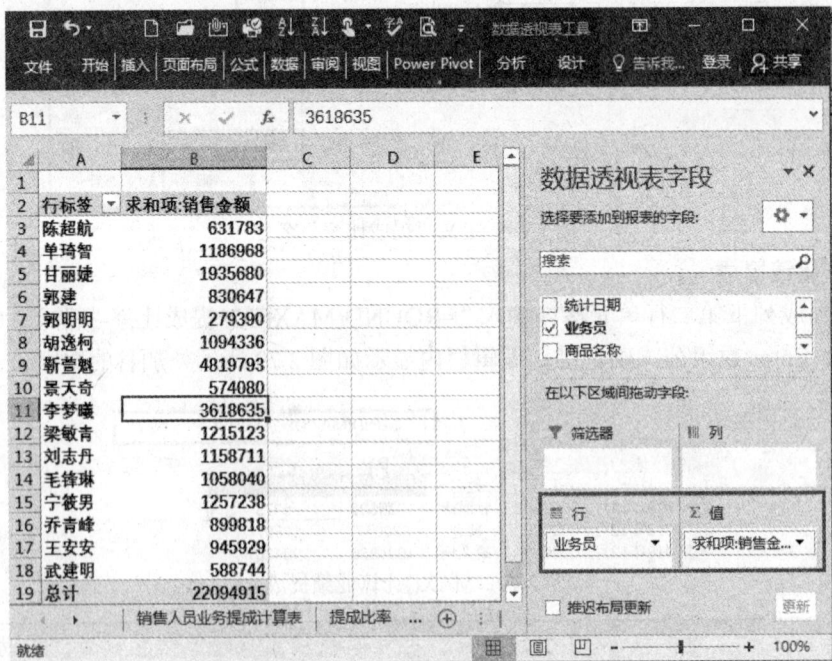

图 2.81　利用数据透视表汇总的业务员销售金额

图 2.82 利用数据透视表信息按工号显示汇总销售额

(2) 增加自定义序列，数据透视表自动按照工号排序生成统计表。执行"文件"→"选项"→"高级"→"常规"→"编辑自定义列表"命令，导入按工号排序的业务员序列。光标选中数据透视表中任一业务员，单击鼠标右键，选择"排序"→"升序"，员工姓名重新按工号顺序排列，操作如图 2.83、图 2.84 所示。

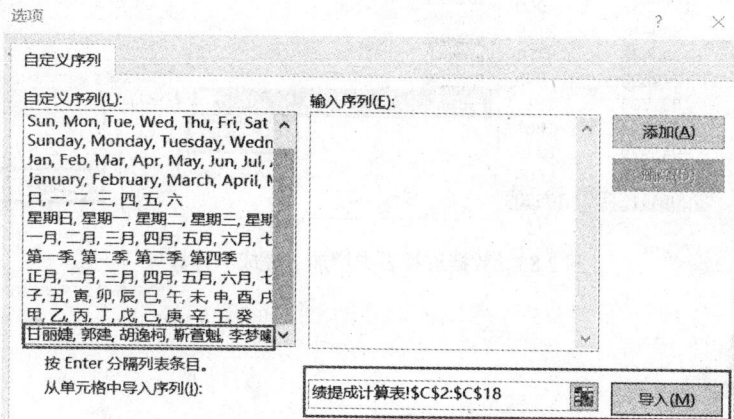

图 2.83 新增自定义员工序列

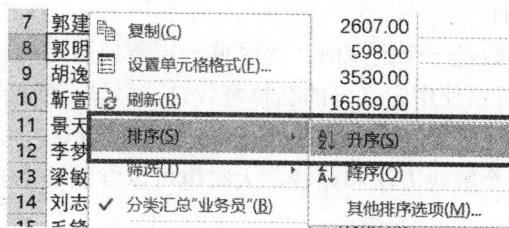

图 2.84 数据透视表按员工姓名自定义排序

(3) 手动调整员工顺序，选中需要调整顺序的员工所在单元格，光标放在单元格边框出现箭头图标时，摁住鼠标左键，上下挪动该单元格信息至目标位置，松开鼠标即可。

3) 数据透视表计算项

在图 2.84 调整后的数据透视表基础上，执行"数据透视表工具"→"分析"→"字段"→"项目和集"→"计算字段"命令，进入"插入计算字段"对话框，名称栏中输入"提成"，公式栏中输入"= IF(销售金额<=100000,ROUND(销售金额*0.0015,0),IF(销售金额<=300000,ROUND(销售金额*0.0025-100,0),ROUND(销售金额*0.0035-400,0)))"，数据透视表自动生成每个业务员的业绩提成，如图 2.85 所示。

> 提示：这种方法可以快速汇总数据，但业绩提成比率发生变化时，要回到计算项中修改提成的计算公式。执行"数据透视表工具"→"分析"→"字段"→"项目和集"→"计算字段"命令，选择"提成"，单击"修改"命令。

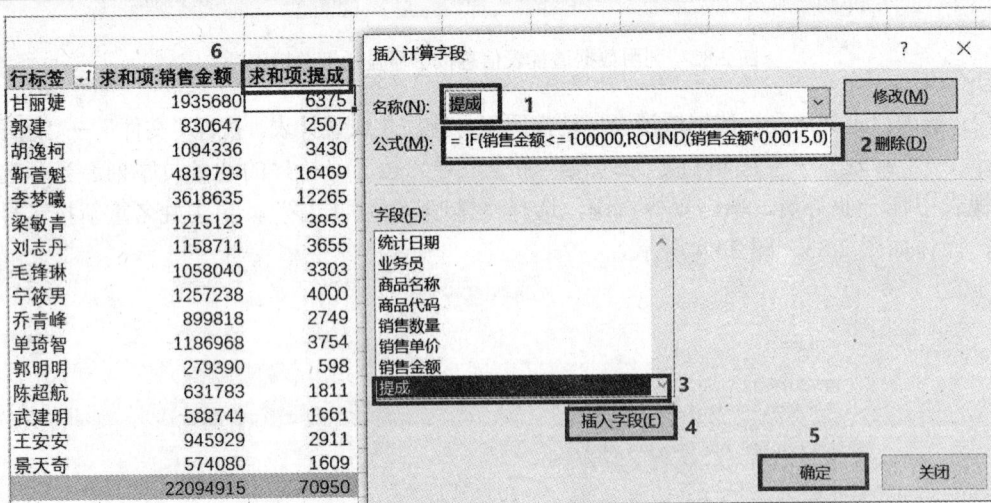

行标签	求和项:销售金额	求和项:提成
甘丽婕	1935680	6375
郭建	830647	2507
胡逸柯	1094336	3430
靳萱魁	4819793	16469
李梦曦	3618635	12265
梁敏青	1215123	3853
刘志丹	1158711	3655
毛锋琳	1058040	3303
宁筱男	1257238	4000
乔青峰	899818	2749
单琦智	1186968	3754
郭明明	279390	598
陈超航	631783	1811
武建明	588744	1661
王安安	945929	2911
景天奇	574080	1609
	22094915	70950

图 2.85　数据透视表中增加"提成"计算项

任务总结

1. SUMIF()、SUMIFS()都是分类汇总函数，二者的区别是：SUMIF()是单条件求和；SUMIFS()是多条件求和，但也可以实现单条件求和。类似的还有另一对函数，即单条件计数 COUNTIF()与多条件计数 COUNTIFS()。

2. 通常，公式中的参数是一个区域时，该区域一定要使用绝对引用。

3. 定义名称，公式中可以使用定义好的名称替代这一区域，使计算公式看起来更直观明了。

4. 使用数组公式时，一定要使用 Ctrl+Shift+Enter 组合键确认，修改后确认也需如此。

5. 一个问题往往有多个解决方法和路径，大家也可以尝试其他方法来完成本次任务。

任务2.3 考勤统计及病事假扣款计算

背景资料

资料一：2018年12月参加考勤职工工号、姓名。

资料二：职工基本情况。

资料三：病事假扣款参数表。

任务要求

1. 制作考勤表模板，适用每月考勤记录，新的一月，只要更换参加考勤员工的信息和考勤表头信息，考勤表中的当月日期会根据表头时间自动变化，逢周六、周日自动标注特殊颜色。

2. 考勤情况分病假、事假、旷工三种，有下拉菜单选项。

3. 根据日常考勤结果，能自动统计出每名员工当月病事假及旷工天数，并根据嘉誉公司病事假制度分别计算出病事假旷工扣款。

4. 将计算好的数据，复制粘贴到"2018年12月病事假扣款"中。

任务2.3原始数据

操作思路

1. 考勤表模板：日期，DATE()函数；星期，单元格格式设置；逢周六、周日特殊标注，条件格式；病事假选项，数据验证。

2. 病事假旷工天数统计：COUNTIF()函数。

3. 病事假及旷工扣款：使用两次VLOOKUP函数，利用工号先确定员工的岗位，再根据岗位确定"岗位工资"，最后根据岗位工资和病事假扣款比例及天数，计算病事假扣款数。

操作步骤

1. 制作考勤表模板

1）新建考勤表

新建工作表，重命名为"考勤表"。

2）设计考勤表表头结构

第一行放考勤表表头，显示考勤时间；A、B、C列分别设置为工号、姓名、工作岗位；右侧放置日期，分上下两行，上行为星期，下行为日期。具体如图2.86所示，其中，考勤时间中的年、月可以随时调整。

A	B	C	D	E	F	G	H	I	J	K	L	M	N	O	P	Q	R	S	T	U	V	W	X	Y	Z	AA	AB	AC	AD	AE	AF	AG	AH
1															2018	年	12	月	考勤表														
2	工号	姓名	周一	周二	周三	周四	周五			周一	周二	周三	周四	周五			周一	周二	周三	周四	周五			周一	周二	周三	周四	周五			周一		

图 2.86　考勤表表头结构设计

3) 日期与星期自动生成

(1) 在 D3 单元格输入 "=DATE($P$1,$S$1,COLUMN(A1))"，DATE() 中的三个参数分别为年、月、日，将它们合并为一个日期。将此公式复制到 AH3 单元格，生成 2018 年 12 月的 1 至 31 日。

(2) 在 D2 单元格中输入 "=D3"，设置单元格格式为"日期"格式中的"周三"，将 D2 单元格向右拖至 AH2 单元格。

下个月 2019 年 1 月的考勤表，只要改动"年""月"前的数字，即可自动生成 2019 年 1 月的日历。

2. 设置考勤表规则

1) 逢周六、周日特殊颜色标注

选中 D2:AH3 区域，执行"开始"→"条件格式"→"新建规则"菜单命令，在打开的"新建格式规则"对话框中选择"使用公式确定要设置格式的单元格"选项，并在"为符合此公式的值设置格式"框中输入 "=WEEKDAY(D2,2)>5"，然后单击"格式"按钮设置颜色填充，具体操作如图 2.87 所示。也可以先在 D2 单元格设置完毕，执行"复制"→"选择性粘贴"→"格式"命令，将条件格式粘贴到日历区域。

若要取消此格式设置，选中区域，在"条件格式"菜单下执行"清除规则"命令即可；如果需要修改规则，执行"管理规则"命令，对当前格式规则进行修改即可。

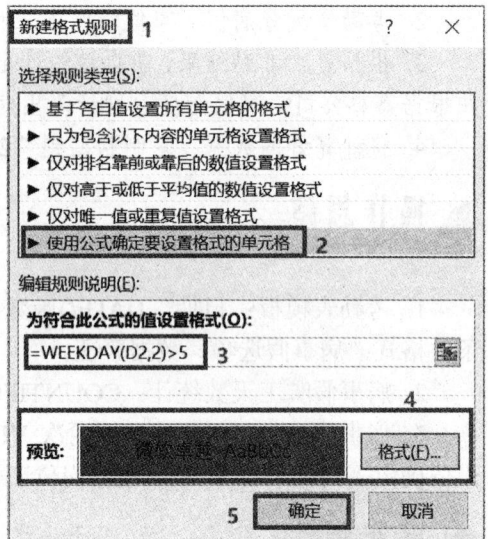

思考：如果想将周六、周日分别设置成不同的颜色，如何设置？

图 2.87　设置单元格格式规则

2) 考勤人员信息填列

(1) 将 2018 年 12 月考勤人员名单中的员工工号、姓名复制粘贴到考勤表 A、B 列。

(2) 工作岗位列的设置如下：在 C4 单元格输入 "=VLOOKUP(A4,职工岗位基本信息表!$A$2:$F$37,5,0)"，即可通过工号找到该员工的工作岗位；然后将公式向下拖至最后一名员工。此处使用的是 VLOOKUP() 的精确查找功能，第四个参数选择的是 "0" 或 "FALSE"。

(注意：使用 VLOOKUP() 函数时，查找数值一定在查找区域的最左列，找不到时，显示 "#N/A"。)

3) 病事假选项制作

(1) 选中 D4 单元格，执行"数据"→"数据验证"菜单命令，进入"数据验证"对话框，设置内容如图 2.88 所示。

（注意：数据来源中用英文半角状态下的","隔开各数据。）

(2) 选中 D4 单元格，执行"复制"→"选择性粘贴"→"验证"命令，将数据验证粘贴到所有考勤区域。

(3) 据实记录考勤数据。

4) 统计病事假天数

(1) 在 AJ2:AP3 区域，设置辅助计算列，结构如图 2.89 所示。

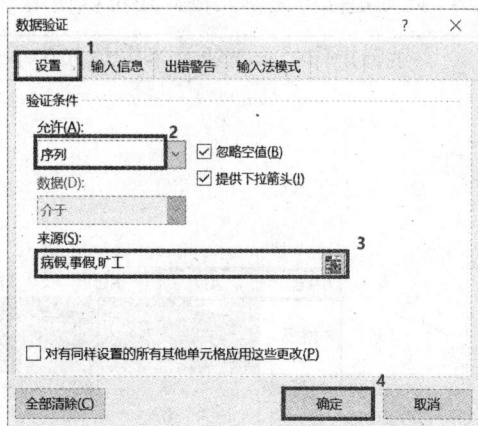

图 2.88　设置病事假选项

图 2.89　辅助计算表结构设计

(2) 在 AJ4、AK4、AL4 单元格，分别输入"=COUNTIF($D4:$AH4,"病假")""=COUNTIF($D4:$AH4,"事假")""=COUNTIF($D4:$AH4,"旷工")"，分别统计出员工病假、事假及旷工天数，将三个单元格公式向下填充至所有员工。

5) 查找员工岗位工资，确定病事假扣款基数

在 AM4 单元格输入"=VLOOKUP(C4,病事假扣款参数!$A$9:$B$13,2,0)"，通过员工工作岗位查找到岗位工资，这也是 VLOOKUP()精确查找的应用。

6) 计算病事假扣款

在 AN4、AO4、AP4 单元格，分别输入"=AM4*AJ4*病事假扣款参数!$C$3""=AM4*AK4*病事假扣款参数!$C$4""=AM4*AL4*病事假扣款参数!$C$5"，分别计算出员工病事假扣款金额，将三个单元格公式向下填充至所有员工。

也可以这样操作，在 AN4 单元格输入"=$AM4*AJ4*病事假扣款参数!$C$3"，将公式右拖至 AO4、AP4 单元格，将"病事假扣款参数!$C$3"中的"$C$3"分别改成$C$4、$C$5，再向下填充至所有员工。

7) 2018 年 12 月病事假扣款数据填列

考勤表中选择 C 至 AM 列，单击鼠标右键，隐藏，如图 2.90 所示；选择 A4:AP38 数据区域，按下 Ctrl+G 键，打开"定位条件"对话框，选择"可见单元格"选项，如图 2.91 所示，"复制"→"选择性粘贴"→"数值"至"2018 年 12 月病事假扣款"表中。完成后的"2018 年 12 月病事假扣款"表格如图 2.92 所示。

此处定位可见单元格，还可以使用"ALT+;"快捷键实现。

试错操作： 如果事先不定位可见单元格就复制粘贴，会出现什么情况？

A	B	AN	AO	AP
		辅助计算表		
工号	姓名	病假扣款	事假扣款	旷工扣款
0000184	刘新瑞	0	800	0
0000185	王一清	0	0	0
0000186	李淼	0	0	0
0000187	白韦威	0	0	0
0000188	尹敬	224	0	0

图 2.90　隐藏 C 至 AM 列

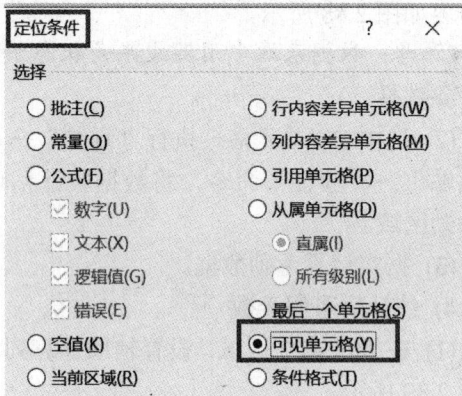

图 2.91　定位可见单元格

	A	B	C	D	E	F	G
1							
2	0000184	刘新瑞	0	800	0		
3	0000185	王一清	0	0	0		
4	0000186	李淼	0	0	0		
5	0000187	白韦威	0	0	0		
6	0000188	尹敬	224	0	0		
7	0000190	包艳宏	0	0	0		
8	0000191	曲姗姗	0	0	0		
9	0000192	杨杰	0	0	0		
10	0000193	姜宏平	0	0	0		
11	0000194	臧洁敏	120	0	0		
12	0000195	蔡丽莉	0	0	0		
13	0000196	车海虹	0	0	0		
14	0000197	程丽华	0	0	0		
15	0000198	褚岳阳	0	0	0		
16	0000199	董厚琰	120	0	0		
17	0000200	樊家惠	120	0	0		
18	0000201	付晨光	0	0	0		
19	0000202	甘丽婕	0	0	0		

考勤表 | 2018年12月病事假扣款 | 职工岗位基本信息表 | 2018年12考

图 2.92　完成后的"2018 年 12 月病事假扣款"表

任务总结

1. 学习使用日期函数 DATE()、WEEKDAY()，条件计数函数 COUNTIF()。

2. 条件格式，Excel 2016 提供了众多的规则类型，可以根据需求灵活选择规则类型及其设置方法。

3. 定位功能的快捷键可以使用 F5、Ctrl+G，定位可使用单元格的快捷键，也可以使用"ALT+;"。

任务 2.4　工资结算清单

背景资料

计算完毕的工资各项准备数据,包括社保计算表、销售人员业绩提成表、病事假扣款表等分项数据。

任务要求

1. 列示所有工资表项目,明确各项目之间的数值关系,自动计算工龄工资、个人所得税,完成 2018 年 12 月嘉誉公司工资结算清单。
2. 根据完成的工资结算清单制作工资条。

任务 2.4 原始数据

操作思路

1. 将各项准备数据汇总到一张工资结算清单中,各项准备数据经不同工作人员加工而成,虽然员工按工号排序,但有些表格的位置顺序仍会因为一些原因发生变化,为保险起见,对应工资项目数据时,应使用 VLOOKUP()函数精确查找。

2. 工龄工资的计算,需要明确公司对工龄的具体规定。

3. 个人所得税,类似销售业绩提成的计算,可以采用 IF()函数和 MAX()函数计算,但 MAX()函数需要使用数组公式,数组公式在数据量大时,运行速度会慢。

4. 工资条的制作,采用操作简单的辅助列排序法。

操作步骤

1. 工资结算清单制作

1) 设计制作工资结算清单表头结构

根据工资数据使用、存档、汇总分析及单位管理需求,设置工资结算清单各字段名称如下:所属时间、工号、姓名、部门、工作岗位、工龄、基本工资、岗位工资、奖金、业绩提成、病假扣款、事假扣款、旷工扣款、应发合计、养老保险、失业保险、医疗保险、住房公积金、个人所得税、应扣合计、实发工资、职工类型 22 个。

2) 引入各列数据

(1) 所属时间,直接输入"'201812"即可,将其设置成文本类型,主要基于后续存档、汇总、区分工资数据方便考虑。

(2) 工号、姓名,将病事假扣款表的工号、姓名直接复制过来即可。

(3) 部门,在 D2 单元格输入"=VLOOKUP(B2,职工基本情况表!$A$1:$N$37,4,0)",查找

员工最新部门信息，这要求员工变动信息要及时在职工基本情况表中登记。

(4) 工作岗位，在 E2 单元格输入“=VLOOKUP(B2,职工基本情况表!$A$1:$N$37,5,0)”，查找员工最新工作岗位信息。

(5) 工龄，嘉誉公司工龄根据所跨自然年度数计算，如 2016 年 12 月参加工作，2018 年 1 月则有 1 年工龄；若 2018 年 1 月参加工作，2018 年 12 月工龄为 0，需到 2019 年 1 月才有 1 年工龄。根据这个规定，可以用当前年份减去参加工作年份，算出工龄，因此，在 F2 单元格输入“=LEFT(A2,4)-YEAR(VLOOKUP(B2,职工基本情况表!$A$1:$N$37,7,0))”，其中“LEFT(A2,4)”取出当前时间的年份，“VLOOKUP(B2,职工基本情况表!$A$1:$N$37,7,0)”查找员工参加工作时间，“YEAR()”取出员工参加工作的年份，公式向下复制到数据底部，如图 2.93 所示。

(6) 基本工资，在 G2 单元格输入“=500+F2*100”，向下填充即可。

(7) 岗位工资，在 H2 单元格输入“=VLOOKUP(E2,工资参数表!B$31:D$35,2,0)”，在岗位工资及奖金标准表中查找相应岗位的岗位工资。

F2　=LEFT(A2,4)-YEAR(VLOOKUP(B2,职工基本情况表!$A$1:$N$37,7,0))

	A	B	C	D	E	F	G	H	I	J	K
1	所属时间	工号	姓名	部门	工作岗位	工龄	基本工资	岗位工资	奖金	业绩提成	病假扣款
2	201812	0000184	刘新瑞	企管部	总经理	25					
3	201812	0000185	王一清	企管部	经理	24					
4	201812	0000186	李淼	财务部	经理	23					
5	201812	0000187	白韦威	采购部	经理	23					
6	201812	0000188	尹敬	仓储部	经理	23					
7	201812	0000190	包艳宏	企管部	职员	19					
8	201812	0000191	曲姗姗	仓储部	职员	17					
9	201812	0000192	杨杰	企管部	职员	16					
10	201812	0000193	姜宏平	财务部	职员	16					
11	201812	0000194	臧洁敏	财务部	职员	13					

图 2.93　工龄工资计算

(8) 奖金，在 I2 单元格输入“=VLOOKUP(E2,工资参数表!B$31:D$35,3,0)”，在岗位工资及奖金标准表中查找相应岗位的奖金。

(9) 业绩提成，因为公司员工中只有销售部的业务员有提成，所以需要用 IF()函数判断员工的工作岗位是否是“业务员”，如果是，则到“销售人员业绩提成表”中找本月业绩提成数据，否则返回“0”值。因此，在 J2 单元格输入“=IF(E2="业务员",VLOOKUP(B2,销售人员业绩提成表!B$2:E$18,4,0),0)”，公式向下复制即可得到所有业务员本月的业绩提成数据。

(10) 病假扣款、事假扣款、旷工扣款，使用 VLOOKUP()函数，根据工号在“病事假扣款”表中查找相应数值，在 K2 单元格输入“=VLOOKUP($B2,病事假扣款!$A$2:$E$36,3,0)”，将公式向右复制到 L2、M2 单元格中，将 VLOOKUP()函数中的第三个参数分别改成“4”“5”，然后选中 K2:M2 区域，鼠标放在区域右下角处，向下拖动复制三个单元格的公式或者双击鼠标左键也可完成公式的向下复制，如图 2.94 所示。

=VLOOKUP($B2,病事假扣款!$A$2:$E$36,3,0)

	E	F	G	H	I	J	K	L	M
门	工作岗位	工龄	基本工资	岗位工资	奖金	业绩提成	病假扣款	事假扣款	旷工扣款
部	总经理	23	2800	10000	2000	0	0	800	0
部	经理	22	2700	5600	1500	0			

图 2.94　向下复制 K2:M2 区域中的公式

(11) 应发合计，在 N2 单元格中输入"=SUM(G2:J2)-SUM(K2:M2)"，计算应发合计工资，公式向下复制即可得到所有员工的"应发合计"。

(12) 养老保险、失业保险、医疗保险、住房公积金，这四项数据均在社保计算表中，且排列顺序完全一致，因此，在 O2 单元格中输入"=VLOOKUP($B2,社保计算表!$A$2:$H$36,COLUMN(C2),0)"，公式向右复制到 P2、Q2、R2 单元格，这里的"COLUMN(C2)"是为了凑出查找区域中的第 3、4、5、6 列，分别对应养老保险、失业保险、医疗保险、住房公积金信息。然后选中 O2:R2 区域，鼠标放在区域右下角处，向下拖动复制四个单元格的公式或者双击鼠标左键也可完成公式的向下复制。

(13) 个人所得税，首先计算应税所得，采用添加辅助列的方法，在 Y1 单元格输入"应税所得"，在 Y2 单元格中输入"=MAX(N2-SUM(O2:R2)-工资参数表!$B$12,0)"，应税所得等于应发合计减去个人缴纳的养老保险、失业保险、医疗保险、住房公积金部分，再减去个人所得税的起征点，即为应税所得。考虑到有些员工的收入在个税起征点以下，应税所得出现"负数"，使用 MAX()函数在"0"和"负数"之间取最大值，保证应税所得不为负数。

个人所得税可以采用两种计算方法。

方法一： 使用 VLOOKUP()函数计算，具体步骤如下。

① 根据图 2.95 所示个人所得税税率表，设置"个人所得税辅助计算列表"。

② 在 Z1、AA1 单元格分别输入"适用税率""速扣数"，在 Z2 单元格输入"=VLOOKUP(Y2,工资参数表!$I$14:$K$20,2,1)"，在 AA2 单元格中输入"=VLOOKUP(Y2,工资参数表!$I$14:$K$20,3,1)"，分别到个人所得税辅助计算列中找到适用的税率与速扣数，这里使用的是 VLOOKUP()的模糊查找功能，最后一个参数是"1"，即"TRUE"。设置 Z 列的数值类型为小数位数为 0 的"百分比"。

③ 在 AB1 单元格中输入"个人所得税(方法一)"，在

个人所得税辅助计算列表

界限值	税率	速扣率
0	3%	0
3000	10%	210
12 000	20%	1410
25 000	25%	2660
35 000	30%	4410
55 000	35%	7160
80 000	45%	15 160

图 2.95 个人所得税辅助计算列表

AB2 中输入"=ROUND(Y2*Z2-AA2,2)"，计算个人所得税并保留两位小数，设置 A、B 列的数值类型为保留两位小数的"数值"。

方法二： 使用 MAX()函数计算，具体步骤如下。

① 定义名称"税率"和"速扣数"，方法与业绩提成中的方法一致，此处不再赘述。

② 在 AC1 单元格输入"个人所得税(方法二)"，在 AC2 单元格中输入"=MAX(ROUND(Y2*税率-速扣数,2))"，同时摁住 Ctrl+Shift+Enter 数组公式确认键，编辑栏内显示如图 2.96 所示外加{}的数组公式。

f_x	{=MAX(ROUND(Y2*税率-速扣数,2))}	
	Y	AC	AD
应税所得	个人所得税(方法二)	
7726.87	990.37	

图 2.96 MAX()计算个人所得税

在 S2 单元格中输入"=AB2"或"=AC2"，将辅助计算列中计算完成的个人所得税数据引入到工资结算清单中。

(14) 应扣合计、实发工资，在 T2 单元格输入"=SUM(O2:S2)"，U2 单元格输入"=N2-T2"，分别计算出应扣合计与实发工资，并向下复制公式至其他员工。

(15) 职工类型，在 V2 单元格输入"=VLOOKUP(B2,职工基本情况表!$A$2:$M$37,13,0)"，在职工基本情况表中找到员工的最新基础信息，此处使用的是 VLOOKUP()精确查找功能。

2. 工资条制作

1) 采集数据

光标放在 A1 单元格，按 Ctrl+Shift+方向键(先右后下或者先下后右)，选中工资结算清单 A1:V36 区域，执行"复制"→"选择性粘贴"→"列宽"、"选择性粘贴"→"数值"命令，将工资结算清单数据复制到"工资条"工作表中，保证工资条数据与清单数据显示一致，不需要重新调整列宽。

2) 设置辅助列

辅助列为 W 列，在 W1 单元格输入 1；W2 单元格输入 1.1，序列填充至 W36，工资结算清单数值行最后一行，数值为 35.1；W37 单元格输入 2，序列填充至 W70，数值为 35；W71 单元格输入 1.2，序列填充至 W105，数值为 35.2。

3) 复制"表头"

选中 A1:V1 区域，复制，粘贴到 A37:V70，形成 34 行"表头"，即工资条标题行。

至此，准备完成 35 行表头、35 行工资数据、35 行空白行，完成制作工资条需要的所有素材。

4) 排序生成

光标放在任一有数值单元格，单击"数据"选项卡下"排序"，打开排序对话框，去掉"数据包含标题行"选项的"√"，选择排列主要关键字为"列 W"，排序依据为"数值"，排序次序为"升序"，单击"确定"按钮，完成操作，如图 2.97 所示。

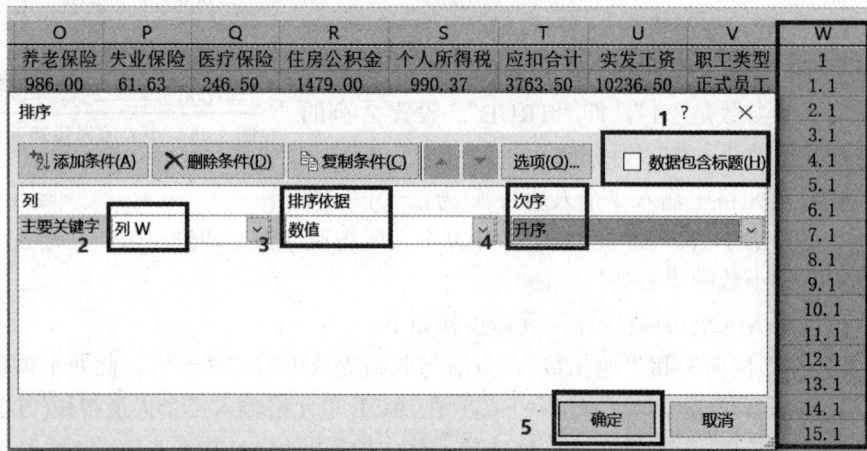

图 2.97 排序选项设置

5) 为有数值单元格添加边框

(1) 删除辅助列 W 列数值。

(2) 选中 A1:V104 区域，单击"开始"选项卡下"条件格式"，打开"新建格式规则"对话框，选择"使用公式确定要设置格式的单元格"，在公式编辑器中输入"=A1<>""""，设置格式为添加外边框，单击"确定"按钮完成操作，如图 2.98 所示。

(3) 去掉工作表中的网格线。在"工资条"工作表中,进入"视图"选项卡,将"网格线"选项前的√去掉,如图 2.99 所示。

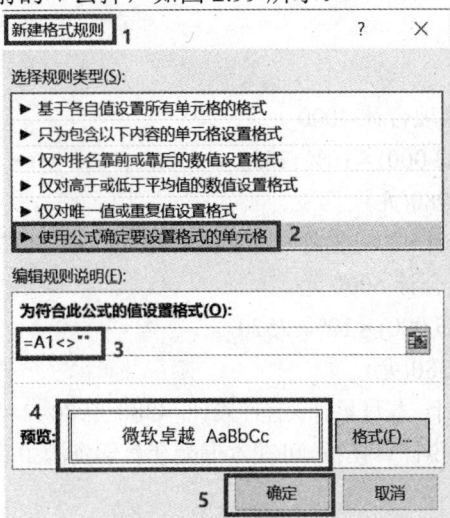

图 2.98 添加边框条件格式设置

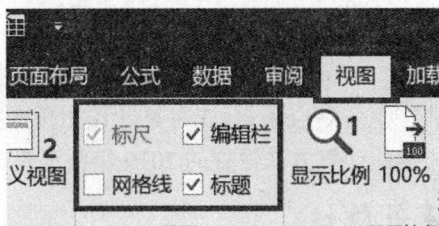

图 2.99 去掉工作表中的网格线

其实,是否去掉网格线,并不影响打印工资条的效果,只是在工作表中看着比较清晰。制作完成的工资条,如图 2.100 所示。

	A	B	C	D	E	F	G	H	I	J	K
	所属时间	工号	姓名	部门	工作岗位	工龄	基本工资	岗位工资	奖金	业绩提成	病假扣款
	201612	184.00	刘新瑞	企管部	总经理	23.00	2800.00	10000.00	2000.00	0.00	0.00
	所属时间	工号	姓名	部门	工作岗位	工龄	基本工资	岗位工资	奖金	业绩提成	病假扣款
	201612	185.00	王一清	企管部	经理	22.00	2700.00	5600.00	1500.00	0.00	0.00

图 2.100 制作完成的工资条(部分)

任务拓展

本次任务中介绍的工资、薪金个人所得税的计算方法,不能适用 2019 年 1 月 1 日起新实行的个税制度。在新个税制度下,个税仍然执行超额累进税率,但具体算法有较大变化。以前是每月单独计算个税;新个税制度采用每月预扣预缴、次年统算多退少补的计算方法,即每月算一次缴一次,但需按累计数据计算。具体公式为:

本月应扣缴税额=(本月累计应扣预缴纳税所得额×预扣税率-速算扣除数)-累计减免税额-累计已预扣预缴税额

本月累计应扣预缴纳税所得额=累计收入-累计免税收入-累计减除费用-累计专项扣除-累计专项附加扣除-累计依法确定的其他扣除

其中,累计减除费用=5000×月份数

计算实例如下：

1. 张三 2019 年 1 月工资 30 000 元，所有扣除项合计 3000 元。

本月预扣预缴税额= (30 000-5000-3000) ×3%

=22 000×3%=660(元)

2. 张三 2019 年 2 月工资 32 000 元，所有扣除项合计 4000 元。

本月累计预扣预缴税额=(32 000-5000-4000+22 000)×10%-2520

=45 000×10%-2520=1980(元)

张三工资、薪金所得，2 月应预扣预缴税额合计=本月累计-上月累计=1980-660=1320(元)

3. 张三 2019 年 3 月工资 35 000，所有扣除项合计 6000 元。

本月累计预扣预缴税额=(35 000-5000-6000+45 000)×10%-2520

=69 000×10%-2520=4380(元)

张三工资薪金所得，3 月累计预扣预缴税额合计=本月累计-上月累计=4380-1980=2400(元)

根据此计算方法设置的 2019 年新工资、薪金个税计算模板，可在本书配套教学资源中获取。

任务总结

1. 工龄的计算公式并不是唯一的，这取决于对工龄的具体定义，如有的单位工龄需要满 365 天算 1 年，工龄的计算公式就需要重新调整。

2. 个人所得税的计算，可以使用辅助计算区域+VLOOKUP()、IF()、MAX+定义名称+数组公式三种方法。

3. 关于工资条的制作，本次任务介绍的方法存在以下两个缺点：

(1) 不能一劳永逸，每个月都要重新操作一次；

(2) 工资条数据不能与清单上的数据同步更新。

可以使用函数制作工资条克服这两个缺点。

任务2.5 加权平均成本计算

背景资料

资料一：2018 年 11 月底库存明细表，分商品、地区、超市及门店分别统计的库存明细表。

资料二：2018 年 12 月采购明细表。

资料三：2018 年 12 月销售明细表，每月结账日，各商超门店会将销售情况反馈给嘉誉公司，整理形成销售明细表。

任务要求

1. 嘉誉公司存货计价采用全月一次加权平均法，根据资料一、资料二计算 2018 年 12 月各项存货的加权平均成本，并根据资料三，计算结转本月销售成本。

2. 将计算过程模板化。下期，将本工作表复制，改名为"2019 年 1 月加权平均成本"，将 2018 年 12 月末库存数复制选择性粘贴数值到库存明细表，更新采购明细表与销售明细表，新的加权平均成本自动计算出结果，销售出库成本也自动计算出结果，将每个月重复计算的内容模板化。

任务 2.5 原始数据

操作思路

1. 加权平均成本=(月初金额+本期入库金额)/(月初数量+本期入库数量)，分商品核算，因为每种商品分布在不同店面，且进货价格因批次不同而不同，所以需要使用分类汇总函数 SUMIF()。使用 SUMIF()到 2018 年 11 月底库存明细表中汇总 12 月月初各商品的数量与金额，到 2018 年 12 月采购明细表中汇总本期入库数量和入库金额。

2. 用 SUMIF()到 2018 年 12 月销售明细表中求本期出库数量，并求出库成本。

3. 计算期末结存存货数量与金额，为下一期计算准备期初数。

4. 计算过程模板化，需要考虑下期数据的变动，通常结构不变，但数据数量会发生变化，用 OFFSET()定义动态表或者超级表功能应对这种变化以制造动态数据源。

操作步骤

1. 计算本月存货加权平均成本

1) 设计全月加权平均成本及销售成本计算表的表头结构

根据加权平均成本计算逻辑及所需要的数据，以及数据归档、汇总分析、管理需求。设置列示各项字段如下：商品名称、商品代码、期初数量、期初单位成本、期初库存金额、本月入库数量、本月入库金额、加权平均单位成本、本月销售数量、期末库存数量、期末库存成本、本月销售成本 12 项。

2) 收集填列数据

(1) 整理需要计算的商品名称、商品代码。将期初库存明细表、采购明细中涉及的所有商品名称、商品代码全部复制粘贴到加权平均成本计算表中的前两列中，选中 A1:B404 区域，单击"数据选项卡"→"删除重复项"，打开"删除重复项"对话框，在"数据包含标题"选项前打√，单击"确定"按钮，如图 2.101 及图 2.102 所示。整理出所有需要计算加权平均成本的商品(包括期初库存没有、本期新购进)列表。

(2) 填列期初库存数据。

① 期初数量，在 C2 单元格输入"=SUMIFS(期初库存明细表!$D$2:$D$266,期初库存明细表!$C$2:$C$266,B2)"，将公式向下复制到数据底部，计算出所有商品的期初库存数量。

② 期初单位成本，通过排序、筛选功能观察期初库存单位成本，发现同类商品的单位成本都是一致的，所以使用 VLOOKUP()函数查找商品的单位成本，在 D2 单元格输入"=VLOOKUP(B2,期初库存明细表!$C$1:$I$266,3,0)"，将公式向下复制到数据底部，找出所有商品的期初单位成本。

③ 期初库存金额，在 E2 单元格输入"=SUMIFS(期初库存明细表!$F$2:$F$266,期初库存明细表!$C$2:$C$266,B2)"，将公式向下复制到底部，计算出所有商品的期初库存金额。

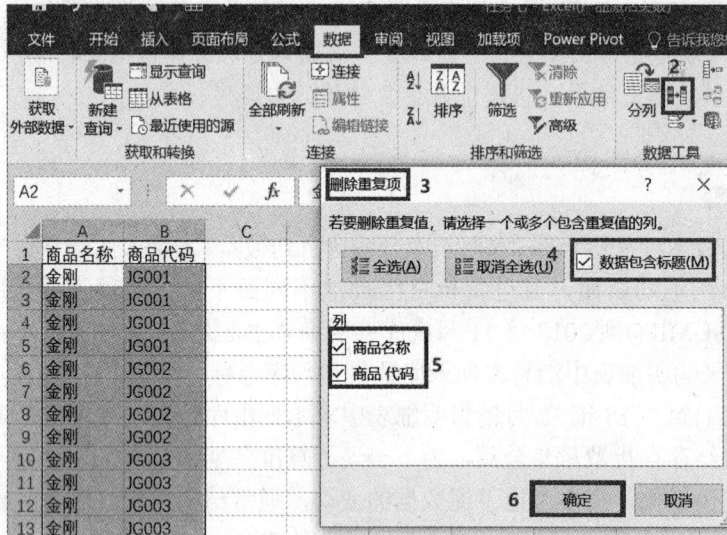

图 2.101　删除重复项设置

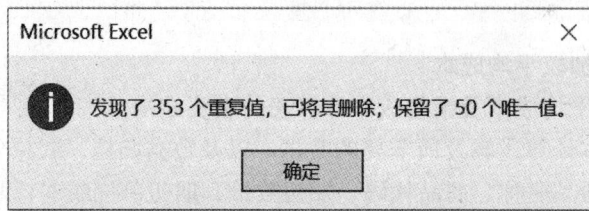

图 2.102　删除重复项结果显示

④ 验证数据的准确性。为防止数据计算出现纰漏，处理数据时通常要有自检的程序，本次计算结果，可以通过分别计算期初库存明细表中商品库存总数量、库存总金额，再计算加权平均单价计算表中的期初库存商品的库存总数量、库存总金额，二者进行比对，如果一致，基本可以保证此次数据汇总计算没有明显错误。

(3) 填列本期采购数据。

① 本月入库数量，在 F2 单元格中输入"=SUMIFS(采购明细!$E$2:$E$139,采购明细!$D$2:$D$139,B2)"，将公式向下复制到数据底部，计算出所有商品的本月入库数量。

② 本月入库金额，在 G2 单元格中输入"=SUMIFS(采购明细!$G$2:$G$139,采购明细!$D$2:$D$139,B2)"，将公式向下复制到数据底部，计算出所有商品的入库金额。

③ 自检数据结果，将计算后的入库数量、入库金额求和，与采购明细表中的入库数量、入库金额总和进行比对，无误后进行下一步操作。

(4) 计算全月一次加权平均成本。在 H2 单元格输入"=ROUND((E2+G2)/(C2+F2),2)"，对结果保留两位小数，将公式向下复制到数据底部，计算出所有商品的全月加权平均成本。

2. 计算本月销售及库存成本

(1) 计算本月销售数量，在 I2 单元格中输入"=SUMIFS(销售明细!$H$2:$H$403,销售明细!$D$2:$D$403,B2)"，将公式向下复制到数据底部，计算出所有商品的本月销售数量。

(2) 计算期末库存数量，在 J2 单元格中输入"=C2+F2-I2"，将公式向下复制到数据底部，计算出所有商品的本月期末库存数量。

(3) 计算期末库存成本，在 K2 单元格中输入"=ROUND(H2*J2,2)"，将公式向下复制到数据底部，计算出所有商品的期末库存成本。

(4) 倒挤本月销售成本，在 L2 单元格中输入"=E2+G2-K2"，将公式向下复制到数据底部，倒挤出所有商品的本月销售成本。

(5) 验证数据。汇总上一步骤计算出的本月销售成本，与期初库存总成本+本期入库总成本-月末库存总成本的计算结果进行比对，如果一致，基本保证数据无明显纰漏。从两个不同角度计算一个数据，看是否有差异，是常用的验证方法。

3. 计算过程模板化

加权平均成本的计算，是每个月都要重复做的事情，原始数据的结构基本保持不变，但数据量会发生变化，这样，在加权平均成本计算表中的计算公式所涉及的原始数据的区域就要随之调整，会增加工作量。如何能在数据量变化的情况下，不改变公式就能得到结果呢？一种方法是将公式的数据区域扩大，如原来在 C2 单元格输入"=SUMIFS(期初库存明细表!$D$2:$D$266,期初库存明细表!$C$2:$C$266,B2)"，数据行最大是 266 行，可将行数扩大 10 倍，即可以在 C2 单元格输入"=SUMIFS(期初库存明细表!$D$2:$D$2660,期初库存明细表!$C$2:$C$2660,B2)"，只要期初库存明细表中的数据行不超过 2660 行，这个公式都是适用的。另外一种方法是将原始数据区域动态化，通常采用超级表来实现，具体方法如下。

1) 创建超级表

将原始数据区域定义成"表"。在期初库存明细表中，光标放在任一有数据单元格，在"插入"选项卡下，选择"表格"，进入"创建表"对话框，通常 Excel 会自动选择连续区域，确认表包含标题，单击"确定"按钮，如图 2.103 所示。

创建完成的表格自动进入筛选状态，Excel有一系列表格工具，系统自动分配默认名称为"表 1"，可以使用系统内置的表格样式，也可以再转换成普通数据区域，创建后的表及表格工具如图 2.104 所示。

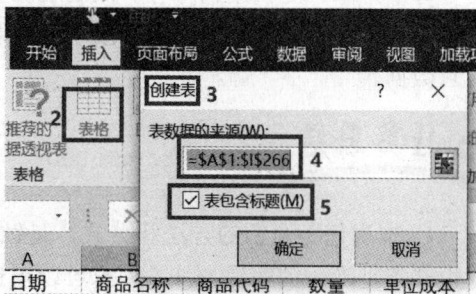

图 2.103　创建表

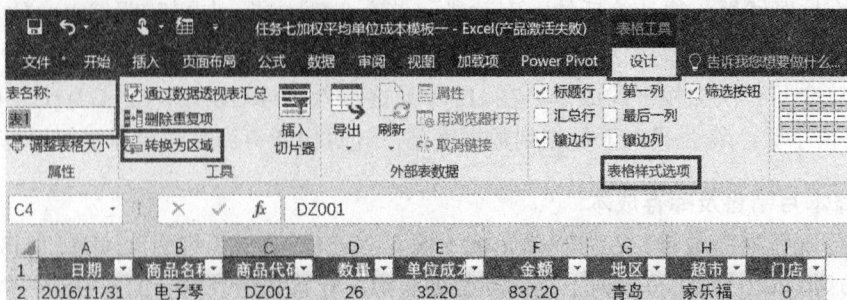

图 2.104　创建好的表格及表格工具

可以直接更改表名称为"期初库存"，以同样的方法，可以将采购明细、销售明细都转换成"表"。定义好的表格都可以在"公式"选项卡下的"名称管理器"中查看到，如图 2.105 所示。

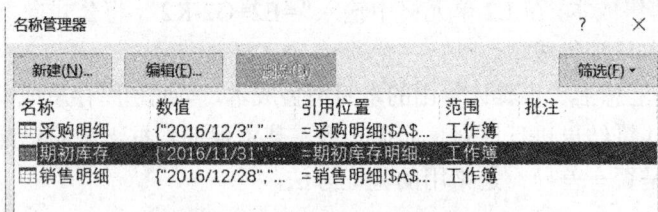

图 2.105　名称管理器中定义好的表格

2) 调整公式

加权平均成本计算表中，原来设置好的公式再重新选择数据区域，如 C2 单元格中原来的公式"=SUMIFS(期初库存明细表!$D$2:$D$266,期初库存明细表!$C$2:$C$266,B2)"就可以调整成"=SUMIFS(期初库存[数量],期初库存[商品代码],B2)"。其他公式依此类推，公式调整后，如果期初库存明细、采购明细、销售明细三张表中的数据增加行数，无须再调整公式，Excel 会自动将数据源范围扩大，计算出最新的成本数据。

3) 使用模板

每个月末，更新期初库存、采购明细、销售明细三张表中的数据，将删除重复项后的商品名称、商品编码复制到加权平均成本计算表中的前两列，后面所有列中的数据全部自动更新成当月数据。

任务总结

1. 本次任务介绍的方法和公式，是针对任务所面临的数据表格的结构及特点设计出来的，但也并不是唯一的解决方法，大家可以根据之前学习的方法和函数，尝试使用自己的方法解决这类问题。

2. 财务工作中，很多任务是每个月都要重复做的事情，或者随着对财务数据要求的升级，更新的频率会增加，建模的思想要逐步树立起来，会极大地提高工作效率。

任务 2.6　核对银行对账单与企业银行存款日记账

背景资料

资料一：任务 1.2 已经规范整理的公司银行存款日记账。

资料二：银行电子对账单。

任务要求

1. 核对银行存款日记账与银行对账单中不一致的项目，标注清楚。
2. 编制银行存款余额调节表。

任务 2.6 原始数据

操作思路

1. 企业银行存款日记账与银行对账单的核对，就是找出二者不一致的地方，核对的信息主要是"票据号码"和"发生额"两项。可以采用 VLOOKUP() 函数互相查找，找不到的就是二者不一致的地方，用特殊格式标注。

2. 逐笔核对标注出的不一致项目，添加备注栏，标明具体原因。

3. 填写银行存款余额调节表，使用 SUMIF() 函数分类汇总。

操作步骤

1. 核对"票据号码"

在"企业银行存款日记账"工作表的"票据号码"列前插入一列"票据核对"，在 D3 单元格中输入"=IF(E3="","",IF(ISNA(VLOOKUP(E3,'银行对账单'!\$C\$3:\$C\$300,1,0)), "×","√"))"。该公式的功能分解如下：

(1) VLOOKUP(E3,银行对账单!\$C\$3:\$C\$300,1,0)，到"银行对账单"工作表的 C 列查找 E3 单元格的票据号码，如果能找到，就显示与 E3 单元格相同的票据号码，找不到则显示"#N/A"。

(2) IF(ISNA())，ISNA() 帮助判断 VLOOKUP() 查找的结果是数值还是#N/A。如果是#N/A，ISNA() 的结果是 true，借助 IF()，标注×；如果 VLOOKUP() 查找的结果是数值，ISNA() 的结果是 false，借助 IF()，标注√。

(3) IF(E3="","",)，如果某项记录缺少票据号码，则不显示×、√，仅显示空格。

同理，在"银行对账单"工作表的"票据号码"列前也插入一列"票据核对"，在 B3 单元格中输入"=IF(C3="","",IF(ISNA(VLOOKUP(C3,企业银行存款日记账!\$E\$3:\$E\$300,1,0)), "×","√"))"。

2. 核对"发生额"

(1) 在"企业银行存款日记账"工作表中的借方和贷方发生额列前均插入一列"金额核对"，H3 单元格输入"=IF(I3=0,"",IF(ISNA(VLOOKUP(I3,银行对账单!G\$2:G\$300,1,0)), "×","√"))"。该公式的含义是：

① 如果 I3 单元格为 0 就显示空格，即不执行查找。如果不为 0，就去银行对账单 G\$2:G\$300 数据区域中查找，如果能在对账单数据区域中找到对应的数值，就显示√，否则显示×；

② 同理为了核对企业银行存款日记账贷方数据，在 J3 单元格中输入"=IF(K3=0,"",IF(ISNA(VLOOKUP(K3,银行对账单!E\$2:E\$300,1,0)), "×","√"))"，核对企业银行存款日记账借方数据 K3 单元格在银行对账单 E\$2:E\$300 数据区域中是否存在。

(2) 在"银行对账单"工作表的借方和贷方发生额列前均插入一列"金额核对"，D3 单元格输入"=IF(E3=0,"",IF(ISNA(VLOOKUP(E3,企业银行存款日记账!K\$3:K\$300,1,0)), "×","√"))"，F3 单元格输入"=IF(G3=0,"",IF(ISNA(VLOOKUP(G3,企业银行存款日记账!I\$3:I\$300,1,0)),"×","√"))"；两列公式向下拖至数据底部，完成银行对账单数据在企业银行存款日记账的核对。

3. 标注差异并判断原因

(1) 将所有核对栏内有 × 的"票据号码"和"金额"用特殊格式标注。在"企业银行存款日记账"工作表中，选中 E 列，执行"开始"→"条件格式"→"新建规则"命令，打开"新建格式规则"对话框，选择"使用公式确定要设置格式的单元格"选项，并在"为符合此公式的值设置格式"框中输入"=D1="×""，然后单击"格式"按钮设置颜色填充。

同样方法，可以在 I 列、K 列，以及"银行对账单"工作表中 C 列、E 列、G 列用特殊颜色标注出核对不一致的票据号码和金额。

(2) 在"企业银行存款日记账"工作表中，执行"数据"→"筛选"命令，将"票据核对"栏中有×的筛选出来，逐一判断不一致的原因，如图 2.106 所示。

	A	B	C	D	E	F	G	H	I	J	K	L	M
1	日期	凭证类	凭证编	票据核	票据号	摘要类	供应商或客户名	金额核	借方金额	金额核	贷方金额	余额	备注
4	2018/11/1	记	2	x	3471438	收	大连大福源	x	32860.47			1610797.22	以前月份，公司已入账
7	2018/11/1	记	6	x	8134169	付	北京家乐福			x	44389.27	1490518.71	以前月份，公司入账
29	2018/11/4	记	53	x	5466533	收	北京沃尔玛	√	77342.40			1618019.56	企业已收，银行未收
59	2018/11/7	记	110	x	9485421	收	重庆家乐福	x	28976.37			2197833.70	企业已收，银行未收
187	2018/11/24	记	378	x	8923415	付	江苏云景玩具厂			x	23874.29	2326186.98	企业已付，银行未付
195	2018/11/24	记	402	x	4563242	付	义乌网笔玩具公司			x	47692.49	2041497.82	企业已付，银行未付
224	2018/11/28	记	476	x	3287624	收	上海乐购		7693.28			2826496.47	企业已收，银行未收

图 2.106 企业银行存款日记账中显示"票据号码"不一致信息

数据恢复后，再执行"数据"→"筛选"命令，将 H 列"金额核对"栏中有×的筛选出来，逐一判断不一致的原因，如图 2.107 所示。

	A	B	C	D	E	F	G	H	I	J	K	L	M
1	日期	凭证类	凭证编	票据核	票据号	摘要类	供应商或客户名	金额核	借方金额	金额核	贷方金额	余额	备注
4	2018/11/1	记	2	x	3471438	收	大连大福源	x	32860.47			1610797.22	以前月份，企业已入账
20	2018/11/3	记	38	√	1594254	收	上海家乐福	x	186300.73			1681619.47	企业记账错误
41	2018/11/6	记	73	√	8550825	收	重庆沃尔玛	x	74856.38			1586988.82	银行记账错误
59	2018/11/7	记	110	x	9485421	收	重庆家乐福	x	28976.37			2197833.70	企业已收，银行未收
224	2018/11/28	记	476	x	3287624	收	上海乐购	x	7693.28			2826496.47	企业已收，银行未收

图 2.107 企业银行存款日记账中显示"借方金额"不一致信息

数据恢复后，再执行"数据"→"筛选"命令，将 J 列"金额核对"栏中有×的筛选出来，逐一判断不一致的原因，如图 2.108 所示。

	A	B	C	D	E	F	G	H	I	J	K	L	M
1	日期	凭证类	凭证编	票据核	票据号	摘要类	供应商或客户名称	金额核	借方金额	金额核	贷方金额	余额	备注
7	2018/11/1	记	6	x	8134169	付	北京家乐福			x	44389.27	1490518.71	以前月份，公司已入账
187	2018/11/24	记	378	x	8923415	付	江苏云景玩具厂			x	23874.29	2326186.98	企业已付，银行未付
195	2018/11/24	记	402	x	4563242	付	义乌网笙玩具公司			x	47692.49	2041497.82	企业已付，银行未付

图 2.108　企业银行存款日记账中显示"贷方金额"不一致信息

(3) 在"银行对账单"工作表中，执行"数据"→"筛选"命令，将"票据核对"栏中有×的筛选出来，逐一判断不一致的原因，如图 2.109 所示。

	A	B	C	D	E	F	G	H	I
1	日期	票据核	票据号	金额核	借方金额	金额核	贷方金额	余额	备注
5	2018/11/1	x	3876935	x	39872.45			1555719.92	以前月份，银行已入账
8	2018/11/1	x	3467231			x	67492.36	1374214.29	以前月份，银行已入账
29	2018/11/4	x	2640514	x	33582.47			1507124.69	银行已付，企业未付
30	2018/11/4	x	5466539			x	77934.15	1585058.84	银行已收，企业未收
41	2018/11/6	x	3442377	x	48927.33			1320336.61	银行已付，企业未付
49	2018/11/7	x	3573217			x	38769.35	2064127.42	银行已收，企业未收
204	2018/11/25	x	8224004			x	68560.00	2519191.16	银行已收，企业未收
228	2018/11/29	x	4874218			x	45900.00	3089723.94	银行已收，企业未收

图 2.109　银行对账单中显示"票据号码"不一致信息

数据恢复后，再执行"数据"→"筛选"命令，将 D 列"金额核对"栏中有×的筛选出来，逐一判断不一致的原因，如图 2.110 所示。

	A	B	C	D	E	F	G	H	I
1	日期	票据核	票据号	金额核	借方金额	金额核	贷方金额	余额	备注
5	2018/11/1	x	3876935	x	39872.45			1555719.92	以前月份，银行已入账
29	2018/11/4	x	2640514	x	33582.47			1507124.69	银行已付，企业未付
41	2018/11/6	x	3442377	x	48927.33			1320336.61	银行已付，企业未付

图 2.110　银行对账单中显示"借方金额"不一致信息

数据恢复后，再执行"数据"→"筛选"命令，将 F 列"金额核对"栏中有×的筛选出来，逐一判断不一致的原因，如图 2.111 所示。

	A	B	C	D	E	F	G	H	I
1	日期	票据核	票据号	金额核	借方金额	金额核	贷方金额	余额	备注
8	2018/11/1	x	3467231			x	67492.36	1374214.29	以前月份，银行已入账
20	2018/11/3	√	1594254			x	186330.73	1681649.47	企业记账错误
30	2018/11/4	x	5466539			x	77934.15	1585058.84	银行已收，企业未收
43	2018/11/6	√	8550825			x	74850.38	1505094.77	银行记账错误
49	2018/11/7	x	3573217			x	38769.35	2064121.42	银行已收，企业未收
204	2018/11/25	x	8224004			x	68560.00	2519185.16	银行已收，企业未收
228	2018/11/29	x	4874218			x	45900.00	3089717.94	银行已收，企业未收

图 2.111　银行对账单中显示"贷方金额"不一致信息

(4) 有×的可能是核对不上，表示银行对账单与公司银行存款日记账不一致，就是漏记、错误等类型的差异或者是上期未达，同时结合支票(网银)号码、业务内容和业务时间进行判断是否存在漏记、错记账事项；有些相同金额重复出现时会导致打上√，如图 2.106 的第 29 行，借方金额 77 342.40 前显示的是 √，说明本月发生额中有与之重复的数值，但票据号码不同，如图 2.112 所示。所以，要将票据号码与金额核对的所有差异都进行判断。

	A	B	C	D	E	F	G	H	I	J	K	L	M
1	日期	凭证类	凭证编	票据核	票据号	摘要类	供应商或客户名	金额核	借方金额	金额核	贷方金额	余额	备注
14	2018/11/2	记	32	√	3410868	收	大连大福源	√	77342.40			1706876.97	
29	2018/11/4	记	53	x	5466533	收	北京沃尔玛	√	77342.40			1618019.56	企业已收，银行未收
31	2018/11/5	记	55	√	8773091	收	天津华润万家	√	77342.40			1832577.38	

图 2.112　企业银行存款日记账的重复数值

4. 编制银行存款余额调节表

(1) 将双方记账错误调整完毕。

(2) 在"银行存款余额调节表"工作表中，C4 单元格输入"=企业银行存款日记账!L241"，F4 单元格输入"=银行对账单!H242"，分别将企业银行存款日记账余额及银行对账单余额填入；C5 单元格输入"=SUMIF(银行对账单!I2:I242,B5,银行对账单!G2:G242)"，汇总所有"银行已收、企业未收"金额；C6 单元格输入"=SUMIF(银行对账单!I2:I242,B6,银行对账单!E2:E242)"，汇总所有"银行已付，企业未付"金额；F5 单元格输入"=SUMIF(企业银行存款日记账!M2:M250,E5,企业银行存款日记账!I2:I250)"，汇总所有"企业已收，银行未收"金额，F6 单元格输入"=SUMIF(企业银行存款日记账!M2:M250,E6,企业银行存款日记账!K2:K250)"，汇总所有"企业已付，银行未付"金额，C7 单元格输入"=C4+C5-C6"，F7 单元格输入"=F4+F5-F6"，分别计算出调整后余额。编制完成的银行存款余额调节表，如图 2.113 所示。

嘉誉公司银行存款余额调节表				
开户行及账号：建行		2018年12月1日		单位：元
项目		金额	项目	金额
企业银行存款日记账余额		3,064,926.43	银行对账单余额	3,171,134.86
加：	银行已收，企业未收	231,163.50	加：企业已收，银行未收	114,012.05
减：	银行已付，企业未付	82,509.80	减：企业已付，银行未付	71,566.78
调整后余额		3,213,580.13	调整后余额	3,213,580.13

图 2.113　编制完成的银行存款余额调节表

(3) 银行存款余额调节表模板化。可以将公式中的区域根据企业业务数据适当扩大即可，如可将 C5 单元格输入的公式调整为"=SUMIF(银行对账单!I2:I500,B5,银行对账单!G2:G500)"，其他单元格统一调整至这个区域即可。

任务总结

1. 本次任务接触到判错类函数，常用的判错类函数有 ISNA()、ISERR()、ISERROR()、

IFERROR()等。

2. 用函数公式查找到的差异，需要结合企业实际情况进行判断调整。

3. 备注栏中标注的差异原因，要规范统一，并及时根据新出现的情况随时修补，尽量使用数据验证的方式输入，以便后期使用 SUMIF()进行分类汇总。

4. 适当美化报表，我们平时制作的 Excel 表格通常分为两类，即原始数据表、报告表。原始数据表的设计尽量用数据清单的形式，尽量不要使用合并单元格，字段名、数据类型规范统一，以便于数据处理为原则；报告类表格可以使用合并单元格，以美观、大方、便于阅读为原则。

任务 2.7 固定资产折旧计算表

背景资料

嘉誉公司固定资产基础信息表及上月累计折旧数据。

任务要求

1. 制作固定资产折旧计算表,完成 2018 年 12 月固定资产计提折旧数据。

2. 根据固定资产折旧计算表,完成 2018 年 12 月计提固定资产折旧记账凭证。

3. 以后各期,利用固定资产折旧计算表能自动生成当月计提折旧数据。

任务 2.7 原始数据

操作思路

1. 使用折旧函数计提折旧，包括 SLN()、DDB()、VDB()等。

2. 根据当前日期与固定资产开始使用日期计算已计提折旧月数。

3. 正常计算月折旧额。

4. 修正步骤 3 计算出的月折旧额。

5. SUMIF()分类汇总或者使用数据透视表统计汇总各部门计提折旧数据，完成计提折旧记账凭证。

操作步骤

1. 明确公司固定资产折旧政策

(1) 嘉誉公司固定资产折旧根据不同固定资产分别使用工作量法、平均年限法、双倍余额递减法。

(2) 根据固定资产会计政策，当月增加的固定资产，当月不计提折旧，从下一个月开始计提折旧；已提足折旧继续使用的固定资产不计提折旧。

(3) 双倍余额递减法计提折旧，在折旧最后两期，按年限平均法计提折旧。

2. 制作固定资产折旧计算表

(1) 新建一张工作表，命名为"固定资产折旧计算表"。

(2) 在"固定资产基础信息表"中，执行"数据"→"筛选"命令，在"开始使用时间"字段中，筛选 2018 年 12 月新增的固定资产，如图 2.114 所示，将筛选出的数据行隐藏。选中 A1:K34 区域，使用快捷键 Ctrl+G，单击"定位条件"按钮进入"定位条件"对话框，选择"可见单元格"，如图 2.115 所示，确定后，复制粘贴到固定资产折旧计算表 A1:K33 区域，将 K1 单元格内容改成"上月累计折旧"。

复制有隐藏区域的数据，还可以使用快捷键"ALT+;"，选中 A1:K43 区域，"ALT+;"→"复制"→"粘贴"也可以达到同样的效果。

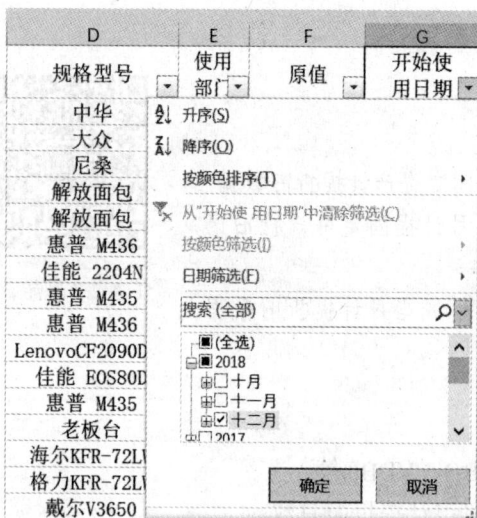

图 2.114 筛选 2018 年 12 月开始使用的固定资产

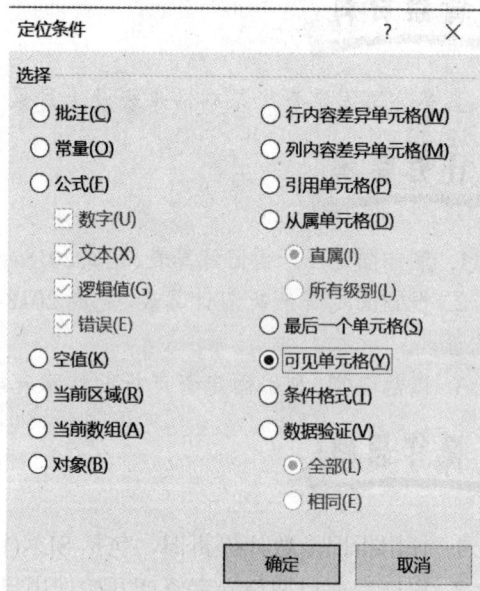

图 2.115 定位可见单元格

(3) L1 单元格输入"当前日期"，L2 单元格输入"2018/12/28"，向下填充至数据底部，完成计提折旧日期的列示。

(4) Q、R 列设置为工作量法下的两个参数列，分别为"工作总量""本月工作量"。

(5) M1 单元格输入"已提折旧月数"，M2 单元格输入"=IF((YEAR(L2)-YEAR(G2))*12+MONTH(L2)-MONTH(G2)-1>H2*12,H2*12,(YEAR(L2)-YEAR(G2))*12+MONTH(L2)-MONTH(G2)-1)"。公式的含义是：当前日期年份(YEAR(L2)减去开始使用日期年份 YEAR(G2)，计算出两个日期间隔的整年数，乘以 12，换算成月份数(YEAR(L2)-YEAR(G2))*12，再加上两个日期

间隔的零散月份数 MONTH(L2)-MONTH(G2)-1，如果计算出的“已提折旧月数”大于固定资产预计使用年限换算的月数 H2*12，则显示 H2*12，否则，显示计算出的“已提折旧月数”。将公式从 M2 单元格向下复制填充即可。

(6) N1 单元格输入“当月折旧额”，N2 单元格输入“=ROUND(IF(J2="工作量法",R2*F2*(1-I2)/Q2,IF(J2="双倍余额递减法",DDB(F2,F2*I2,H2*12,M2+1),SLN(F2,F2*I2,H2*12))),2)”。公式的含义是：如果 J 列的折旧方法显示“工作量法”，折旧额=R2*F2*(1-I2)/Q2，如果 J 列的折旧方法显示“双倍余额递减法”，折旧额=DDB(F2,F2*I2,H2*12,M2+1)，否则就是“年限平均法”，折旧额= SLN(F2,F2*I2,H2*12)，全部计算结果用 ROUND()保留两位小数，将公式从 N2 单元格向下复制填充即可。

(7) O1 单元格输入“修正后的当期折旧”，O2 单元格输入“=IF(M2=H2*12,0,IF(AND(J2="双倍余额递减法",M2>=H2*12-2),ROUND((F2*(1-I2)-K2)/2,2),N2))”。公式的含义是：如果该项固定资产已提足折旧 M2=H2*12，就显示 0；如果该项固定资产采用双倍余额递减法计提折旧，且已提折旧月数是最后两期 M2>=H2*12-2，则将固定资产剩余折旧额在两期中平均并保留两位小数 ROUND((F2*(1-I2)-K2)/2,2)；如果不属于这两种情况，就是 N2 计算出的折旧额，将公式从 O2 单元格向下复制填充即可。

(8) P1 单元格输入“本月累计折旧”，P2 单元格输入“K2+O2”，计算出本月提完折旧后，该项固定资产的累计折旧额，将公式从 P2 单元格向下复制填充即可。完成的固定资产折旧计算表(部分)，如图 2.116 所示。

	A	B	E	F	G	H	I	J	K	L	M	N	O	P
1	固定资产编号	固定资产名称	使用部门	原值	开始使用日期	预计使用年限	净残值率	折旧方法	上月累计折旧	当前日期	已提折旧月数	当月折旧额	修正后的当期折旧	本月累计折旧
2	10001	小汽车	企管部	86837.00	2014/8/6	10	0.8%	工作量法	39540.00	2018/12/28	51	775.28	775.28	40315.28
5	10004	面包车	销售部	60000.00	2018/10/31	10	0.8%	工作量法	560.25	2018/12/28	1	535.68	535.68	1095.93
6	20001	打印机	销售部	3440.00	2012/12/9	5	0.5%	平均年限法	3423.00	2018/12/28	60	57.05	0.00	3423.00
14	30002	海尔空调	企管部	8700.00	2011/1/23	8	0.5%	平均年限法	8475.98	2018/12/28	94	90.17	90.17	8566.15
15	30003	格力空调	财务部	6800.00	2013/2/23	8	0.5%	平均年限法	4863.12	2018/12/28	69	70.48	70.48	4933.60
16	40001	戴尔电脑	企管部	3870.00	2013/12/11	5	0.5%	双倍余额递减法	3774.94	2018/12/28	59	17.45	37.86	3812.80
17	40002	戴尔电脑	企管部	3870.00	2018/11/11	5	0.5%	双倍余额递减法	0.00	2018/12/28	0	129.00	129.00	129.00

图 2.116　固定资产折旧计算表

3. 制作计提折旧记账凭证

1) 汇总折旧数据

(1) 使用数据透视表。“使用部门”放入行标签，“修正后的当期折旧”放入“值”，在“计提折旧记账凭证”工作表生成按部门汇总的折旧额。

(2) 使用 SUMIF()函数。在“计提折旧记账凭证”工作表，A13 单元格输入“使用部门”B13 单元格输入“本月折旧”，将“固定资产折旧计算表”中“使用部门”数据区域 E2:E33 复制粘贴至 A14:A45，使用“数据”→“删除重复项”命令，删除重复部门，留下 5 个使用部门。

在 B14 单元格输入“=SUMIFS(固定资产折旧计算表!$O$2:$O$33,固定资产折旧计算表!$E$2:$E$33,A14)”，公式向下复制填充即可，完成按部门汇总的折旧额统计表。

2) 制作计提折旧记账凭证

分别在 H4、H5 单元格输入“=SUMIFS($B$4:$B$8,$A$4:$A$8,"<>销售部")”，“=SUMIFS($B$4:$B$8,$A$4:$A$8,"销售部")”，I6 单元格输入“=SUM(H4:H5)”，完成嘉誉公司

2018 年 12 月计提折旧记账凭证的编制，如图 2.117 所示。

	A	B	C	D	E	F	G	H	I
1	计提日期	2018/12/28							
2	数据透视表								
3	使用部门	本月折旧		日期	摘要	一级科目	二级科目	借方金额	贷方金额
4	财务部	240.80		2018/12/28	计提折旧	管理费用	折旧	2745.80	
5	采购部	1306.24				销售费用	折旧	2493.32	
6	仓储部	46.02				固定资产	累计折旧		5239.12
7	企管部	1152.74							
8	销售部	2493.32							
9	总计	5239.12							

图 2.117　根据分部门汇总的折旧额编制记账凭证

4. 计算下一期固定资产折旧额

(1) 将固定资产折旧计算表的数据区域创建成超级表。

(2) 更新"固定资产基础信息表"。

① "固定资产基础信息表" K2 单元格输入"=IFNA(VLOOKUP(A2,固定资产折旧计算表!$A$2:$P$33,16,0),0)"，将已计提折旧数据更新至 2018 年 12 月计提折旧后，考虑到基础信息表中会有 2018 年 12 月新增的固定资产，本月并无计提折旧数据，使用 VLOOKUP()查找时会出现"#N/A"，利用 IFNA()将其替换为 0。

② 选中 K2:K34 数据区域，执行"复制"→"选择性粘贴"→"数值"命令，将"已计提折旧"数据固定。

③ 将"最后计提折旧"日期更新成"2018/12/28"。

(3) 将 2018 年 12 月固定资产折旧数据备份到企业"固定资产折旧历史数据"工作表中，选中"固定资产折旧计算表"中所有记录，执行"复制"→"选择性粘贴"→"数值"命令。

(4) 2019 年 1 月，将"固定资产基础信息表"A2:K34 区域数据复制，粘贴到"固定资产折旧计算表"的 A2:K34 区域。

(5) 更新当前日期为"2019/1/28"，扩展到新增加额固定资产，并更新折旧方法为"工作量法"的"工作总量""本月工作量"数据。

(6) M-P 列所有数据全部更新计算结果，刷新"计提折旧记账凭证"工作表中的数据透视表，记账凭证数据自动更新。

任务总结

1. 本次任务中"已提折旧月数"的计算方法，没有使用 Excel 的内置函数 DATEDIF()，是因为 DATEDIF()的计算规则与会计准则中规定的已提折旧月数不匹配。提醒大家，在使用函数时，一定要明确函数的计算规则与自己需要的规则是否一致。函数是为了实现任务目标的，不能为了使用公式而使用。

2. 注意固定资产折旧计算表的使用方式，数据随时更新带来工作便利的同时，也要注意保存历史数据以便时候核查，历史数据的保存不要带公式，一定要保存数值数据。

项目三
财务数据汇总与分析

3.1 数据透视表

3.1.1 认识数据透视表

数据透视表是一种可以快速将大量数据转换成用不同方式进行汇总的交互式报表，具有强大的分析功能。使用数据透视表可以清晰地反映出工作表中的数据信息，它可以汇总、分析、浏览和提供摘要数据，大大提高工作效率。

1. 数据透视表的用途

数据透视表的用途主要有以下几种：

(1) 以多种友好方式查询大量数据。

(2) 对数值数据进行分类汇总和聚合，按分类和子分类对数据进行汇总，创建自定义计算和公式。

(3) 展开或折叠要关注结果的数据级别，查看感兴趣区域的摘要数据明细。

(4) 将行移动到列，或将列移动到行，以查看数据源的不同汇总。

(5) 对最有用和最关注的数据子集进行筛选、排序、分组和有条件地设置格式，让用户能够关注所需的信息。

(6) 提供简明、有吸引力，并且带有批注的联机报表或打印报表。

2. 数据透视表的结构

一个完整的数据透视表主要由数据区、行字段、列字段和汇总项、字段任务窗格等组成。

(1) 数据区：数据区中的单元格显示了行和列字段中各项的汇总数据。数据区的每个值都代表了源记录或行中一项数据的汇总。

(2) 行字段：指来自源数据且在数据透视表中被指定为行方向的字段。

(3) 列字段：指数据透视表中被指定为列方向的字段。

(4) 汇总项：数据透视表中对一行或一列单元格数据的分类汇总。

(5) "数据透视表字段"任务窗格：在"数据透视表字段"的任务窗格中可以对数据透视表进行设置。

数据透视表的结构如图 3.1 所示。

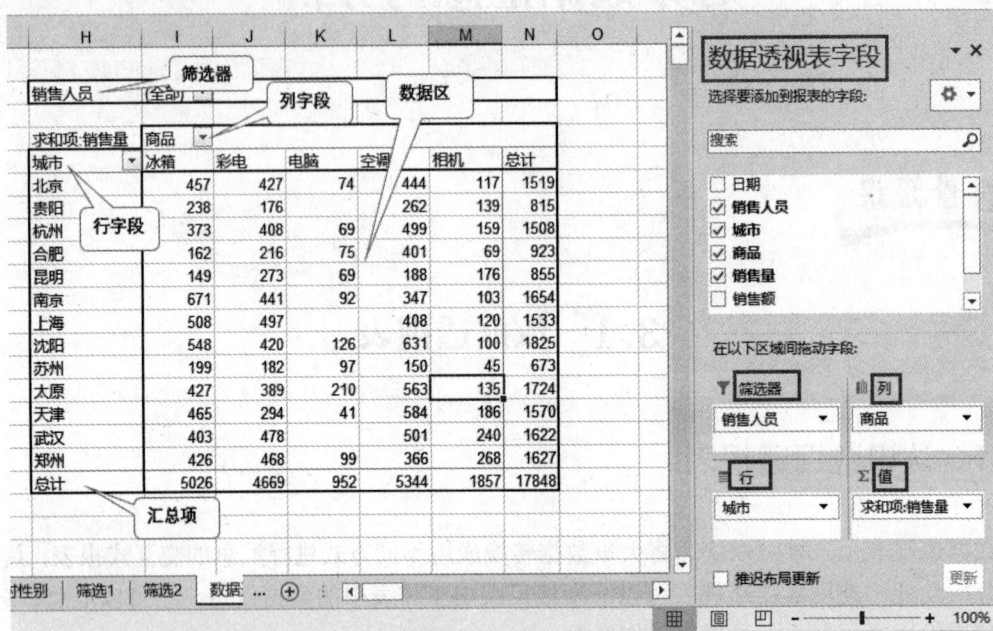

图 3.1　数据透视表的结构

3. 数据透视表对数据的要求

在创建数据透视表时，可以使用以下 4 种类型的数据源。

(1) Excel 数据列表：如果是以 Excel 数据列表作为数据源，则标题行不能有空白单元格或合并单元格，否则不能生成数据透视表，会出现错误提示。

(2) 外部数据源：可以使用文本文件、Microsoft SQL Server 数据库、Microsoft Access 数据库、dBASE 数据库及 Microsoft OLAP 多维数据集等创建数据透视表。

(3) 多个独立的 Excel 数据列表：可以使用多个独立的 Excel 数据列表创建数据透视表，在创建数据透视表的过程中，可以将各个独立表格中的数据信息汇总到一起。

(4) 其他数据透视表：其他已创建的数据透视表也可以作为数据源来创建另一个数据透视表。

3.1.2　创建数据透视表

1. 创建数据透视表的方法

数据透视表的创建方法很简单，只需连接到一个数据源，并输入报表的位置即可，具体操作如下。

(1) 单击"插入"选项卡下的"数据透视表"子选项卡，如图 3.2 所示。

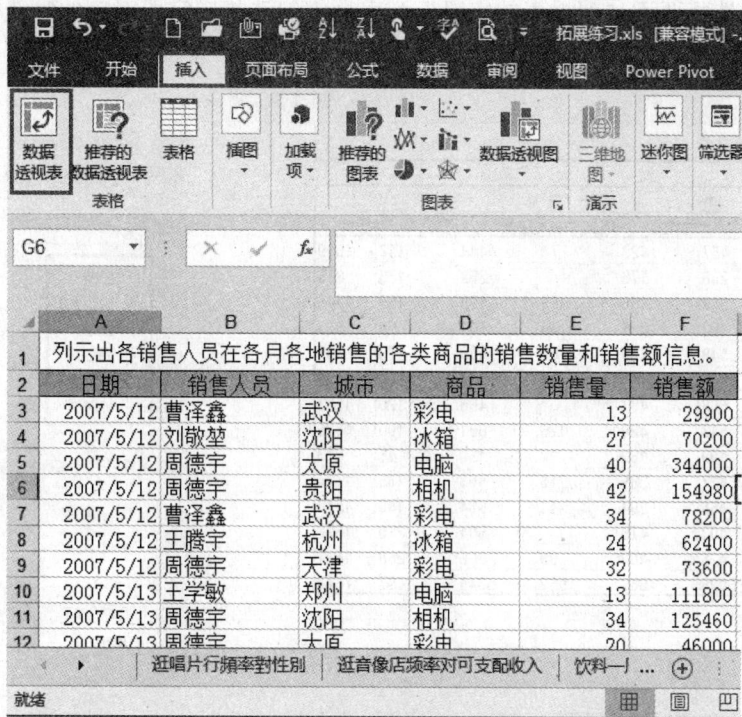

图 3.2　创建数据透视表(1)

(2) 在弹出的"创建数据透视表"对话框中选择要分析的数据区域和需要放置数据透视表的位置，其他保持默认设置，单击"确定"按钮，如图 3.3 所示。

图 3.3　创建数据透视表(2)

(3) 此时系统将自动在当前工作表中创建一个空白数据透视表，并打开"数据透视表字段"任务窗格，在"选择要添加到报表的字段"列表框中勾选相应字段对应的复选框，即可创建带有数据的数据透视表，如图 3.4 所示。

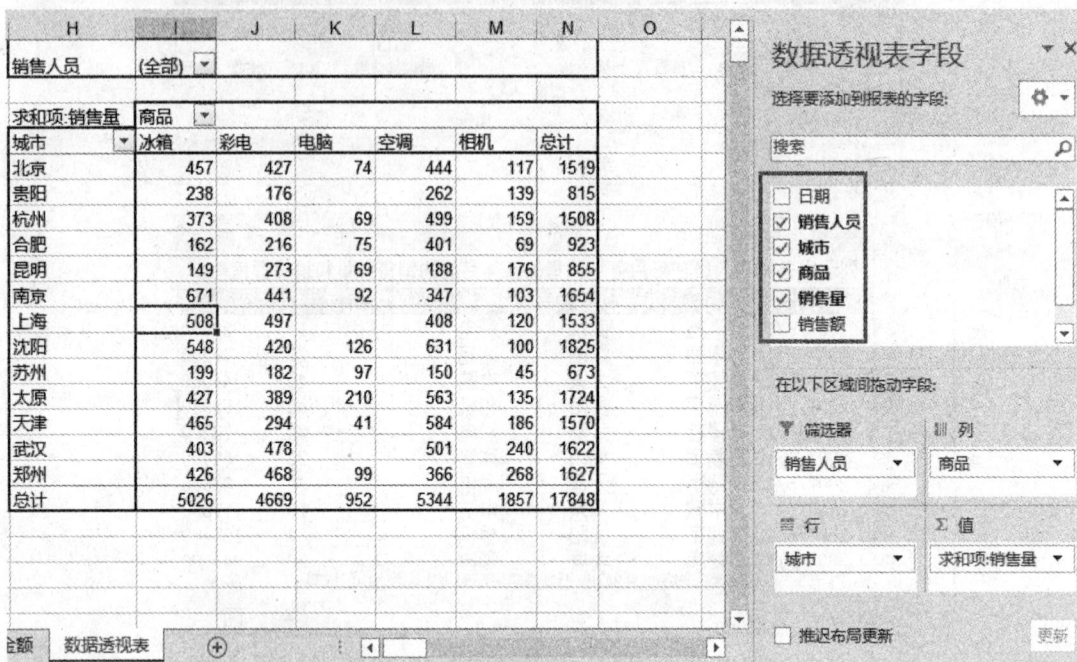

图 3.4　创建数据透视表(3)

2. 更改数据透视表布局

更改数据透视表布局的方法很简单，在"数据透视表字段"任务窗格的"选择要添加到报表的字段"列表框中勾选需更改的字段名称，"在以下区域间拖动字段"列表框中，拖动这些字段将其放置在数据透视表的相应区域中。

3.1.3　显示数据项的明细数据

生成了数据透视表后，如果想通过数据透视表查看某个数据对应的源数据，可以通过"显示详细信息"的方式查看明细数据。

操作方法：选中要查看的数据透视表内数据，单击鼠标右键，在弹出的菜单中选择"显示详细信息"，则透视表中数据对应的源数据会在一张新建工作表中显示出来，如图 3.5 和图 3.6 所示。

图 3.5　显示明细数据(1)

图 3.6　显示明细数据(2)

3.1.4　数据更新

如果数据透视表的数据源内容发生了改变，需要我们刷新数据透视表才能更新数据透视表中的数据。刷新数据透视表的方法有以下几种。

1. 手动刷新数据透视表

当需要手动刷新数据透视表时，可以通过以下方法来操作。

方法一：在数据透视表的任意一个单元格中单击鼠标右键，在弹出的快捷菜单中单击"刷新"按钮，如图 3.7 所示。

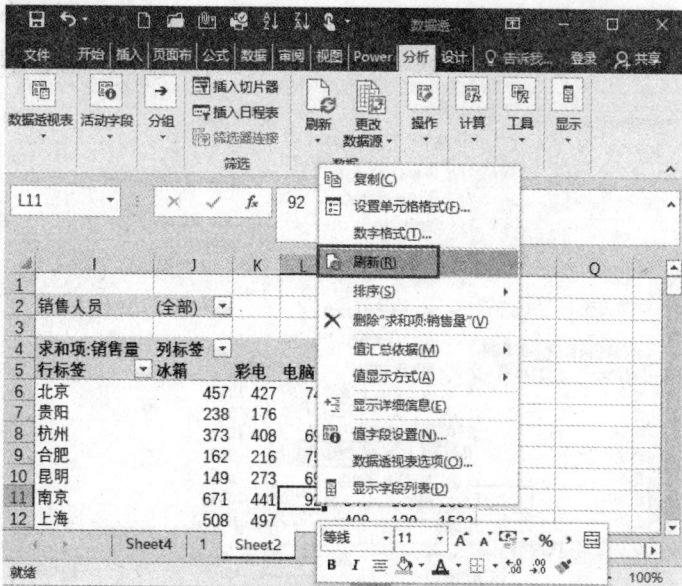

图 3.7　手动刷新数据透视表(1)

方法二： 选中数据透视表中的任意一个单元格，然后选中"数据透视表工具"→"分析"→"数据"→"刷新"命令，如图3.8所示。

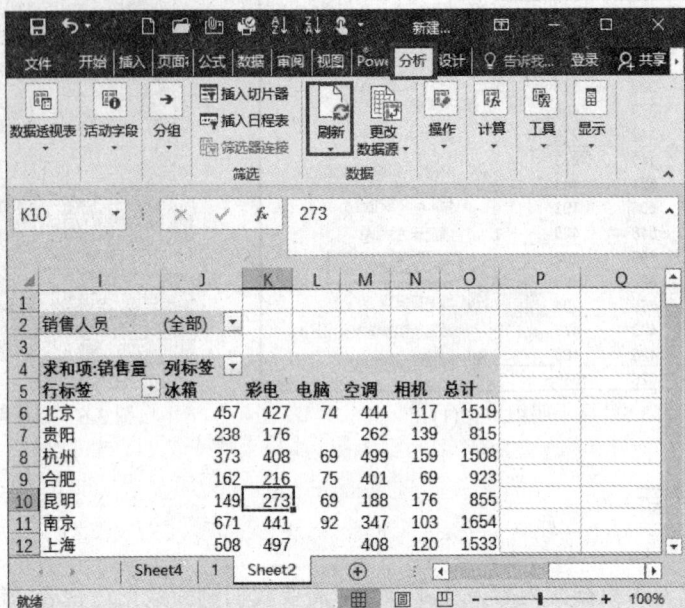

图 3.8 手动刷新数据透视表(2)

2. 在打开文件时刷新数据透视表

我们可以设置在打开工作表的同时自动更新，具体设置方法如下。

(1) 在数据透视表的任意区域单击鼠标右键，在弹出的快捷菜单中选择"数据透视表选项"命令，如图3.9所示。

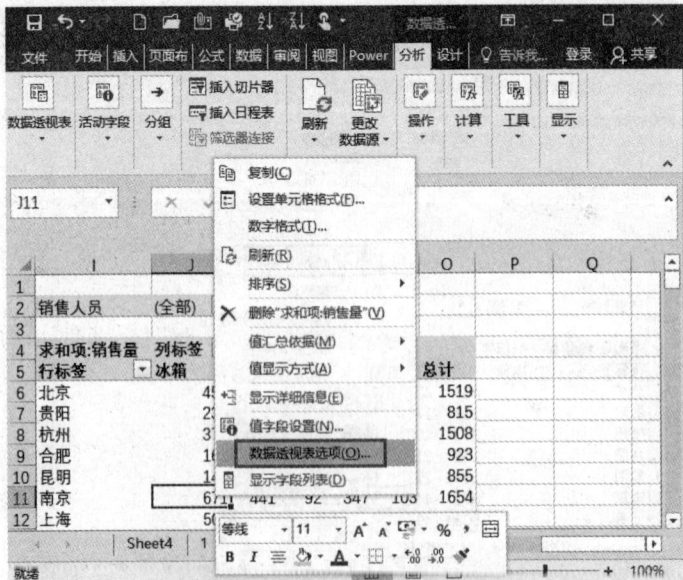

图 3.9 弹出数据透视表选项

(2) 在打开的"数据透视表选项"对话框中切换到"数据"选项卡，勾选"打开文件时刷新数据"复选框，然后单击"确定"按钮，如图 3.10 所示。

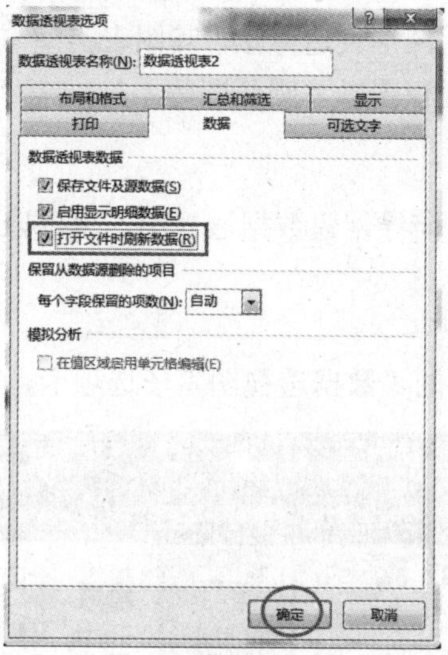

图 3.10 设置数据自动刷新

3. 全部刷新数据透视表

如果要刷新的工作簿中有多个数据透视表都需要刷新，可以单击任意一个数据透视表中的任意一个单元格，然后在"数据透视表工具"→"分析"选项卡的"数据"组中单击"刷新"按钮的下拉按钮，在弹出的下拉菜单中选择"全部刷新"命令即可，如图 3.11 所示。

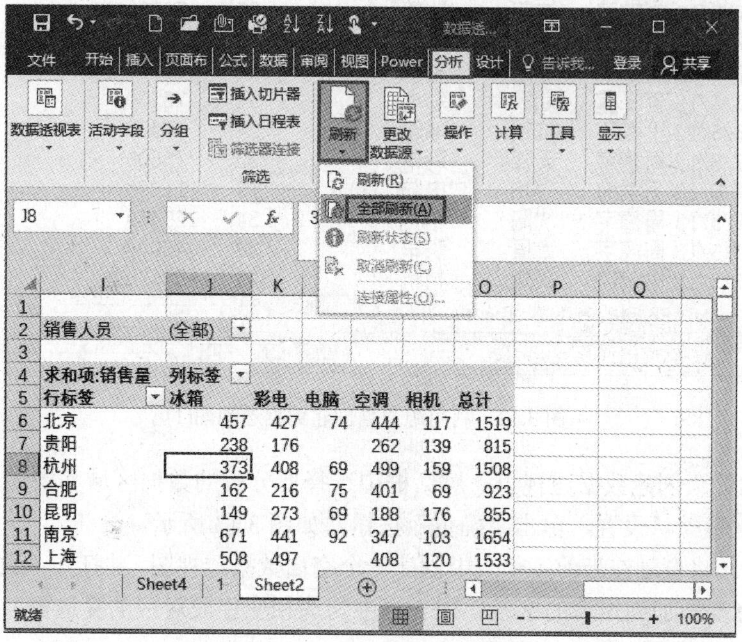

图 3.11 全部刷新数据透视表

3.1.5　创建数据透视图

数据透视图是数据透视表的图形表达方法，其图表类型与一般图表类型相似，主要有柱形图、条形图、折线图、饼图、面积图以及圆环图等。

1. 创建数据透视图的方法

在 Excel 中，我们可以使用向导创建数据透视图，也可以在创建的数据透视表基础上创建数据透视图。

1) 利用源数据创建

(1) 单击"插入"选项卡下的"数据透视图"子选项卡，如图 3.12 所示。

图 3.12　利用源数据创建数据透视图(1)

(2) 在弹出的"创建数据透视表"对话框中选择要分析的数据区域和需要放置数据透视图的位置，其他保持默认设置，单击"确定"按钮，如图 3.13 所示。

(3) 此时系统将自动在当前工作表中创建一个空白数据透视图，并打开"数据透视图字段"窗格，在"选择要添加到报表的字段"列表框中勾选相应字段对应的复选框，即可创建带有数据的数据透视图，效果如图 3.14 所示。

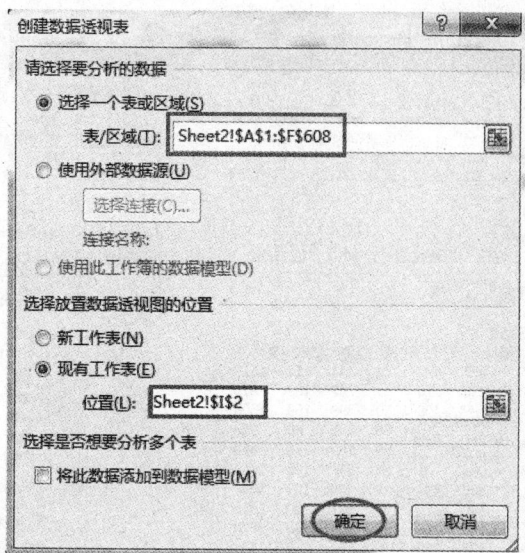

图 3.13　利用源数据创建数据透视图(2)

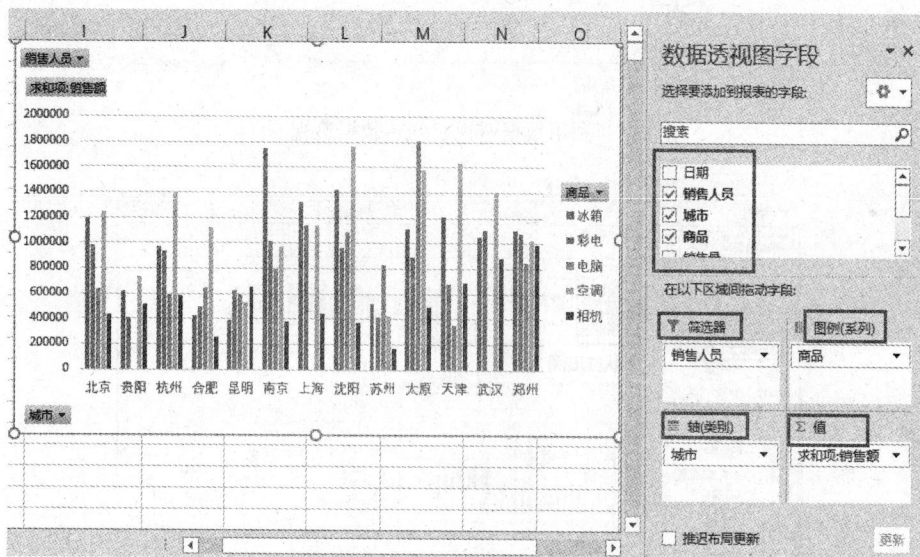

图 3.14　利用源数据创建数据透视图(3)

2) 利用数据透视表创建

在已经创建好数据透视表的情况下，我们可以数据透视表为基础快速创建数据透视图，具体方法如下。

(1) 选中数据透视表中的任意单元格，切换到"数据透视表工具"→"分析"选项卡，单击"工具"组中的"数据透视图"按钮，如图 3.15 所示。

(2) 在弹出的"插入图表"对话框中选择图表类型和样式，单击"确定"按钮，如图 3.16 所示。

图 3.15　利用数据透视表创建数据透视图(1)

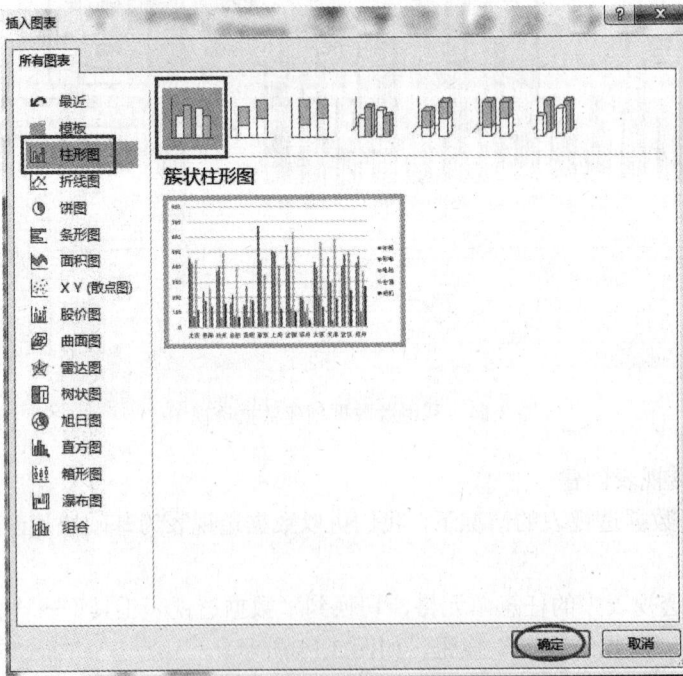

图 3.16　利用数据透视表创建数据透视图(2)

(3) 返回工作表，可以看到已创建好一个数据透视图，如图 3.17 所示。

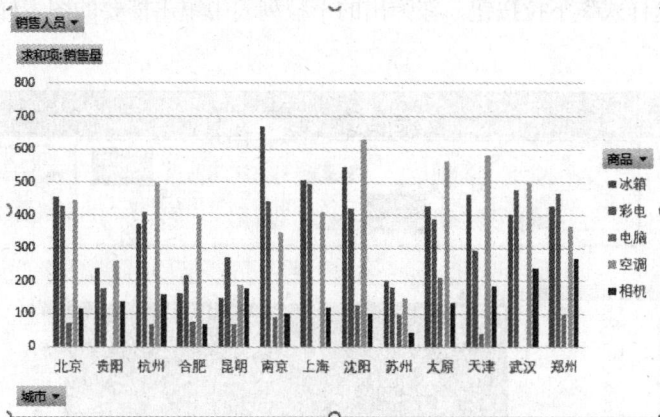

图 3.17 利用数据透视表创建数据透视图(3)

2. 更改数据透视图布局

创建数据透视图后，可以根据需要更改数据透视图布局，以便添加标题等元素。

更改方法为：选中数据透视图，切换到"数据透视图工具"→"设计"选项卡，单击"快速布局"下拉按钮，在弹出的下拉列表中单击需要的布局样式即可，如图 3.18 所示。

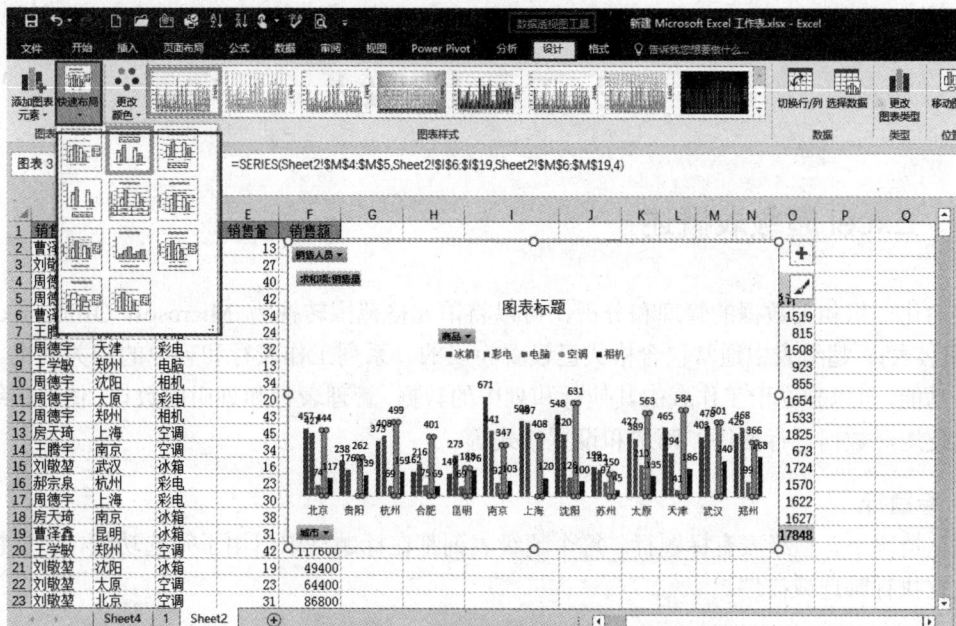

图 3.18 更改数据透视图布局

3. 设置数据透视图样式

创建数据透视图后，可以根据需要更改数据透视图样式。

更改方法为： 选中数据透视图，切换到"数据透视图工具"→"设计"选项卡，单击"图表样式"组中的"快速样式"下拉按钮，在弹出的下拉列表中单击需要的图表样式即可，如图 3.19 所示。

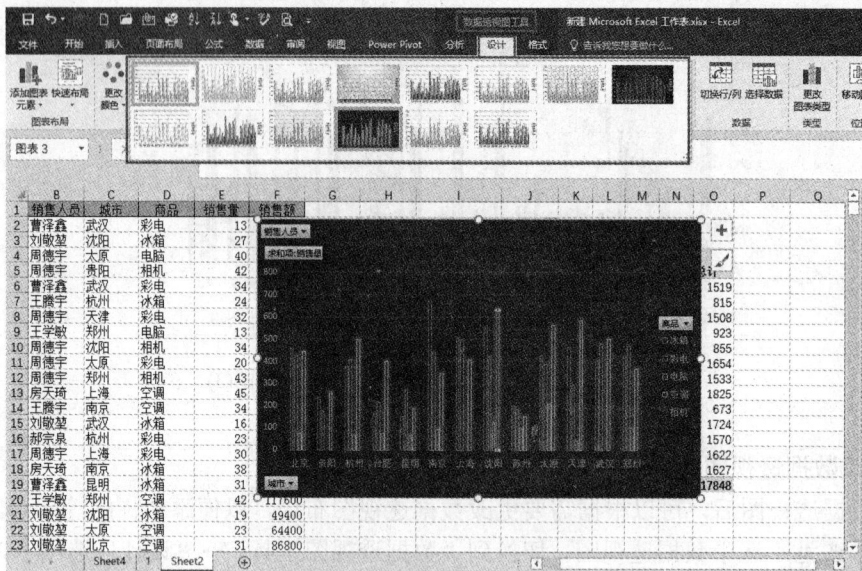

图 3.19　更改数据透视图样式

3.2　Excel 超级表

3.2.1　Excel 超级表概述

要简化一组相关数据的管理和分析，可以将单元格范围转换为 Microsoft Office Excel 表(俗称超级表)。超级表中通常包含格式已设置为表的一系列工作表行和列中的相关数据。通过使用表功能，可以独立于工作表中其他行和列中的数据，管理表行和列中的数据。使用超级表，可以方便地对数据进行排序、筛选和设置格式等。

1. 标题行
默认情况下，超级表有标题行。每个超级表列都在标题行中启用了筛选功能，以便快速对表中数据执行筛选或排序。

2. 镶边行
默认情况下，已为超级表中的行应用了底纹或镶边，以便更好地区分数据。

3. 计算列
可通过在超级表列中的一个单元格内输入公式来创建一个计算列，而该公式将立即应用于这个表列中的其他所有单元格。

4. 汇总行

可以在超级表添加汇总行。执行"表格工具"→"设计"→"汇总行",在超级表最后一行出现汇总行,下拉列表显示在汇总行的每个单元格中,以便快速计算所需的总计类型。总计类型包括"无、平均值、计数、数值计数、最大值、最小值、求和、标准偏差、方差、其他函数等",其他函数可以直接跳转至各类函数对话框。

5. 尺寸控点

超级表右下角的尺寸控点,用于将表拖动到所需大小。

3.2.2　Excel 超级表基本操作与功能

1. 插入与取消 Excel 超级表

1) 插入 Excel 超级表

(1) 单击"插入"选项卡下"表格"子选项卡,选择"表格"命令,如图 3.20 所示。此步骤也可通过 Ctrl+T 快捷键完成。

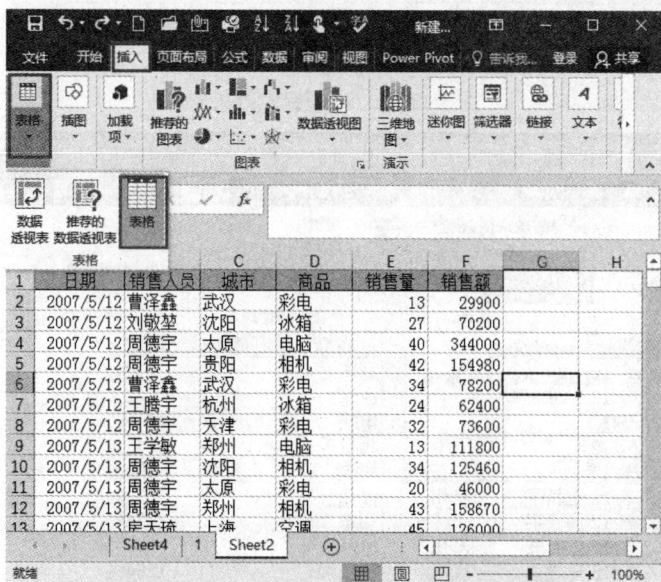

图 3.20　插入 Excel 超级表(1)

(2) 在"创建表"对话框中选择表数据的来源,单击"确定"按钮,如图 3.21 所示。

(3) 创建的 Excel 超级表,效果如图 3.22 所示。

2) 取消 Excel 超级表

要取消 Excel 表,可以将鼠标定位在超级表中,选择"设计"→"转换为区域"命令,则超级表会被转换为普通单元格区域,表中

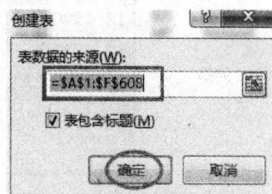

图 3.21　插入 Excel 超级表(2)

所有数据将被保存，如图 3.23 所示。

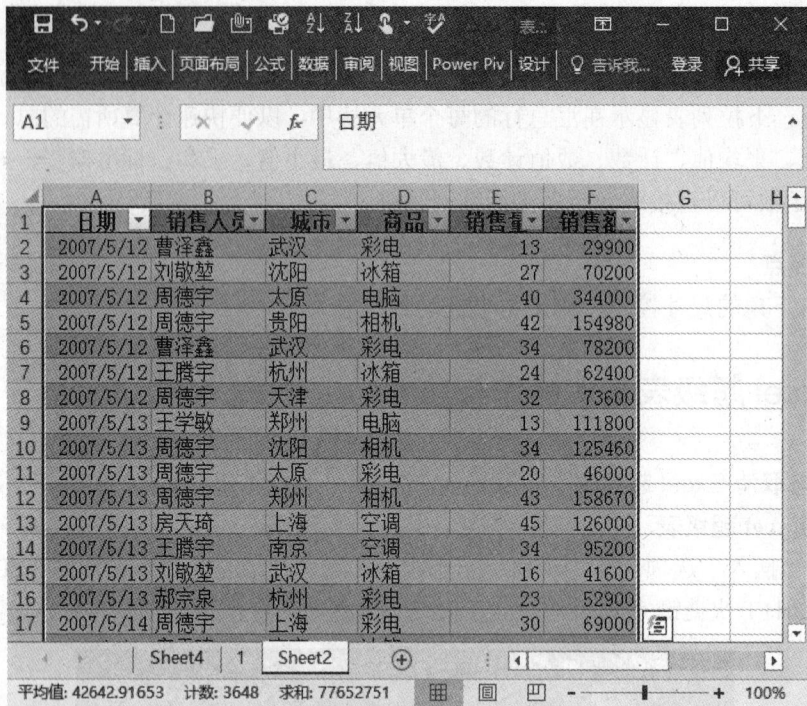

图 3.22　Excel 超级表效果图

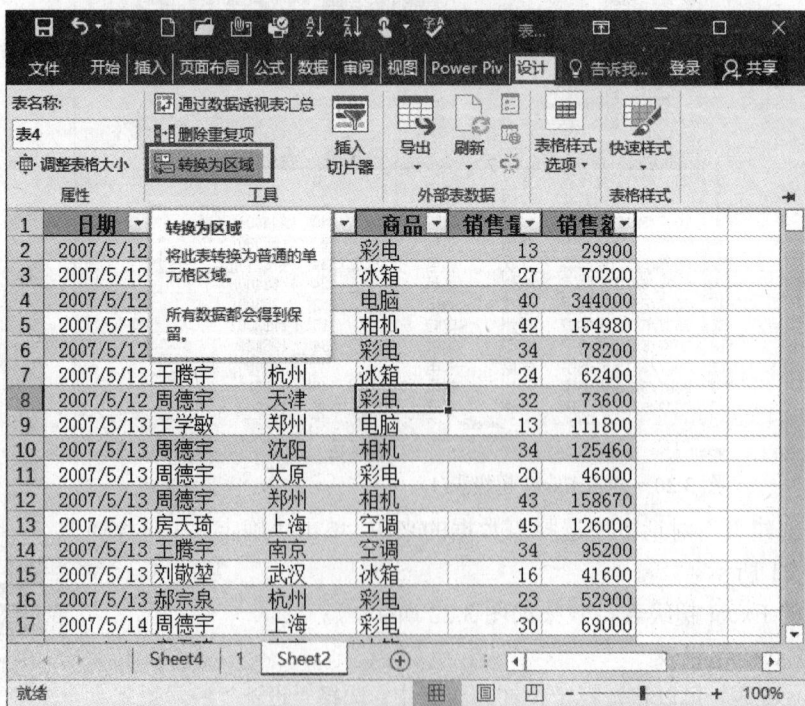

图 3.23　取消 Excel 超级表

2. 设置 Excel 超级表表格样式

1) 利用内置表格样式，快速更换表格样式

Excel 内置了很多表格样式，可以快速更换超级表样式。更换方法为：将鼠标定位在 Excel 表中，选择"设计"→"表格样式"命令，在"表格样式"下拉按钮中选择需要的样式，则原超级表会自动变为更换后的样式，如图 3.24 和图 3.25 所示。

图 3.24 快速更换超级表表格样式(1)

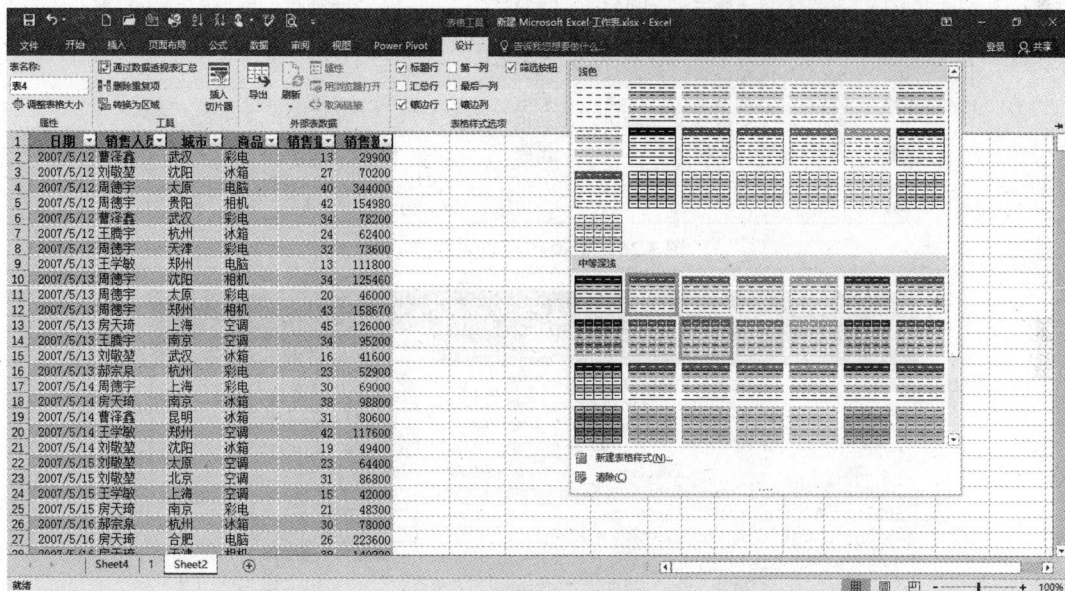

图 3.25 快速更换超级表表格样式(2)

2) 设置隔行、隔列填充，第一列或最后一列显示格式

将鼠标定位在 Excel 表中，选择"设计"→"表格样式选项"命令，在"表格样式选项"下拉按钮中选择需要的样式，可以设置为镶边行、镶边列显示格式，也可以显示标题行、第一列、最后一列或汇总行显示格式，如图 3.26 所示。

3. 快速数据汇总

在 Excel 表中，可以不用自己设置公式，利用超级表功能快速汇总数据，汇总方式有求和、计数、平均值、最大值、最小值等。

快速汇总方法为：选择"设计"→"表格样式选项"→"汇总行"命令，如图 3.27 所示。然后在表格底部汇总行下拉菜单中设置汇总方式，如平均值、求和等，如图 3.28 所示。

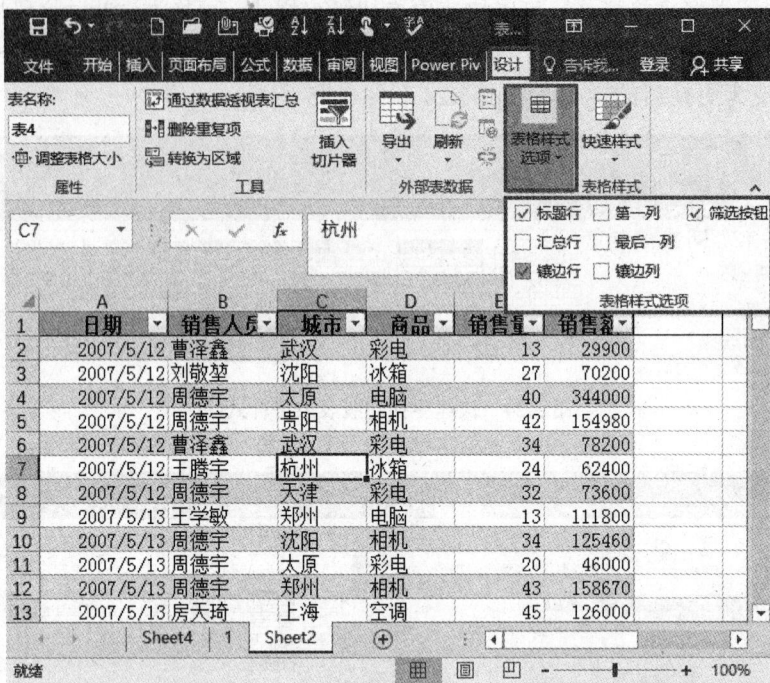

图 3.26　更换超级表表格样式

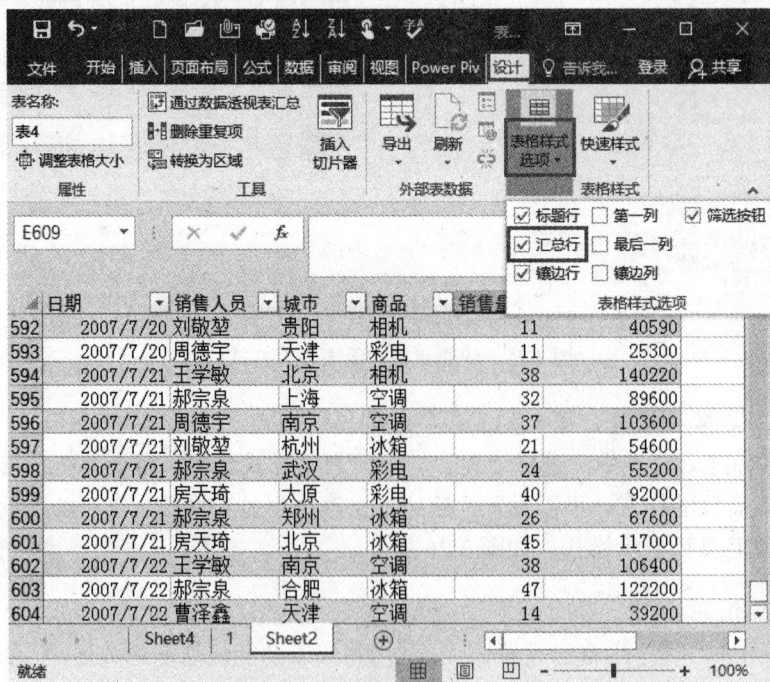

图 3.27　Excel 超级表快速汇总(1)

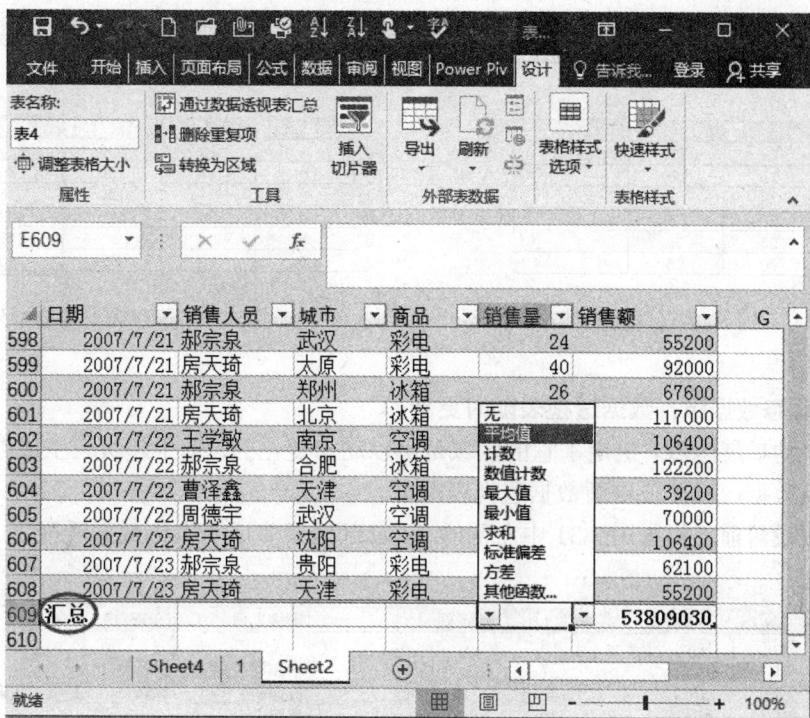

图 3.28　Excel 超级表快速汇总(2)

4. 多组筛选器

不使用超级表的情况下，一个工作表中只能设置一个自动筛选器，但使用超级表后，工作表中有几个超级表就可以设置几个自动筛选器。

5. 使用结构化引用

在使用 Excel 表时，编写公式不再是单元格引用，而是结构化引用。每当添加或删除表中的数据时，结构化引用的名称会进行调整。

例如：在 Excel 超级表中计算销售额，在 D2 单元格中，输入一个等号"="，并单击 B2 单元格，此时，在编辑栏中，结构化引用[@单价]出现在等号后；在右方括号后直接输入星号 "＊"，然后单击 C2 单元格，则编辑栏中出现结构化引用[@销售数量]，操作如图 3.29 所示。

6. 自动填充公式和格式

超级表每扩展一行，会把公式和单元格格式自动复制下来，不用每次拖动公式或重复设置格式。

在每列中设置一个单元格的公式，会自动填充超级表的整列，非常方便。同上例，按下 Enter 键，Excel 会自动创建一个计算列并将公式向下复制到整列，同时调整每一行。如图 3.30 所示，D3 至 D7 单元格均为 Excel 自动填充的公式。

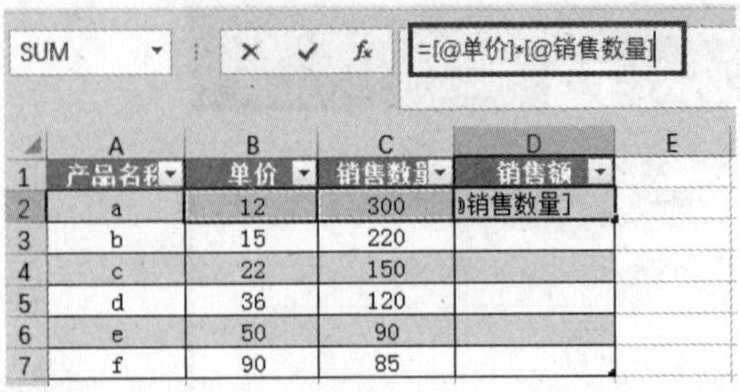
SUM | =[@单价]*[@销售数量]

	A	B	C	D	E
1	产品名称	单价	销售数量	销售额	
2	a	12	300	@销售数量]	
3	b	15	220		
4	c	22	150		
5	d	36	120		
6	e	50	90		
7	f	90	85		

图 3.29　结构化引用

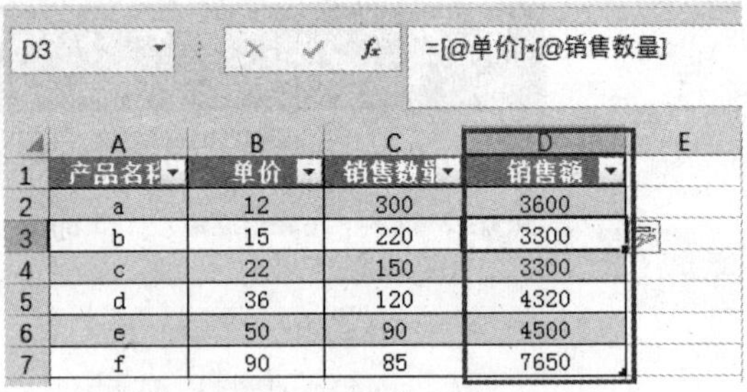
D3 | =[@单价]*[@销售数量]

	A	B	C	D	E
1	产品名称	单价	销售数量	销售额	
2	a	12	300	3600	
3	b	15	220	3300	
4	c	22	150	3300	
5	d	36	120	4320	
6	e	50	90	4500	
7	f	90	85	7650	

图 3.30　超级表自动填充公式

7. 形成动态数据源，数据透视表随时更新

超级表自动扩展区域，决定了它的区域是可以动态变化的，基于超级表生成数据透视表以后，每次增减数据，只需要刷新数据透视表即可。

例如，假设目前已根据图 3.31 中左侧的 Excel 超级表生成了右侧数据透视表。

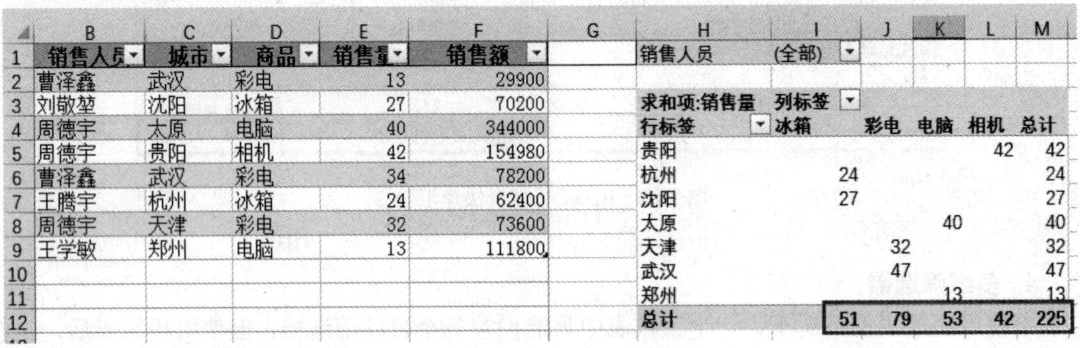

	B	C	D	E	F
1	销售人员	城市	商品	销售量	销售额
2	曹泽鑫	武汉	彩电	13	29900
3	刘敬堃	沈阳	冰箱	27	70200
4	周德宇	太原	电脑	40	344000
5	周德宇	贵阳	相机	42	154980
6	曹泽鑫	武汉	彩电	34	78200
7	王腾宇	杭州	冰箱	24	62400
8	周德宇	天津	彩电	32	73600
9	王学敏	郑州	电脑	13	111800
10					
11					
12					

销售人员　(全部)

求和项:销售量	列标签				
行标签	冰箱	彩电	电脑	相机	总计
贵阳				42	42
杭州	24				24
沈阳	27				27
太原			40		40
天津		32			32
武汉		47			47
郑州			13		13
总计	51	79	53	42	225

图 3.31　更新前的数据透视表

在左侧 Excel 表中加入一行数据，右击右侧数据透视表，在弹出的对话框中单击“刷新”，则数据透视表根据 Excel 进行了更新修改，如图 3.32 所示。

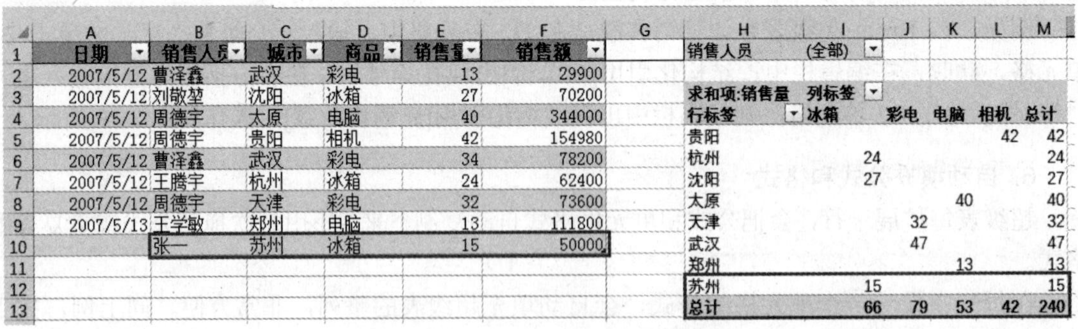

	A	B	C	D	E	F
1	日期	销售人员	城市	商品	销售量	销售额
2	2007/5/12	曹泽鑫	武汉	彩电	13	29900
3	2007/5/12	刘敬堃	沈阳	冰箱	27	70200
4	2007/5/12	周德宇	太原	电脑	40	344000
5	2007/5/12	周德宇	贵阳	相机	42	154980
6	2007/5/12	曹泽鑫	武汉	彩电	34	78200
7	2007/5/12	王腾宇	杭州	冰箱	24	62400
8	2007/5/12	周德宇	天津	彩电	32	73600
9	2007/5/13	王学敏	郑州	电脑	13	111800
10		张一	苏州	冰箱	15	50000
11						
12						
13						

销售人员　(全部)

求和项:销售量	列标签				
行标签	冰箱	彩电	电脑	相机	总计
贵阳				42	42
杭州	24				24
沈阳	27				27
太原			40		40
天津		32			32
武汉		47			47
郑州			13		13
苏州	15				15
总计	66	79	53	42	240

图 3.32　更新后的数据透视表

任务 3.1 销售数据整理与分析

背景资料

资料一：公司每月对销售数据进行汇总、查看，编制固定格式的月销售分析报表。

资料二：公司 2018 年 12 月销售明细数据。

任务要求

1. 分地区、按店铺统计月销售额、店铺销售额占地区销售额百分比、折扣额、折扣率、应收金额、销售成本、毛利率。店铺名称由地区+超市+门店组成，折扣率=折扣额/销售额，毛利率=(销售额-销售成本)/销售额。

2. 美化月销售分析报表。

3. 将报表模板化，每月更新销售明细表数据，自动生成规范的月销售分析报表。

任务 3.1 原始数据

操作思路

1. 对明细数据汇总分析，最有效的工具就是数据透视表，因此要利用数据透视表来完成此项任务。

2. 美化表格的主要目的是方便使用者阅读，尽量清晰明了。通常从表格结构设计，规范行、列标签，统一字体、字号，标注重要数据等入手。

3. 将分析报表模板化，需要完成两件事：一是原始数据动态化；二是分析报表格式固定化。

操作步骤

1. 制作月销售分析报表

1) 整理数据源

观察销售明细数据，对照月销售分析报表内容，发现数据中缺少销售成本、店铺名称信息。将 N 列设置为"销售成本"，在 N2 单元格输入"=ROUND(H2*M2,2)"，将 O 列设置为"店铺名称"，在 O2 单元格输入"=E2&F2&G2"，两列公式向下复制到数据底部。

2) 建立数据透视表

(1) 按照月销售分析的要求，将"地区""店铺名称"拖至行区域，将"销售金额""折扣""应收金额""销售成本"拖至值区域，生成的数据透视表如图 3.33 所示。

行标签	▼ 求和项:销售金额	求和项:折扣	求和项:应收金额	求和项:销售成本
⊟北京	306546	24617.38	281928.62	179866.39
北京大福源0	23721	1830.36	21890.64	15150.9
北京华润万家1	3696	298.32	3397.68	2663.36
北京华润万家2	5478	499.62	4978.38	3947.48
北京家乐福1	89405	7245.67	82159.33	55761.6
北京家乐福2	29593	2501.62	27091.38	15773.36
北京乐购1	56144	3569.27	52574.73	28341.55
北京乐购2	38485	3500.8	34984.2	18488.02
北京沃尔玛0	60024	5171.72	54852.28	39740.12
⊟成都	730443	53930.52	676512.48	436554.95
成都大福源0	120881	8582.48	112298.52	72536.5

图 3.33　初步生成的数据透视表

(2) 添加计算字段。光标放在数据透视表中任一单元格，依次执行"数据透视表工具"→"分析"→"字段、项目和集"→"计算字段"命令，打开"插入计算字段"对话框，添加"折扣率""毛利率"字段，计算公式分别为"=折扣/销售金额""=(销售金额-销售成本)/销售金额"。

(3) 添加店铺销售占地区百分比字段。光标放在数据透视表中任一单元格，在"数据透视表字段"中将"销售金额"再次放入值区域，数据透视表新增一列"求和项：销售金额 2"。鼠标放至新增列中任一单元格，单击右键，依次选择"值显示方式"→"父级汇总的百分比"，如图 3.34 所示。进入"值显示方式(求和项：销售金额 2)"对话框，基本字段选择"地区"，如图 3.35 所示。店铺销售占地区百分比计算完成。

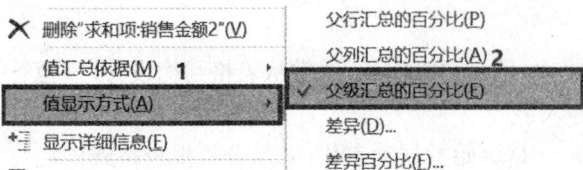

图 3.34　选择百分比显示方式　　　　　　　　　图 3.35　选择百分比计算基数

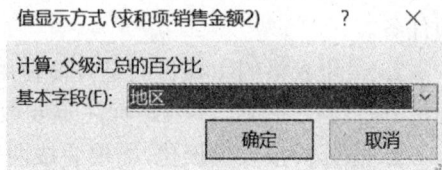

月销售分析报表的基本内容搭建完成，如图 3.36 所示。

行标签	▼ 求和项:销售金额	求和项:销售金额2	求和项:折扣	求和项:应收金额	求和项:销售成本	求和项:折扣率	求和项:毛利率
⊟北京	306546	100.00%	24617.38	281928.62	179866.39	0.080305664	0.41
北京大福源0	23721	7.74%	1830.36	21890.64	15150.9	0.077162008	0.36
北京华润万家1	3696	1.21%	298.32	3397.68	2663.36	0.080714286	0.28
北京华润万家2	5478	1.79%	499.62	4978.38	3947.48	0.091204819	0.28
北京家乐福1	89405	29.17%	7245.67	82159.33	55761.6	0.08104323	0.38
北京家乐福2	29593	9.65%	2501.62	27091.38	15773.36	0.08453418	0.47
北京乐购1	56144	18.32%	3569.27	52574.73	28341.55	0.06357349	0.50
北京乐购2	38485	12.55%	3500.8	34984.2	18488.02	0.090965311	0.52
北京沃尔玛0	60024	19.58%	5171.72	54852.28	39740.12	0.086160869	0.34
⊟成都	730443	100.00%	53930.52	676512.48	436554.95	0.073832619	0.40
成都大福源0	120881	16.55%	8582.48	112298.52	72536.5	0.070999413	0.40

图 3.36　增加字段后的数据透视表

2. 美化月销售分析报表

1) 报表布局

(1) 执行"数据透视表工具"→"设计"→"报表布局"命令，选择"以表格形式显示""重复所有项目标签"。

(2) 执行"数据透视表工具"→"分析"→"选项"命令，进入"数据透视表选项"对话框，选择"布局和格式"，在"合并且居中排列带标签的单元格"前面打√，将"更新时自动调整列宽"前面的√去掉，如图 3.37 所示。

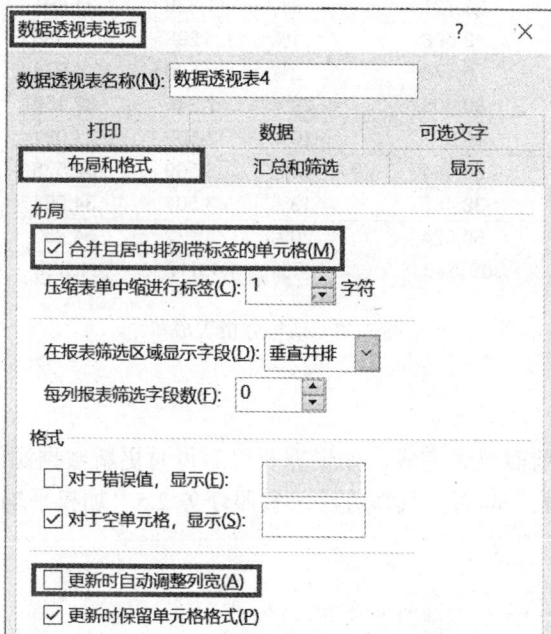

图 3.37　设置布局和格式

(3) 执行"数据透视表工具"→"分析"→"+/-按钮"命令，将地区前面的"-"去掉。

(4) 选中所有的汇总行，填充单元格颜色为"灰色 50%"，标注汇总数据。一次性全部选中汇总行的方法：光标悬在某一汇总行的左侧边线，光标变成黑色向右箭头时，单击鼠标左键即可选中所有汇总行。

2) 更改列标签字段名

选中 C3 单元格，在编辑栏内直接更改"求和项：销售金额"为"销售额"，其他各列依次更改为"销售占地区比""折扣额""应收款""销售成本""折扣率""毛利率"。注意，更改后的字段名不能与字段列表中的重复，所以"销售成本"列前面加一个空格，既可以区分原字段，又不影响报表显示。

3) 调整报表数字格式

将销售额、折扣额、应收款、销售成本列的数字格式，设置为"会计专用"、小数位数为 0，货币符号为"无"。将销售占地区比、折扣率、毛利率列的数字格式设置成"百分比"，小数位数为 0。

4) 添加边框、表头、单位、调整字体、字号及列宽

添加表头"嘉誉公司2018年12月销售分析""单位：元"，并添加边框，设置合适的字体和字号。选中整表，双击任意列边线，各列自动调整成最适合列宽。完成后的销售分析表如图3.38所示。

嘉誉公司2018年12月销售分析

单位：元

地区	店铺名称	销售额	销售占地区比	折扣额	应收款	销售成本	折扣率	毛利率
北京	北京大福源0	23,721	8%	1,830	21,891	15,151	8%	36%
	北京华润万家1	3,696	1%	298	3,398	2,663	8%	28%
	北京华润万家2	5,478	2%	500	4,978	3,947	9%	28%
	北京家乐福1	89,405	29%	7,246	82,159	55,762	8%	38%
	北京家乐福2	29,593	10%	2,502	27,091	15,773	8%	47%
	北京乐购1	56,144	18%	3,569	52,575	28,342	6%	50%
	北京乐购2	38,485	13%	3,501	34,984	18,488	9%	52%
	北京沃尔玛0	60,024	20%	5,172	54,852	39,740	9%	34%
北京 汇总		306,546	100%	24,617	281,929	179,866	8%	41%

图 3.38　销售分析表成稿

3. 分析报表模板化

分析报表的格式在前面已经完成，如果需要以后每月更新数据源即可自动生成分析报表，将数据源转换成"超级表"即可，具体方法可参照任务2.5"加权平均成本计算"。

任务总结

1. 想要数据透视表生成报告数据，需要在积累收集原始数据时就先筹划，尽可能分类详细，满足分析需求。

2. 系统自动生成的数据透视表，通常需要调整美化，常规的调整步骤是报表布局形式选择、总计行是否显示、选项设置，通常将"更新时自动调整列宽"前面的√去掉。

任务3.2　按部门、项目分类汇总的工资数据表

背景资料

资料一：工资结算清单。
资料二：社保计算表。

任务要求

1. 生成固定格式的按部门、项目分类汇总的工资汇总表，如图 3.39 所示。
2. 自动生成工资计提、发放、交社保公积金三个阶段的记账凭证。

任务 3.2 原始数据

2018年12月工资汇总表

职工来源	部门	人数	应发合计	实发合计	公司社保	公司公积金	个人社保	个人公积金	个人所得税
正式员工	企管部								
	财务部								
	采购部								
	仓储部								
	销售部								
	小计								
临时工	企管部								
	财务部								
	采购部								
	仓储部								
	销售部								
	小计								
总计									

图 3.39　固定格式的工资汇总表

操作思路

实现多条件分类汇总有以下两种方法。
1. 使用函数 SUMIFS()实现多条件分类汇总。
2. 使用数据透视表实现多表、多条件分类汇总。

操作步骤

方法一：使用函数 SUMIFS()多条件分类汇总。

1. 生成固定格式的按部门、项目分类汇总的工资汇总表

进入"工资汇总表"工作表，分别计算图 3.39 空格中汇总数据如下。

1) 人数汇总

在 C3 单元格中输入公式"=COUNTIFS(工资结算清单!\$D\$2:\$D\$360,B3,工资结算清单!\$V\$2:\$V\$360,"正式员工")"，公式向下复制到 C7 单元格。公式的含义是：统计出"工资结算清单"工作表中"部门"是"企管部"(工资结算清单!\$D\$2:\$D\$360,B3)，且"职工类型"是

"正式员工" (工资结算清单!$V$2:$V$360, "正式员工")出现的次数。注意 COUNTIFS()函数中用文字表示条件时，必须使用英文半角状态下的双引号。

公式中数据区域选择第 2~360 行，为了给将来数据增加提供一个适应的空间，只要数据区域不超过 360 行，数据汇总自动统计出结果，不需要更改公式，以下各项目都采用此方法，不再赘述。

在 C8 单元格中输入 "=SUM(C3:C7)"，统计出"正式员工"人数，公式向右复制到 J8 单元格，分别统计出"正式员工"的各项汇总数。

在 C9 单元格中输入 "=COUNTIFS(工资结算清单!$D$2:$D$360,B9,工资结算清单!$V$2:$V$360,"临时工")"，公式向下复制到 C13 单元格。

在 C14 单元格中输入 "=SUM(C9:C13)"，统计出"临时工"人数，公式向右复制到 J14 单元格，分别统计出"临时工"的各项汇总数。

C15 单元格输入 "=SUM(C8,C14)"，统计出职工总人数，公式向右复制到 J15 单元格，分别统计出所有职工的各项汇总数。

2) 应发合计汇总

在 D3 单元格中输入"=SUMIFS(工资结算清单!N$2:N$360,工资结算清单!$D$2:$D$360,$B3,工资结算清单!$V$2:$V$360, "正式员工")"，公式向下复制到 D7 单元格。公式的含义是：统计出"工资结算清单"，工作表中"部门"是"企管部" (工资结算清单!$D$2:$D$360,B3)，且"职工类型"是"正式员工" (工资结算清单!$V$2:$V$360, "正式员工")应发合计(N 列)的汇总数。注意 SUMIFS()函数中用文字表示条件时，必须使用英文半角状态下的双引号。

在 D9 单元格中输入"=SUMIFS(工资结算清单!N$2:N$360,工资结算清单!$D$2:$D$360,$B9,工资结算清单!$V$2:$V$360, "临时工")"，公式向下复制到 D13 单元格。

3) 实发合计汇总

在 E3 单元格中输入"=SUMIFS(工资结算清单!U$2:U$360,工资结算清单!$D$2:$D$360,$B3,工资结算清单!$V$2:$V$360, "正式员工")"，公式向下复制到 E7 单元格。

在 E9 单元格中输入"=SUMIFS(工资结算清单!U$2:U$360,工资结算清单!$D$2:$D$360,$B9,工资结算清单!$V$2:$V$360, "临时工")"，公式向下复制到 E13 单元格。

4) 公司社保汇总

在 F3 单元格中输入 "=SUMIFS(社保计算表!N$2:N$360,社保计算表!$T$2:$T$360,$B3,社保计算表!$U$2:$U$360, "正式员工")"，公式向下复制到 F7 单元格。

在 F9 单元格中输入 "=SUMIFS(社保计算表!N$2:N$360,社保计算表!$T$2:$T$360,$B9,社保计算表!$U$2:$U$360, "临时工")"，公式向下复制到 F13 单元格。

5) 公司公积金汇总

在 G3 单元格中输入 "=SUMIFS(社保计算表!M$2:M$360,社保计算表!$T$2:$T$360,$B3,社保计算表!$U$2:$U$360, "正式员工")"，公式向下复制到 G7 单元格。

在 G9 单元格中输入 "=SUMIFS(社保计算表!M$2:M$360,社保计算表!$T$2:$T$360,$B9,社保计算表!$U$2:$U$360, "临时工")"，公式向下复制到 G13 单元格。

6) 个人社保汇总

在 H3 单元格中输入 "=SUMIFS(社保计算表!S$2:S$360,社保计算表!$T$2:$T$360,B3,社保

计算表!$U$2:$U$360, "正式员工")", 公式向下复制到 H7 单元格。

在 H9 单元格中输入"=SUMIFS(社保计算表!S$2:S$360,社保计算表!$T$2:$T$360,$B9,社保计算表!$U$2:$U$360, "临时工")", 公式向下复制到 H13 单元格。

7) 个人公积金汇总

在 I3 单元格中输入 "=SUMIFS(社保计算表!R$2:R$360,社保计算表!$T$2:$T$360,B3,社保计算表!$U$2:$U$360, "正式员工")", 公式向下复制到 I7 单元格。

在 I9 单元格中输入"=SUMIFS(社保计算表!R$2:R$360,社保计算表!$T$2:$T$360,$B9,社保计算表!$U$2:$U$360, "临时工")", 公式向下复制到 I13 单元格。

8) 个人所得税汇总

在 J3 单元格中输入"=SUMIFS(工资结算清单!S$2:S$360,工资结算清单!$D$2:$D$360,$B3,工资结算清单!$V$2:V$360, "正式员工")", 公式向下复制到 J7 单元格。

J9 单元格输入 "=SUMIFS(工资结算清单!S$2:S$360,工资结算清单!$D$2:$D$360,$B9,工资结算清单!$V$2:$V$360, "临时工")", 公式向下复制到 J13 单元格。

将第 15 行的汇总数与原始数据"工资结算清单""社保计算表"中相应项目的合计数进行比对, 确认无误, 以确保数据汇总的准确性。

选中 D3:J15 区域, 设置单元格数字类型为"会计专用", 保留 2 位小数, 货币符号为"无"。制作完成的按部门、项目分类汇总的工资数据表如图 3.40 所示。

2018年12月工资汇总表

职工来源	部门	人数	应发合计	实发合计	公司社保	公司公积金	个人社保	个人公积金	个人所得税
正式员工	企管部	4	36,300.00	27,750.85	10,815.59	4,283.00	3,747.99	4,283.00	518.16
	财务部	3	21,280.00	16,098.66	6,865.98	2,719.00	2,379.31	2,719.00	83.03
	采购部	3	20,700.00	15,665.26	6,668.13	2,641.00	2,310.75	2,641.00	82.99
	仓储部	2	14,756.00	11,189.90	4,699.24	1,861.00	1,628.45	1,861.00	76.65
	销售部	8	67,384.00	61,399.95	8,821.11	1,331.00	2,601.06	1,331.00	2,051.99
	小计	20	160,420.00	132,104.62	37,870.05	12,835.00	12,667.56	12,835.00	2,812.82
临时工	企管部	0	-	-	2,064.34	-	715.37		
	财务部	1	5,500.00	4,837.76	1,911.02	-	662.24		
	采购部	1	5,400.00	4,746.37	1,886.18	-	653.63		
	仓储部	3	16,080.00	14,109.63	3,596.92	-	1,246.46		8.54
	销售部	10	41,106.00	37,863.30	10,999.69	-	3,237.83		4.87
	小计	15	68,086.00	61,557.06	20,458.15	-	6,515.53	-	13.41
总计		35	228,506.00	193,661.68	58,328.20	12,835.00	19,183.09	12,835.00	2,826.23

图 3.40 制作完成的按部门、项目分类汇总的工资数据表

下月, 将工资结算清单、社保计算表中的数据更新, 汇总数据、记账凭证数据自动更新。

2. 自动生成工资计提、发放、交社保公积金三个阶段记账凭证中的相应数据

进入"记账凭证"工作表, 分别计算空格中相应数据如下:

在 E2 单元格中输入"=SUMIFS(工资汇总表!D$3:D$14,工资汇总表!B$3:B$14,"企管部")+SUMIFS(工资汇总表!D$3:D$14,工资汇总表!B$3:B$14, "财务部")+SUMIFS(工资汇总表!D$3:D$14,工资汇总表!B$3:B$14, "采购部")+SUMIFS(工资汇总表!D$3:D$14,工资汇总

表!B$3:B$14, "仓储部")"。

在 E3 单元格中输入"=SUMIFS(工资汇总表!D$3:D$14,工资汇总表!B$3:B$14, "销售部")"。

在 E5 单元格中输入 "=SUMIFS(工资汇总表!F$3:F$14,工资汇总表!B$3:B$14, "企管部")+SUMIFS(工资汇总表!F$3:F$14,工资汇总表!B$3:B$14, "财务部")+SUMIFS(工资汇总表!F$3:F$14,工资汇总表!B$3:B$14, "采购部")+SUMIFS(工资汇总表!F$3:F$14,工资汇总表!B$3:B$14,"仓储部")"。

在 E6 单元格中输入 "=SUMIFS(工资汇总表!F$3:F$14,工资汇总表!B$3:B$14, "销售部")"。

在 E8 单元格中输入 "=SUMIFS(工资汇总表!G$3:G$14,工资汇总表!B$3:B$14,"企管部")+SUMIFS(工资汇总表!G$3:G$14,工资汇总表!B$3:B$14, "财务部")+SUMIFS(工资汇总表!G$3:G$14,工资汇总表!B$3:B$14,"采购部")+SUMIFS(工资汇总表!G$3:G$14,工资汇总表!B$3:B$14,"仓储部")"。

在 E9 单元格中输入"=SUMIFS(工资汇总表!G$3:G$14,工资汇总表!B$3:B$14,"销售部")"。

其他单元格求和或者直接引用工资汇总表中相应数据,不再赘述。

方法二：使用数据透视表实现多表、多条件分类汇总。

1. 建超级表

汇总的数据目前并没有在一张表中。新建表,分别命名为"社保计算表""工资结算清单",在新建的表中,执行"表格工具"→"设计"→"表格样式选项"命令,单击"清除",删除表格样式,如图 3.41 所示。新建的表在名称管理器中可查到,如图 3.42 所示。

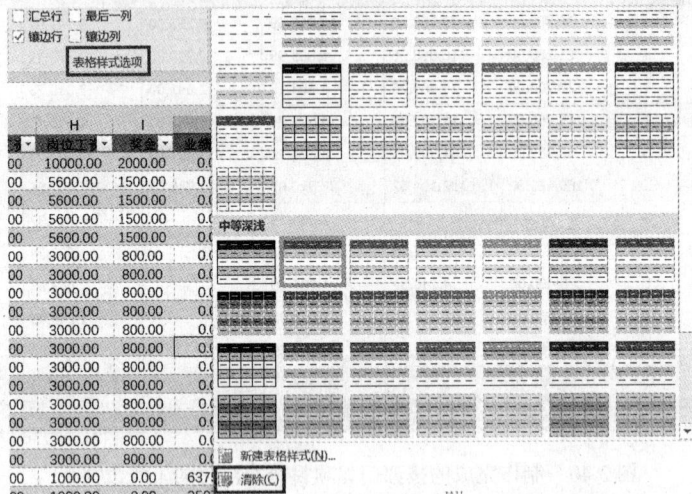

图 3.41　清除表格样式

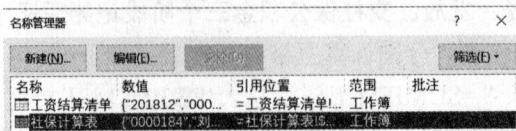

图 3.42　创建完成的表

2. 创建数据透视表

1) 创建多表分析数据表

选中社保计算表或工资结算单中任一单元格，执行"插入"→"数据透视表"命令，打开"创建数据透视表"窗口，选中"选择一个表或区域"单选按钮并指定区域范围是"工资结算清单"，同时在"将此数据添加到数据模型"复选框前打√，如图 3.43 所示。

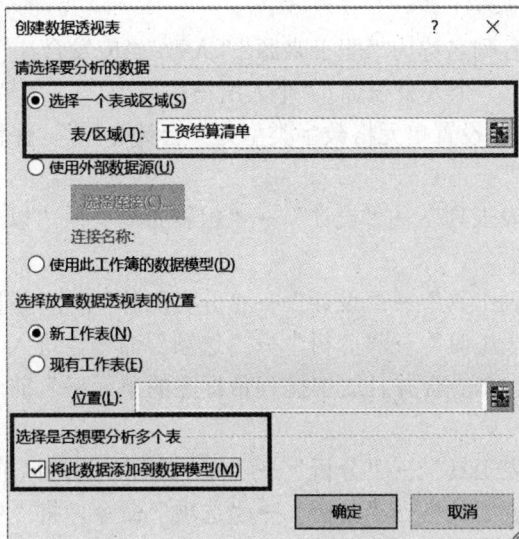

图 3.43　创建多表分析的数据透视表

2) 创建关系

执行"数据透视表工具"→"分析"→"关系"命令，进入"管理关系"对话框，单击"新建"按钮，用工号将两表之间建立联系，两表中的所有字段都可以应用在一张数据透视表中，设置创建关系如图 3.44 所示，单击"确定"按钮，显示创建的关系，关闭离开"管理关系"对话框。

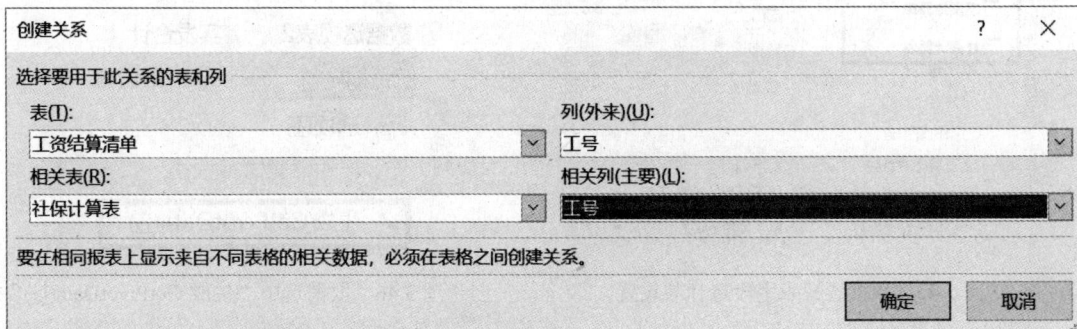

图 3.44　创建关系

3) 添加数据透视表字段

在"数据透视表字段"窗口，选择全部，显示所有表及字段，依次选择"工资结算单"中的"职工类型""部门"到行标签,"工号""应发合计""实发工资"到值域,设置"工号"字段的计算类型为"计数",选择"社保计算表"中的"企业保险合计""司住房公积金""个人保险合计""个人住房公积金""个人所得税"到值域,计算类型均为"求和",如图 3.45 所示。

4) 美化数据透视表

(1) "正式员工"字段移到开头,选中"正式员工",单击右键,选择"移动"→"将'正式员工'移至开头"。

(2) 更改数据透视表各列名称为"职工来源""人数""应发合计""实发合计""公司社保""公司公积金""个人社保""个人公积金""个人所得税"。

(3) 选中 A3:I14 区域,设置单元格数字类型为"会计专用",保留 2 位小数,货币符号为"无"。

(4) 执行"数据透视表工具"→"设计"→"报表布局"→"以表格形式显示"→"重复所有项目标签"命令。

(5) 执行"数据透视表工具"→"设计"→"分类汇总"→"不显示分类汇总"命令。

(6) 执行"数据透视表工具"→"分析"→"选项"命令,进入"数据透视表选项"对话框,选择"布局和格式",在"合并且居中排列带标签的单元格"前面打√,将"更新时自动调整列宽"前面的√去掉。

(7) 单击"数据透视表工具"→"分析"→"+/-按钮",将地区前面的"-"去掉。

(8) 执行"数据透视表工具"→"分析"→"选项"命令,将"生成 GetPivotData(G)"前的√去掉,如图 3.46 所示。

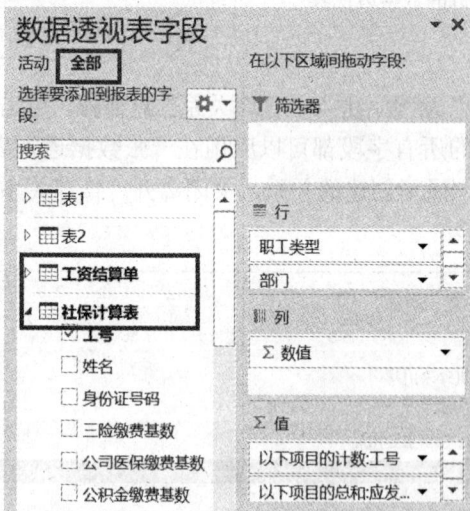

图 3.45 数据透视表字段选择与设置　　图 3.46 取消选中"生成 GetPivotData(G)"

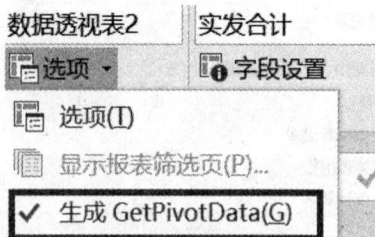

完成按部门、项目分类汇总的工资数据表,与 SUMIFS()函数汇总的表格外形完全一致。记账凭证数据设置如方法一所述。

下月,将工资结算清单、社保计算表中的数据更新,刷新数据透视表,汇总数据、记账凭证数据自动更新。

任务总结

1. 本次任务中，方法一使用的是分类汇总函数 SUMIFS()，多条件求和。

2. 本次任务学习了利用两个工作表创建一个数据透视表的方法，关键是两张表中要有一个能建立连接关系的共同字段，且这个字段的数值标志具有唯一性。

任务 3.3　应收账款账龄分析表

背景资料

嘉誉公司按合同约定定期与各商超门店进行款项结算，有部分款项不能及时结算，需要定期进行汇总分类，统计出每笔未结款项的账龄，编制截止某一时点的账龄分析表。

资料：公司从系统导出的应收账款明细数据。

任务要求

截至 2018 年 12 月 31 日，根据明细数据填写完成应收账款账龄分析表，如图 3.47 所示。

任务 3.3 原始数据

嘉誉公司应收账款账龄分析表

截止时间：　　　　　　　　　　　　　　　　　　　　　　　　　　　　单位：元

编号	店铺名称	应收余额	未到期	到期				
				0-3个月	3-6个月	6-12个月	1-2年	2年以上

图 3.47　应收账款账龄分析表样式

操作思路

1. 从系统中导出的数据格式不规范，使用数据分列功能，调整成 Excel 识别的日期格式数据。
2. 计算账龄。
3. 填写门店信息，将明细数据中的地区、超市、门店三列数据复制粘贴到账龄分析表中，数据删除重复项，得到所有的门店信息(86 家门店)。
4. 填写账龄分析表，使用 SUMIFS()分类汇总，填列相关数据。

操作步骤

1. 规范数据源

从系统导出的应收账款明细数据的数据格式不规范，一方面，所有的日期都是 Excel 不识别的日期格式；另一方面，所有的金额数字都是文本格式，无法计算，如图 3.48 所示。

A	B	C	D	E	F	G	H	I	J
业务日期	地区	超市	门店	应收金额	应收日期	收款日期	优惠金额	实收金额	余额
2014.7.23	长春	华润万家	0	6848.48	2014.8.27	2014.8.27	0	6300	548.48
2014.7.26	杭州	华润万家	0	18438.6	2014.8.30	2014.8.30	0	18000	438.00
2014.7.29	南京	家乐福	0	18711	2014.9.7	2014.8.28	374	18337	0

图 3.48 不规范的数据格式

因此，处理数据之前，先规范数据源。使用分列的方法将所有的日期调整成 Excel 识别的日期格式(具体方法参照任务 1.2，此处不再赘述)。将文本格式的金额数字调整成数值型数据，可以使用如下几种方法。

1) "复制"→"选择性粘贴"

在任意空白单元格输入"1"，格式设置为常规，复制此单元格，选中"应收金额"列并单击鼠标右键，选择"选择性粘贴"命令，在"选择性粘贴"窗口中的"运算"选项下，选中"乘"前面的单选按钮，即可将 E 列所有文本型数字转换为数值型数字，如图 3.49 所示。

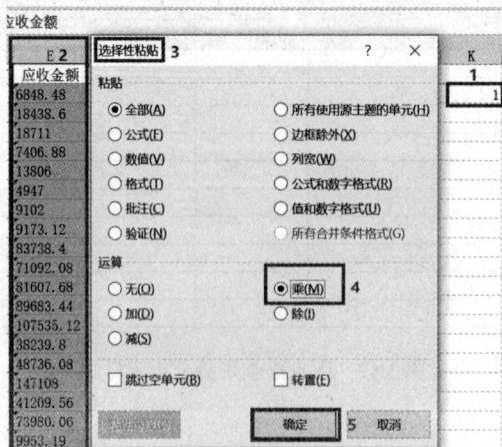

图 3.49 复制选择性粘贴法转换文本数字

2) 使用错误检查选项

选中 H 列所有数据区域，鼠标点开左上角出现的错误选项按钮，选择"转换为数字"，即可将 H 列所有文本型数字转换为数值型数字，如图 3.50 所示。

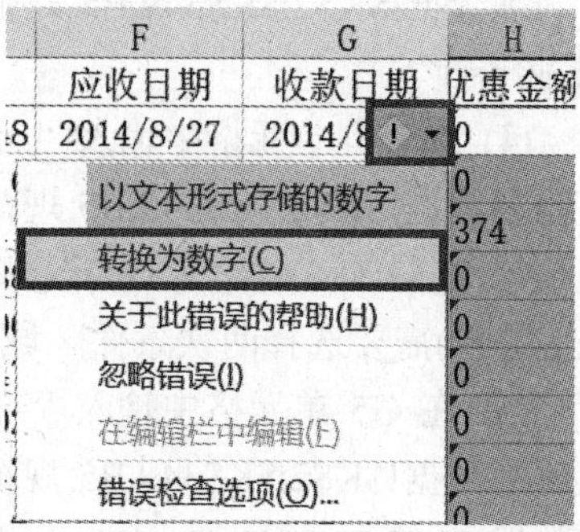

2. 计算账龄

(1) 在 N1、O1 单元格设置辅助信息，显示计算账龄的截止日期，本次计算账龄的截止日期为 2018 年 12 月 31 日，后续重新计算时，更改 O1 单元格的日期即可。

(2) 将 K 列设置为店铺名称，制作方法参照任务 3.1，销售数据分析报表中店铺名称的设置。

图 3.50 利用错误检查选项转换文本数字

(3) 将 L 列设置为账龄，并在 L2 单元格中输入"=IFERROR(DATEDIF(F2,$O$1,"M"),"未到期")"，含义是计算从应收款日期(F2)到截止日期(O1)间隔多少月。因 DATEDIF()要求起点日期必须大于终点日期，部分没到收款日的账龄数值会出现"#NUM"，所以用 IFERROR() 判断是否有错误值，如果有，就显示"未到期"。

3. 制作账龄分析表

1) 设计账龄分析表结构

新建工作表，命名为"账龄分析表"，设置表格如图 3.51 所示。

嘉誉公司应收账款账龄分析表

截止时间：2018年12月31日 单位：元

编号	店铺名称	应收余额	未到期	到期				
				0-3个月	3-6个月	6-12个月	1-2年	2年以上

图 3.51 账龄分析表结构

2) 添加序号及有应收款余额的店铺名称

选中并复制"规范后的应收款明细数据"工作表中的"店铺名称"列 K2:K349 区域，将光标放入"账龄分析表"中 B5 单元格，选择性粘贴数值，粘贴过来的数值有重复数值。全部选中后，单击"数据"选项卡下的"删除重复项"子选项卡，删除重复的店铺，保留 86 个店铺名称，在第一列"编号"列添加自然序号。

3) 汇总计算账龄分析表中数据

(1) 在 C5 单元格中输入"=SUMIFS(规范后的应收款明细数据!$J$2:$J$349,规范后的应收款明细数据!$K$2:$K$349,B5)"，以"店铺名称=B5"为条件汇总应收款余额。在"店铺名称"列，找到所有店铺名称为 B5 单元格内容的余额相加。为验证数据是否准确，可对结果汇总求和，与明细数据表中的余额汇总数比较，看是否一致，如果一致，可进行下一步骤。

(2) 在 D5 单元格中输入"=SUMIFS(规范后的应收款明细数据!$J$2:$J$349,规范后的应收款明细数据!$K$2:$K$349,B5,规范后的应收款明细数据!$L$2:$L$349,D$3)"，汇总条件除了要符合"店铺名称=B5"外，还添加了"账龄="未到期""。在"账龄"列，找到账龄是"未到期"(D$3)的所有余额。

(3) 在 E5 单元格中输入"=SUMIFS(规范后的应收款明细数据!$J$2:$J$349,规范后的应收款明细数据!\$K\$2:\$K\$349,B5,规范后的应收款明细数据!\$L\$2:\$L\$349, "<=3")",账龄的条件为"账龄<=3"。

(4) 在 F5 单元格中输入 "=SUMIFS(规范后的应收款明细数据!\$J\$2:\$J\$349,规范后的应收款明细数据!\$K\$2:\$K\$349,B5,规范后的应收款明细数据!\$L\$2:\$L\$349, ">3",规范后的应收款明细数据!\$L\$2:\$L\$349, "<=6")",账龄的条件为"3<账龄<=6"。注意,账龄在 3~6 个月之间,SUMIFS()需要选择两次条件区域,分别限定条件为">3"且"<=6"。

(5) 在 G5 单元格中输入 "=SUMIFS(规范后的应收款明细数据!\$J\$2:\$J\$349,规范后的应收款明细数据!\$K\$2:\$K\$349,B5,规范后的应收款明细数据!\$L\$2:\$L\$349, ">6",规范后的应收款明细数据!\$L\$2:\$L\$349, "<=12")",账龄的条件为"6<账龄<=12"。

(6) 在 H5 单元格中输入 "=SUMIFS(规范后的应收款明细数据!\$J\$2:\$J\$349,规范后的应收款明细数据!\$K\$2:\$K\$349,B5,规范后的应收款明细数据!\$L\$2:\$L\$349, ">12",规范后的应收款明细数据!\$L\$2:\$L\$349, "<=24")",账龄的条件为"12<账龄<=24"。

(7) 在 I5 单元格中输入"=SUMIFS(规范后的应收款明细数据!\$J\$2:\$J\$349,规范后的应收款明细数据!\$K\$2:\$K\$349,B5,规范后的应收款明细数据!\$L\$2:\$L\$349, ">24")",账龄的条件为"账龄>24"。

验证计算结果,在合计行汇总各个账龄区间的余额后,与全部余额合计数比较,看是否一致,一致的话,基本没问题。

4) 美化表格

调整字体、字号、数字格式、列宽、行高,加边框,填充表头颜色、汇总行颜色。操作方法略。

调整完毕的账龄分析表,如图 3.52 所示。

嘉誉公司应收账款账龄分析表

截止时间: 2018年12月31日   单位:元

编号	店铺名称	应收余额	未到期	到期				
				0-3个月	3-6个月	6-12个月	1-2年	2年以上
1	长春华润万家0	45,584.37	40,200.16	–	–	4,835.73	–	548.48
2	杭州华润万家0	16,965.03	10,286.43	–	–	–	6,240.00	438.60
3	南京家乐福0	62,761.60	44,376.80	–	–	–	18,384.80	–
4	深圳沃尔玛0	12,700.00	8,193.12	–	–	–	–	4,506.88
5	广州华润万家0	80,628.80	43,130.88	–	–	–	31,691.92	5,806.00
80	天津家乐福0	110,271.12	55,883.52	–	–	54,387.60	–	–
81	长春沃尔玛0	87,399.06	48,412.80	–	–	–	38,986.26	–
82	哈尔滨华润万家0	48,664.33	6,314.33	–	42,350.00	–	–	–
83	南京沃尔玛0	13,644.03	3,636.77	–	7,268.50	–	2,738.76	–
84	青岛华润万家0	76,143.96	66,466.40	–	–	–	9,677.56	–
85	石家庄沃尔玛0	73,032.96	73,032.96	–	–	–	–	–
86	北京华润万家1	6,214.73	6,214.73	–	–	–	–	–
	合计	5,119,150.04	2,983,682.30	33,594.82	278,065.87	658,524.88	908,465.25	256,816.92

图 3.52   制作完毕的账龄分析表(隐藏部分数据)

4. 账龄分析表模板化

1) 数据透视表法

(1) 将规范后的应收款明细数据表转变为超级表,定义为"余额明细表"。

(2) 以"余额明细表"为数据源，创建数据透视表，"店铺名称"放入行区域，"余额"放入值区域，字段计算方式为"求和"，"账龄(月)"放入列区域。

(3) 数据透视表中，选中"未到期"单元格，单击右键，依次选择"移动""将'未到期移至开头'"选项，如图 3.53 所示。

(4) 数据透视表中，选中 C4:F4 区域，即账龄为 0、1、2、3 的单元格，单击鼠标右键，选择"创建组"，列标签中新增了"账龄(月)2"字段，字段值分别为"数据组 1""数据组 2"。单击"数据组 1"，直接在编辑栏中修改为"0-3 月"，以后依次类推，按既定分组规则分组。选中"账龄(月)"字段中任一值，单击右键，选择删除"账龄(月)"，选中第三行并隐藏。

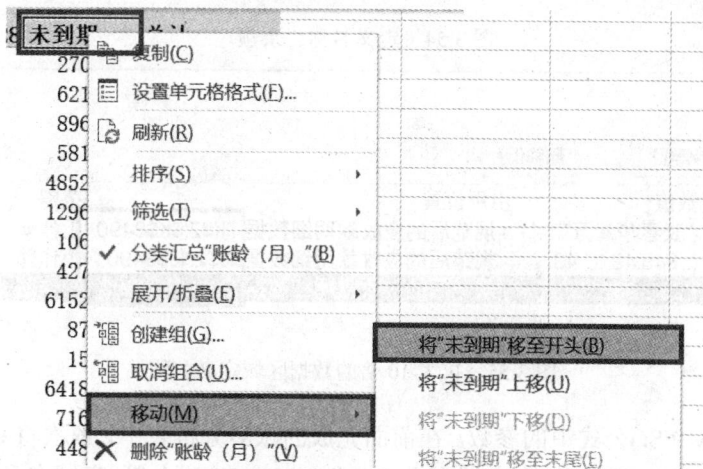

图 3.53　将"未到期"移至开头

(5) 美化调整数据透视表。对数据透视表进行报表布局，更改列标签字段名，调整报表数字格式，添加边框、表头、单位，调整字体、字号及列宽等设置。

后期进行账龄分析时，只要更新"规范后的应收款明细数据"中的 A~J 列数据，K、L 列数据自动重新计算，在数据透视表中刷新数据即可得到新一期的账龄分析表。

2) 定义名称法

模板化主要解决的问题是数据源的动态化，前面 SUMIFS()函数中的区域都是固定的，新的数据增加后计算结果就会出现错误。本方法主要是采用定义名称的方法将公式中的区域选项范围扩大，通常可扩大 10 倍。

(1) 定义名称。选中"规范后的应收款明细数据"表中 J2 单元格，执行"公式"→"名称管理器"菜单命令，打开"新建名称"对话框，名称默认为"余额"，在引用位置处单击折叠按钮，并将光标放在 J2 单元格，左手按住 Ctrl+Shift 键，右手按住向下方向键，选中现有数值区域为$J$2:$J$349，返回"新建名称"对话框。在"引用位置"栏最末处加个 0，引用位置变成"=规范后的应收款明细数据!$J$2:$J$3490"，数据范围扩大了 10 倍，如图 3.54 所示。以同样的方法定义"店铺名称"和"账龄"，定义后的名称管理器如图 3.55 所示。

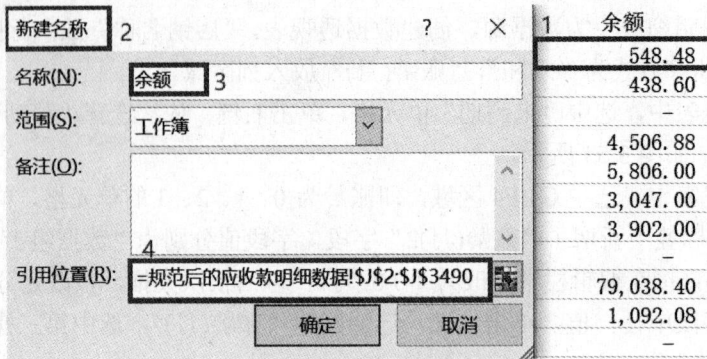

图 3.54　定义名称"余额"

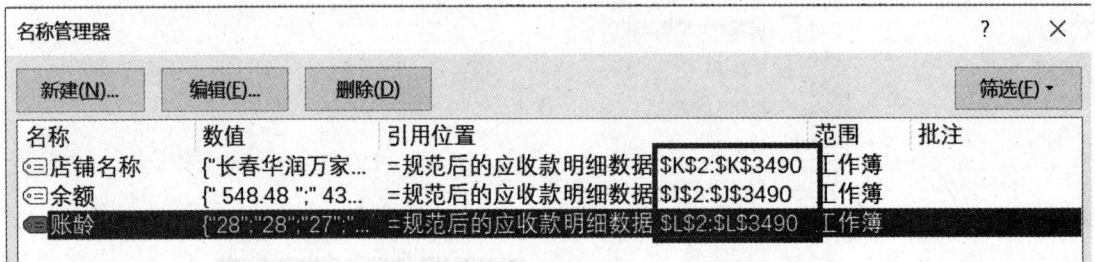

图 3.55　扩大 10 倍的数据区域定义名称

(2) 更改 SUMIFS()公式中的参数。在前面完成的账龄分析表中，依次将 C5 至 I5 单元格中的公式修改为"=SUMIFS(余额,店铺名称,B5)""=SUMIFS(余额,店铺名称,B5,账龄,D\$3)""=SUMIFS(余额,店铺名称,B5,账龄, "<=3")""=SUMIFS(余额,店铺名称,B5,账龄, ">3",账龄, "<=6")""=SUMIFS(余额,店铺名称,B5,账龄, ">6",账龄, "<=12")""=SUMIFS(余额,店铺名称,B5,账龄, ">12",账龄, "<=24")""=SUMIFS(余额,店铺名称,B5,账龄, ">24")"，并将第 5 行公式向下复制填充到数据底部，并再次验算新的计算结果。

(3) 模板使用。后期进行账龄分析时，更新"规范后的应收款明细数据"中的 A~J 列数据，K、L 列数据自动重新计算，需要再次将"店铺名称"列的所有数据，删除重复项后，放至账龄分析表的 B 列，以防新数据中有新增的店铺名称。这一点不同于数据透视表法，直接刷新就可以将新增店铺加入数据透视表中。

任务总结

1. 本次任务中两个时间点间隔长度的问题，是第三次在书中出现，这次使用 Excel 的隐藏函数 DATEDIF()解决问题，注意比较三者间的不同之处。

2. 本次任务继续使用 SUMIFS()函数进行分类汇总，解决了条件格式为"3<x<=6"的条件设置方法。

任务 3.4 销售数据动态累加统计

背景资料

嘉誉公司每天统计各商品在各门店的销售情况,一个月内连续进行累加,月末计算出当月累计销售明细。

资料:日销售数据源(数据含 2018 年 12 月 1 日—12 月 31 日销售明细数据)。

任务要求

每增加一天的明细数据,累计销售明细表中的数据自动更新成截至当前日期的本月累计销售量。

任务 3.4 原始数据

操作思路

1. 求和的数据区域要随着新数据的增加而变化,可以考虑用动态表的方法规范数据区域,然后汇总各商品在各门店的累计销售量。

2. 给定的数据源不是清单格式的,不便于数据处理,所以要更改数据源的结构。

3. 动态表的处理方法,可以使用创建表或者 OFFSET()函数实现。

4. 汇总数据可以使用数据透视表或者 SUMIFS()函数实现。

操作步骤

方法一:超级表与 SUMIFS()组合。

1. 更改数据源的结构设置,创建"日销售明细"工作表

新建工作表,命名为"日销售明细",创建表头结构为"日期""商品名称""商品代码""地区""超市""门店""销售量",将数据源中 1~3 日三天的销售明细数据复制到本工作表中,如图 3.56 所示。

	A	B	C	D	E	F	G
1	日期	商品名称	商品代码	地区	超市	门店	销售量
2	2018/12/1	电子琴	DZ001	成都	乐购	0	7
3	2018/12/1	电子琴	DZ001	成都	沃尔玛	0	12
4	2018/12/1	电子琴	DZ001	哈尔滨	大福源	0	12
5	2018/12/1	电子琴	DZ001	青岛	家乐福	0	10
478	2018/12/2	飞机	FJ005	成都	家乐福	0	4
479	2018/12/2	飞机	FJ005	成都	乐购	0	7
480	2018/12/2	飞机	FJ005	广州	华润万家	0	7
481	2018/12/2	飞机	FJ005	沈阳	新天地	0	3

图 3.56 更改后的数据源结构("日销售明细"工作表)

2. 创建动态表

进入"日销售明细"工作表，选中任一有数据的单元格，执行"插入"→"表格"命令，将新建表格命名为"日销售"，创建好的表在名称管理器中可查看到，如图 3.57 所示。

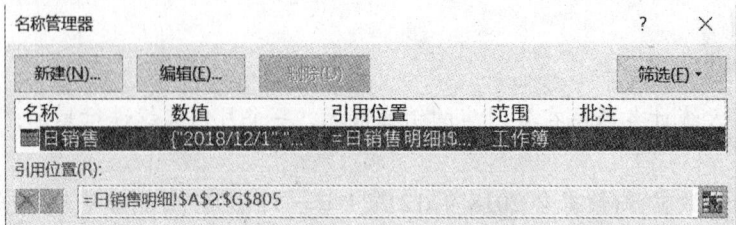

图 3.57　创建好的"日销售"表

3. SUMIFS()函数汇总累计销售量

(1) 新建工作表，命名为"当月累计销售明细"，将"2018 年 12 月日销售数据源"中 A1:E403 区域的内容复制到本表 A1:E403。

(2) "当月累计销售明细"工作表中，在 F2 单元格输入"=SUMIFS(日销售[销售],日销售[商品代码],B2,日销售[地区],C2,日销售[超市],D2,日销售[门店],E2)"，光标放在 F2 单元格右下角，光标变成"+"时，双击鼠标左键，将公式复制到数据底部。此时，统计数据的范围是"日销售明细"工作表中列示的所有数据，即从 1 日到截止日的全部汇总，具体如图 3.58 所示。

图 3.58　当月累计销售量统计

(3) 如果需要实现统计某一特定时间段的累计销售量，可以将 F2 单元格的公式改变为"=SUMIFS(日销售[销售],日销售[商品代码],B2,日销售[地区],C2,日销售[超市],D2,日销售[门店],E2,日销售[日期],">= "&J$1,日销售[日期], "<="&M$1)"，表格结构设计及操作结果，见"当月累计销售明细拓展"工作表，具体如图 3.59 所示。

图 3.59　统计某一特定时间段累计销售量

(注意：实现截至某一特定日期的当月累计销售额，需要在 SUMIFS()中增加一个条件"<=

特定日期"，这一条件的表示方法为"<="&特定日期，对于日期条件的表示方法，有其特殊性，这一应用可以拓展到 COUNTIF()、COUNTIFS()、SUMIF()等函数。)

方法二： OFFSET()函数定义动态表与数据透视表组合。

1. 更改数据源的结构设置，创建"日销售明细"工作表

具体操作同方法一。

2. OFFSET()函数定义动态表

进入"日销售明细"工作表，执行"公式"→"名称管理器"→"新建"命令，将新建表格命名为"日销售"，在引用位置输入"=OFFSET(日销售明细!$A$1,0,0,COUNTA(日销售明细!$A:$A),COUNTA(日销售明细!$1:$1))"，定义好的名称如图 3.60 所示。

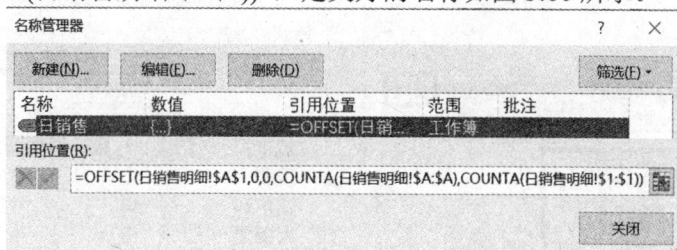

图 3.60　定义好的"日销售"动态表

3. 使用数据透视表汇总累计销售量

1) 创建数据透视表

创建销售量数据透视表，将"日期"字段放入筛选器，将"商品名称""商品代码""地区""超市""门店"放入行，"销售量"放入值区域。

2) 数据透视表美化

(1) 执行"数据透视表工具"→"设计"→"报表布局"→"以表格形式显示"→"重复所有项目标签"命令。

(2) 执行"数据透视表工具"→"设计"→"分类汇总"→"不显示分类汇总"命令，具体如图 3.61 所示。

图 3.61　设置数据透视表不显示分类汇总

(3) 单击"数据透视表工具"→"分析"→"+/-按钮",将地区前面的"-"去掉。

(4) 执行"数据透视表工具"→"分析"→"选项"命令,进入"数据透视表选项"对话框,选择"布局和格式",将"更新时自动调整列宽"前面的√去掉。

(5) 执行"数据透视表工具"→"分析"→"选项"命令,将"生成 GetPivotData(G)"前的√去掉。

3) 灵活使用数据透视表

(1) 汇总显示不同时间段的累计销售量。

① 使用页字段筛选。单击页字段日期筛选器右侧的黑三角按钮,在"选择多项"前打√,将"全部"前的√去掉,选择需要汇总的日期,单击"确定"按钮,数据透视表即显示相应日期的统计数据,具体如图 3.62 所示。

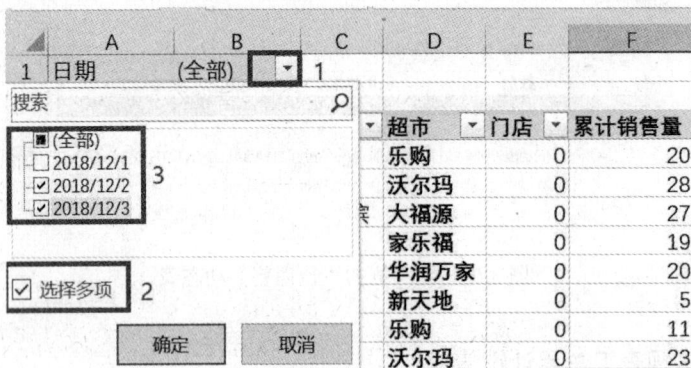

图 3.62　筛选日期以统计不同时间段累计销售量

② 使用切片器。选中数据透视表中任一单元格,执行"插入"→"切片器"命令,进入"插入切片器"对话框,选中"日期",单击"确定"按钮,如图 3.63 所示。

调整切片器大小至适合状态,单击切片器中的"多选"按钮,可以选择多个日期,数据即可同步更新到所选日期的累计销售量数据中,如图 3.64 所示。

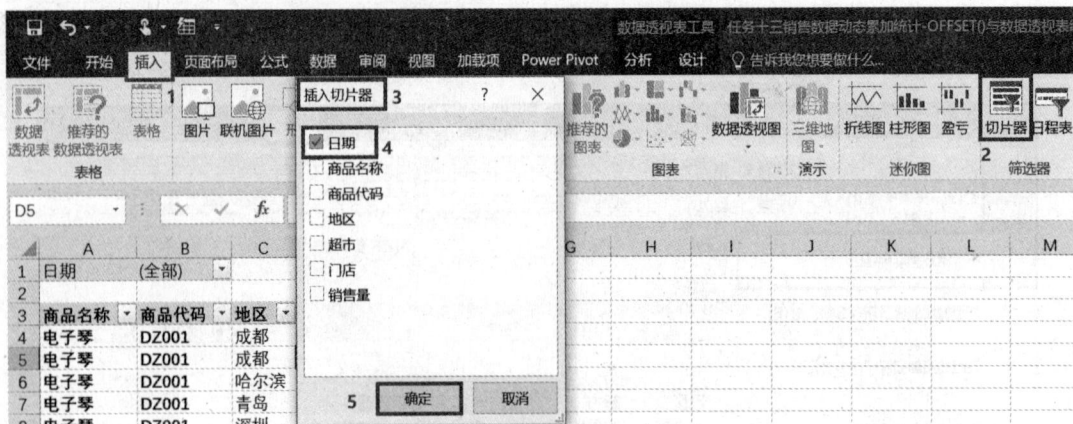

图 3.63　插入日期切片器

	A	B	C	D	E	F	G	H
1	日期	(多项)				▼	日期	📋 🔽
2								
3	商品名称 ▼	商品代码 ▼	地区 ▼	超市 ▼	门店 ▼	累计销售量	2018/12/1	▲
4	电子琴	DZ001	成都	乐购	0	13	2018/12/2	
5	电子琴	DZ001	成都	沃尔玛	0	16		
6	电子琴	DZ001	哈尔滨	大福源	0	15	2018/12/3	▼

图 3.64 利用切片器控制日期显示不同时间段销售量

(2) 汇总显示不同地区累计销售明细。

① 使用行字段筛选。单击"地区"字段右侧黑三角,选择某一地区,即可显示该地区的累计销售量,如图 3.65 所示,显示北京地区分商品的累计销售量。

	A	B	C	D	E	F
1	日期	(全部)	▼			
2						
3	商品名称 ▼	商品代码 ▼	地区 ▼	超市 ▼	门店 ▼	累计销售量
4	飞机	FJ001	北京	乐购	1	26
5	飞机	FJ002	北京	乐购	1	19
39	音乐盒	YY002	北京	家乐福	1	15
40	音乐盒	YY004	北京	家乐福	1	23
41	音乐盒	YY005	北京	家乐福	1	20
42	总计					805

图 3.65 筛选北京地区分商品累计销售量

② 使用切片器。选中数据透视表中任一单元格,执行"插入"→"切片器"命令,进入"插入切片器"对话框,选中"地区",单击"确定"按钮。

选中切片器,执行"切片器工具"→"选项"命令,调整设置切片器"样式""对齐方式""按钮"等选项,调整切片器至适合状态,如图 3.66 所示。单击切片器中的"北京"按钮,数据即可同步更新到北京的累计销售量数据中。

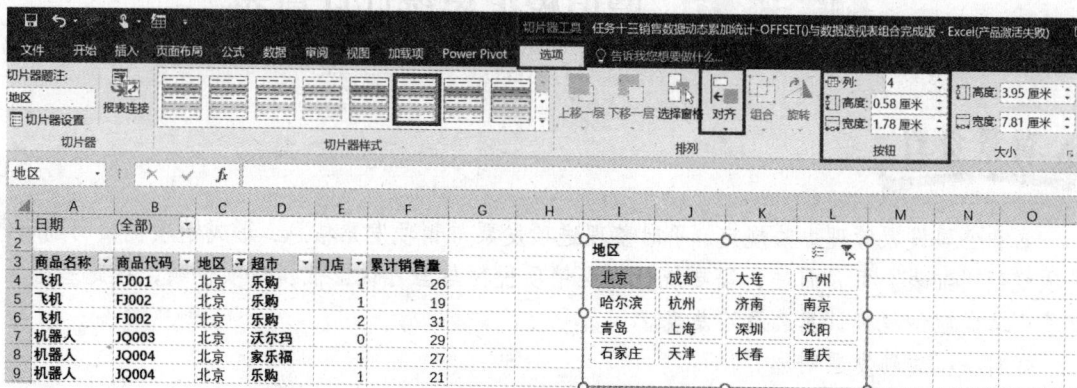

图 3.66 切片器格式调整设置

(3) 汇总显示多条件同步筛选的商品累计销售量。

根据筛选项目插入切片器,调整切片器格式,如图 3.67 所示。数据透视表显示的数据是:

2018 年 12 月 2 日，北京地区金刚的销售量。切片器的选项可以多选，如果需要选择两个以上选项，按住 Ctrl 键选择即可。同时，切片器中灰色区域为无数据区域，如图 3.67 中，金刚在济南、青岛、天津、重庆没有销售数据，同样也可以看出北京地区没有电子琴和轨道车的销售数据。

图 3.67　使用切片器实现多条件同步筛选

任务总结

1. 本次任务，两种方法都很好地解决了问题。从以上介绍的两种方法看，汇总数据使用数据透视表，便捷性更强些。首先，从数据源的形式看，数据透视表的数据源可以是超级表，也可以是 OFFSET() 定义的动态表；其次，从汇总数据的查看方法看，数据透视表提供了灵活多样的查看选择功能，充分显示出其便利性。

2. 本次任务还引进了切片器的设置和使用，可实现多条件同步筛选的功能。

任务 3.5　增值税汇总统计计算表

背景资料

嘉誉公司发票管理办法规定，平时整理进项发票与销项发票信息，形成销项税额明细表与进项税额明细表。每月月底，需要统计当月销项税额与当月认证抵扣进项税额，在此基础上，整理汇总成应纳税额计算表及汇总表。

资料一：进项发票明细。

资料二：销项发票明细。

任务要求

1. 填写增值税应纳税额计算表。

2. 设计汇总表,选择任一纳税月份(以 2018 年度为例,采用数据验证功能),能自动显示该纳税月份的销项税额、进项税额、进项税额转出、上月留抵税额以及销项与进项明细数据。

任务 3.5 原始数据

操作思路

1. 应纳税额计算表与汇总表的数据源都应具有动态延展性,所以选择将数据源设计成超级表。

2. 应纳税额计算表中,各月份进项税额与销项税额的汇总数用 SUMIFS()实现,应交税额与当期留抵税额根据增值税的计算方法直接设计公式。

3. 使用 VLOOKUP()函数从应纳税额计算表中提取汇总表、表头数据。

在现有的数据清单中,一个月内,有若干销项发票,首先,要找到这些发票,并确定其所在的位置,即行号。只要发票的开票月份与纳税月份相等,这些发票就是我们要找的发票,在销项明细表中添加一列辅助列,判断哪些发票属于纳税期间,符合要求的发票所在行的行号是一组数列,按从小到大的顺序依次取出,就是要列示的发票明细数据。

操作步骤

1. 增值税应纳税额计算表

(1) 将进项发票明细、销项发票明细设置为"超级表",分别命名为"进项明细""销项明细",将两张表中的第一列"认证月份""开票月份"的数字类型设置为自定义"0"月"",如图 3.68 所示。

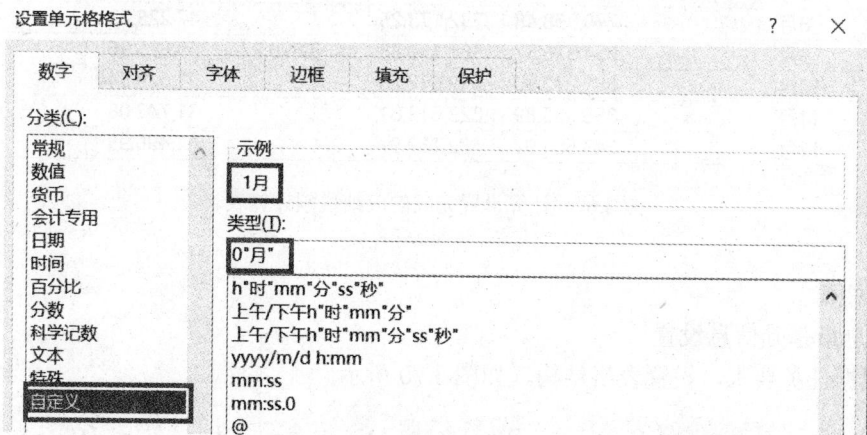

图 3.68　自定义"认证月份"及"开票月份"数字类型

(2) 在"应纳税额计算表"工作表中，根据公司业务信息及增值税核算要求，设置表头项目为"所属月份""上期留抵税额""销项税额""进项税额""进项税额转出""应交税额""本期留抵税额" 7 个。所属月份列的数字格式设置为自定义 "0"月""。

(3) 当月销项税额汇总。在 C2 单元格中输入公式 "=SUMIFS(销项明细[税金],销项明细[开票月份],A2)"，汇总销项明细表中开票月份在"1 月"的税金总和，使用超级表后，公式中的列区域表示方法为"表名+[字段名]"，操作时，选择列区域，公式编辑栏自动显示该命名方式。

(4) 当月认证的进项税额汇总。在 D2 单元格输入公式 "=SUMIFS(进项明细[税金],进项明细[认证月份],A2)"。

(5) 根据增值税计算方法，设置其余各单元格计算公式。B2 单元格根据公司上期数据，填列 0，E 列数据根据公司当月具体数据信息随时填写，F2 单元格输入 "=C2-D2+E2-B2"，G2 单元格输入 "=IF(F2>0,0,-F2)"，B3 单元格输入 "=G2"。

将所有的公式向下复制到 12 月，应纳税额计算表中的各项数据会随着进项、销项明细表的数据更新而随时更新。

调整设置应纳税额计算表的字体为"微软雅黑"，字号为 11 号，数字类型为"会计专用"，保留 2 位小数，货币符号为"无"，加边框，并设置表头为蓝色底纹填充，计算设置完成的应纳税额计算表，如图 3.69 所示。

	A	B	C	D	E	F	G
1	所属月份	上期留抵税额	销项税额	进项税额	进项税额转出	应交税额	本期留抵税额
2	1月	-	700,538.05	644,195.45	-	56,342.60	-
3	2月	-	579,800.63	513,400.80		66,399.83	
4	3月	-	646,014.98	629,748.05	457.83	16,724.76	
5	4月	-	595,053.00	570,922.59		24,130.41	
6	5月	-	821,951.24	819,956.46		1,994.78	
7	6月	-	601,438.80	607,967.64		-6,528.84	6,528.84
8	7月	6,528.84	533,389.69	460,045.96		66,814.89	
9	8月		779,398.48	732,173.25		47,225.23	
10	9月		634,326.57	568,399.88	3,899.27	69,825.96	
11	10月		681,232.90	659,612.26	-	21,620.64	
12	11月		855,355.89	823,613.81	-	31,742.08	
13	12月		543,664.92	482,167.97	-	61,496.95	

图 3.69　计算设置完成的应纳税额计算表

2. 汇总表

1) 汇总量基础信息设置

(1) 根据任务要求，设置表格结构，如图 3.70 所示。

	A	B	C	D	E	F	G	H
1	纳税月份		本期应交额		本期销项税额		本期进项税额	
2			上期留抵税额		本期进项税额转出			

图 3.70　设计汇总表结构

(2) 纳税月份，数据验证设置，能随意选择 1~12 月份。

(3) 纳税月份各项纳税项目数据填写。在 D1 单元格输入"=VLOOKUP(B1,应纳税额计算表!A\$2:G\$13,6,0)"，F1 单元格输入"=VLOOKUP(B1,应纳税额计算表!A\$2:G\$13,3,0)"，H1 单元格输入"=VLOOKUP(B1,应纳税额计算表!A\$2:G\$13,4,0)"，D2 单元格输入"=VLOOKUP(B1,应纳税额计算表!A\$2:G\$13,2,0)"，F2 单元格输入"=VLOOKUP(B1,应纳税额计算表!A\$2:G\$13,5,0)"，这几个公式都是利用 VLOOKUP()函数到增值税应纳税额计算表中找相应月份的数据。

2）开票明细及认证明细列示

方法一：数据透视表。

光标放在 A5 单元格，执行"插入"→"数据透视表"命令，在"表/区域"输入"销项明细"，创建数据透视表，将"开票月份"放入筛选器，将"票号"放入行，将"价税合计""金额""税金"放入值。

(1) 执行"数据透视表工具"→"设计"→"报表布局"→"以表格形式显示"→"重复所有项目标签"命令。

(2) "数据透视表工具"→"设计"→"分类汇总"→"不显示分类汇总"命令。

(3) "数据透视表工具"→"分析"→"+/-按钮"，将地区前面的"-"去掉。

(4) 执行"数据透视表工具"→"分析"→"选项"命令，进入"数据透视表选项"对话框，选择"布局和格式"，将"更新时自动调整列宽"前面的√去掉。

同样方法，在 F5 单元格创建认证明细的数据透视表，可以在汇总表中随时查看各月的发票明细。设计完成的汇总表如图 3.71 所示，汇总表实现的功能是，随时查看某一月份的纳税数据及发票明细。

	A	B	C	D	E	F	G	H	I
1	纳税月份	4月	本期应交税额	24,130.41	本期销项税额	595,053.00	本期进项税额	570,922.59	
2			上期留抵税额	-	本期进项税额转出	-			
3									
5	开票月份	4月	▼			认证月份	4月	▼	
6									
7	票号 ▼	价税总计	不含税收入	销项税额		票号 ▼	价税总计	不含税金额	进项税额
8	10091379	32108.12	27442.84	4665.28		18295558	480871.05	411000.90	69870.15
9	11978840	12980.58	11094.51	1886.07		19440437	194031.40	165838.80	28192.60
10	14747659	72344.47	61832.88	10511.59		21580705	67325.54	57543.20	9782.34
11	15679110	115334.73	98576.69	16758.04		22879058	105613.56	90268.00	15345.56

图 3.71　设计完成的汇总表

方法二：公式法。

(1) 设置辅助列。"进项发票明细"工作表中，I 列设为"辅助列"，I2 单元格输入"=IF([@认证月份]=汇总表!B\$1,ROW([@认证月份]),"")"。公式的含义是：如果"认证月份"列中的数值等于汇总表!B\$1 的值，就显示其所在行的行号，不相等，则显示空格，公式向下复制到数据底部。同样方法，在"销项发票明细"工作表的 I 列设置"辅助列"。

(2) 找到符合要求的发票号码。"汇总表"工作表中，A5 单元格中输入"=IFERROR(INDEX(销项明细[票号],SMALL(销项明细[辅助列],ROW(A1))-1),"")"。公式的含义是：用"SMALL(销项明细[辅助列],ROW(A1))"找到符合要求的发票号所在行的行号,ROW(A1)决定取出的行号分别是第 1 小、第 2 小、第 n 小；使用 INDEX()到"票号"这一列中取"行号减1"位置上的数值(去掉表格区域中的表头),就是要找的发票号码,INDEX()如果找不到符合要求的数据,就会显示#NUM!,用 IFERROR()修正即可。

这一步骤中,也可以使用 MATCH()定位到具体位置,辅助列与票号的结构是完全一致的,所以用 MATCH()在"辅助列"中定好的位置"MATCH(SMALL(销项明细[辅助列],ROW(A1)),销项明细[辅助列],0)",就是符合要求的发票号码在"票号"列中的位置,直接用 INDEX()取就可以了,所以 A5 单元格中的公式也可以写成"=IFERROR(INDEX(销项明细[票号],MATCH(SMALL(销项明细[辅助列],ROW(A1)),销项明细[辅助列])),"")"。

用同样的方法,也可以找到符合要求的进项发票的号码,在 F5 单元格中输入"=IFERROR(INDEX(进项明细[票号],MATCH(SMALL(进项明细[辅助列],ROW(A1)),进项明细[辅助列],0)),"")",也可以输入"=IFERROR(INDEX(进项明细[票号],SMALL(进项明细[辅助列],ROW(A1))-1),"")"。

(3) 查找每个发票号码下的详细信息。在"汇总表"工作表中,分别在 B5、C5、D5 单元格中输入"=IFERROR(VLOOKUP(A5,销项明细[[票号]:[价税合计]],3,0),"")""=IFERROR(VLOOKUP(A5,销项明细[[票号]:[价税合计]],4,0),"")""=IFERROR(VLOOKUP(A5,销项明细[[票号]:[价税合计]],5,0),"")",完成销项发票具体发票号码下的详细信息的查找。

分别在 G5、H5、I5 单元格中输入"=IFERROR(VLOOKUP(F5,进项明细[[票号]:[价税合计]],3,0),"")""=IFERROR(VLOOKUP(F5,进项明细[[票号]:[价税合计]],4,0),"")""=IFERROR(VLOOKUP(F5,进项明细[[票号]:[价税合计]],5,0),"")"完成进项发票具体发票号码下的详细信息的查找。

公式可以根据实际情况复制到 200 行左右,保证能够显示纳税期间所能出现发票数量的最大量,完成的汇总表如图 3.72 所示。

	A	B	C	D	E	F	G	H	I
1	纳税月份	4月	本期应交税额	24,130.41	本期销项税额	595,053.00	本期进项税额	570,922.59	
2			上期留抵税额	-	本期进项税额转出				
3					方法二 公式法				
4	票号	不含税金额	销项税额	价税合计		票号	不含税金额	进项税额	价税合计
5	89224764	32839.15	5582.66	38421.81		19440437	165838.80	28192.6	194031.4
6	52885301	20383.40	3465.18	23848.58		27967331	95222.00	16187.74	111409.74
7	15679110	98576.69	16758.04	115334.73		96655400	21610.80	3673.84	25284.64
8	85466576	93676.13	15924.94	109601.07		78605948	31319.00	5324.23	36643.23

图 3.72　公式法下设计完成的汇总表

任务总结

1. 公式法的基本思路是：添加辅助列,使用 IF()函数判断发票是否在所属期间,用 SMALL()函数定位,用 INDEX()函数根据定位取数,找到符合要求的发票号码,使用 VLOOKUP()函数查找具体发票号码下的详细信息。

2. 公式法与数据透视表法的区别：公式法下，具体纳税期间可以在B1单元格选一次即可，所有数据都及时更新到同月中，显示顺序按照原始数据的顺序；数据透视表方法中，明细表是根据两个数据源建立的数据透视表，不能与B1单元格中的月份同步，需要再分别点选相应月份，才能更新发票明细数据，显示顺序是按照发票号码升序或降序排列，打乱了原始数据的顺序，如果需要按照原始数据的顺序排列，可以在数据透视表中增加一个"开票日期"字段放在开头，按开票日期升序排列即可。

任务 3.6　编制会计报表

背景资料

嘉誉公司 2018 年 12 月的记账凭证清单以及期初余额表。

任务要求

1. 根据记账凭证清单编制试算平衡表。
2. 根据记账凭证清单制作明细账。
3. 根据试算平衡表编制资产负债表、利润表及现金流量表主表。

任务 3.6 原始数据

操作思路

1. 将期初余额表、记账凭证清单一级科目复制粘贴，删除重复项，得到试算平衡的科目名称。
2. SUMIF()汇总求和。
3. 适当美化试算平衡表。
4. 用数据透视表制作明细账。
5. 编制资产负债表。
6. 编制利润表。
7. 编制现金流量表主表。

在记账凭证清单中，记录好现金流入流出的归类项目，SUMIF()汇总求和，或者数据透视表自动生成。

所有报表项目数值均设置成会计专用。

操作步骤

1. 试算平衡表

1) 填写试算平衡表的科目名称

(1) 将"科目余额表"中"科目名称"列下的所有科目以及"201812 记账凭证清单"工作表中的所有一级科目复制粘贴到"试算平衡表"工作表"科目名称"列下，执行"数据"→"删除重复项"命令，得到试算平衡表中需要列示的会计科目。

(2) 重新调整科目名称的顺序，按会计科目查询表的顺序排列。进入"会计科目查询表"工作表，执行"文件"→"选项"→"高级"→"常规"→"创建用于排序和填充序列的列表：编辑自定义列表"命令，将"会计科目查询表"中"科目名称"列下的所有会计科目导入添加到自定义序列中。

回到"试算平衡表"中，选中科目名称列，执行"数据"→"排序"命令，进入"排序"对话框，选项设置如图 3.73 所示。

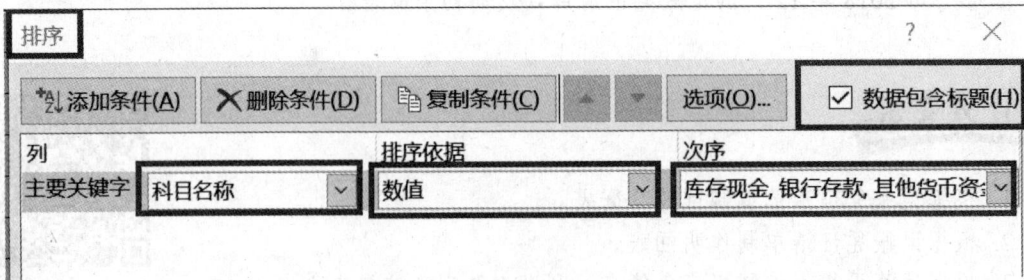

图 3.73　自定义排序选项设置

2) 根据期初余额表数据填写试算平衡表期初余额

在"试算平衡表"工作表的 B2 单元格中输入 "=IFNA(VLOOKUP(A2,期初余额表!B\$3:C\$15,2,0),0)"，C2 单元格输入 "=IFNA(VLOOKUP(A2,期初余额表!B\$3:D\$15,3,0),0)"，找到试算平衡表中借方、贷方的期初数，找不到数值的，使用 IFNA() 修正为 0。

3) 根据 201812 记账凭证清单中数据填写试算平衡表本期发生额

在"试算平衡表"工作表的 D2 单元格中输入 "=SUMIF('201812 记账凭证清单'!D\$3:D\$253,A2,'201812 记账凭证清单'!F\$3:F\$253)"，E2 单元格输入 "=SUMIF('201812 记账凭证清单'!D\$3:D\$253,A2,'201812 记账凭证清单'!G\$3:G\$253)"，汇总出本期借方、贷方发生额。

4) 计算填列试算平衡表期末数

在"试算平衡表"工作表 F2 单元格输入 "=IF(B2+D2-(E2+C2)>=0,B2+D2-E2,"")"，G2 单元格输入 "=IF(C2+E2-(D2+B2)>0,C2+E2-D2,"")"，计算出期末余额。

所有公式向下复制填充至最后一个会计科目，添加"合计"行，汇总各列数据。

验证数据的计算结果，将试算平衡表中期初余额借方、贷方合计数与期初余额表的合计数核对相符，将试算平衡表中本期发生的借方、贷方合计数与"201812 记账凭证清单"工作表中的 F1、G1 单元格的合计数核对相符，同时，试算平衡表中 F 列与 G 列合计数应该相等。如出现不符情况，说明计算有误，需要重新调整查找数据及公式设置。

5) 美化试算平衡表

设置所有字体大小为 11 号，汉字字体为"微软雅黑"，所有数字字体为 Arial，数字格式为"会计专用"，保留 2 位小数，货币符号为"无"。

如果需要将此试算平衡表模板化，可以将会计科目查询表中所有科目放入"科目名称"列，或者选企业可能用到的所有会计科目，汇总发生额公式中对记账凭证清单的引用可以扩大到适当区域即可。

2. 明细账

1) 创建数据透视表

单击"201812 记账凭证清单"任一有数据单元格，执行"插入"→"数据透视表"命令，将数据透视表放入"明细账"工作表 A1 单元格，将"一级科目"放入筛选器，"日期""凭证编号""摘要""二级科目"放入行，"借方金额""贷方金额"放入值，值字段汇总方式选择"求和"。

2) 美化设置数据透视表

(1) 执行"数据透视表工具"→"设计"→"报表布局"→"以表格形式显示"→"重复所有项目标签"命令。

(2) 执行"数据透视表工具"→"设计"→"分类汇总"→"不显示分类汇总"命令。

(3) 单击"数据透视表工具"→"分析"→"+/-按钮"，将地区前面的"-"去掉。

(4) 执行"数据透视表工具"→"分析"→"选项"命令，进入"数据透视表选项"对话框，选择"布局和格式"，将"更新时自动调整列宽"前面的√去掉。

筛选器中选择任一会计科目，数据透视表即显示该科目下的本期发生数据，点选相应的二级科目，立即显示该二级科目下的本期发生数据，如图 2.74 所示，以销售费用为例。

	A	B	C	D	E	F
1	一级科目	销售费▼				
2						
3	日期 ▼	凭证编▼	摘要 ▼	二级科目 ▼	借方发生额	贷方发生额
4	12月12日	20	业务员销差旅费	差旅费	7500.00	
5	12月20日	28	计提工资	工资	110590.00	
6	12月20日	28	计提工资	公积金	1331.00	
7	12月20日	28	计提工资	社会保险	19820.80	
8	12月28日	33	折旧计提	折旧	2621.03	
9	12月31日	43	期间损益结转	差旅费		7500.00
10	12月31日	43	期间损益结转	工资		110590.00
11	12月31日	43	期间损益结转	公积金		1331.00
12	12月31日	43	期间损益结转	社会保险		19820.80
13	12月31日	43	期间损益结转	折旧		2621.03
14	总计				141862.83	141862.83

图 3.74　设置完成的销售费用明细账

3. 编制报表

1) 编制资产负债表

(1) 填列资产负债表的表头项目。

编制单位：嘉誉公司。

所属日期：2018 年 12 月 31 日。

金额单位：元。

(2) 结合公司业务可能会涉及的报表项目及会计科目，设置资产负债表各项目的计算公式如下：

B6 单元格输入"=SUMIF(试算平衡表!\$A\$2:\$A\$25, "库存现金",试算平衡表!\$B\$2:\$B\$25)+SUMIF(试算平衡表!\$A\$2:\$A\$25,"银行存款",试算平衡表!\$B\$2:\$B\$25)"。

B8 单元格输入"=SUMIF(试算平衡表!\$A\$2:\$A\$25, "应收账款",试算平衡表!\$B\$2:\$B\$25)"。

B12 单元格输入"=SUMIF(试算平衡表!\$A\$2:\$A\$25, "其他应收款",试算平衡表!\$B\$2:\$B\$25)"。

B13 单元格输入"=SUMIF(试算平衡表!\$A\$2:\$A\$25, "在途物资",试算平衡表!\$B\$2:\$B\$25)+SUMIF(试算平衡表!\$A\$2:\$A\$25,"库存商品",试算平衡表!\$B\$2:\$B\$25)"。

B17 单元格输入"=SUM(B6:B16)"。

B24 单元格输入"=SUMIF(试算平衡表!\$A\$2:\$A\$25, "固定资产",试算平衡表!\$B\$2:\$B\$25)"。

B25 单元格输入"=SUMIF(试算平衡表!\$A\$2:\$A\$25, "累计折旧",试算平衡表!\$C\$2:\$C\$25)"。

B26 单元格输入"=B24-B25"。

B36 单元格输入"=SUM(B19:B23,B26,B29:B35)"。

B37 单元格输入"=B17+B36"。

C6 单元格输入"=SUMIF(试算平衡表!\$A\$2:\$A\$25, "库存现金",试算平衡表!\$F\$2:\$F\$25)+SUMIF(试算平衡表!\$A\$2:\$A\$25, "银行存款",试算平衡表!\$F\$2:\$F\$25)"。

C8 单元格输入"=SUMIF(试算平衡表!\$A\$2:\$A\$25, "应收账款",试算平衡表!\$F\$2:\$F\$25)"。

C12 单元格输入"=SUMIF(试算平衡表!\$A\$2:\$A\$25, "其他应收款",试算平衡表!\$F\$2:\$F\$25)"。

C13 单元格输入"=SUMIF(试算平衡表!\$A\$2:\$A\$25, "在途物资",试算平衡表!\$F\$2:\$F\$25)+SUMIF(试算平衡表!\$A\$2:\$A\$25, "库存商品",试算平衡表!\$F\$2:\$F\$25)"。

C17 单元格输入"=SUM(C6:C16)"。

C24 单元格输入"=SUMIF(试算平衡表!\$A\$2:\$A\$25, "固定资产",试算平衡表!\$F\$2:\$F\$25)"。

C25 单元格输入"=SUMIF(试算平衡表!\$A\$2:\$A\$25, "累计折旧",试算平衡表!\$G\$2:\$G\$25)"。

C26 单元格输入"=C24-C25"。

C36 单元格输入"=SUM(C19:C23,C26,C29:C35)"。

C37 单元格输入"=C17+C36"。

E8 单元格输入"=SUMIF(试算平衡表!\$A\$2:\$A\$25, "应付账款",试算平衡表!\$C\$2:\$C\$25)"。

E10 单元格输入"=SUMIF(试算平衡表!\$A\$2:\$A\$25, "应付职工薪酬",试算平衡表!\$C\$2:\$C\$25)"。

E11 单元格输入"=SUMIF(试算平衡表!\$A\$2:\$A\$25, "应交税费",试算平衡表!\$C\$2:\$C\$25)"。

E14 单元格输入"=SUMIF(试算平衡表!\$A\$2:\$A\$25, "其他应付款",试算平衡表!\$C\$2:\$C\$25)"。

E17 单元格输入"=SUM(E6:E16)"。

E19 单元格输入"=SUMIF(试算平衡表!$A$2:$A$25, "长期借款",试算平衡表!$C$2:$C$25)"。

E26 单元格输入"=SUM(E19:E25)"。

E27 单元格输入"=SUM(E17,E26)"。

E30 单元格输入"=SUMIF(试算平衡表!$A$2:$A$25, "实收资本",试算平衡表!$C$2:$C$25)"。

E33 单元格输入"=SUMIF(试算平衡表!$A$2:$A$25, "盈余公积",试算平衡表!$C$2:$C$25)"。

E34 单元格输入"=SUMIF(试算平衡表!$A$2:$A$25, "本年利润",试算平衡表!$C$2:$C$25)+
SUMIF(试算平衡表!$A$2:$A$25, "利润分配",试算平衡表!$C$2:$C$25)+SUMIF(试算平衡
表!$A$2:$A$25, "本年利润",试算平衡表!$B$2:$B$25)+SUMIF(试算平衡表!$A$2:$A$25,"利润
分配",试算平衡表!$B$2:$B$25)"。

E35 单元格输入"=SUM(E30:E34)"。

E37 单元格输入"=SUM(E27,E35)"。

F8 单元格输入"=SUMIF(试算平衡表!$A$2:$A$25, "应付账款",试算平衡表!$G$2:$G$25)"。

F10 单元格输入"=SUMIF(试算平衡表!$A$2:$A$25,"应付职工薪酬",试算平衡
表!$G$2:$G$25)"。

F11 单元格输入"=SUMIF(试算平衡表!$A$2:$A$25, "应交税费",试算平衡表!$G$2:$G$25)"。

F14 单元格输入"=SUMIF(试算平衡表!$A$2:$A$25,"其他应付款",试算平衡表!$G$2:$G$25)"。

F17 单元格输入"=SUM(F6:F16)"。

F19 单元格输入"=SUMIF(试算平衡表!$A$2:$A$25, "长期借款",试算平衡表!$G$2:$G$25)"。

F26 单元格输入"=SUM(F19:F25)"。

F27 单元格输入"=SUM(F17,F26)"。

F30 单元格输入"=SUMIF(试算平衡表!$A$2:$A$25, "实收资本",试算平衡表!$G$2:$G$25)"。

F33 单元格输入"=SUMIF(试算平衡表!$A$2:$A$25, "盈余公积",试算平衡表!$G$2:$G$25)"。

F34 单元格输入"=SUMIF(试算平衡表!$A$2:$A$25, "本年利润",试算平衡表!$F$2:$F$25)+
SUMIF(试算平衡表!$A$2:$A$25, "利润分配",试算平衡表!$F$2:$F$25)+SUMIF(试算平衡
表!$A$2:$A$25, "本年利润",试算平衡表!$G$2:$G$25)+SUMIF(试算平衡表!$A$2:$A$25, "利润
分配",试算平衡表!$G$2:$G$25)"。

F35 单元格输入"=SUM(F30:F34)"。

F37 单元格输入"=SUM(F27,F35)"。

如果需要将此资产负债表模板化,汇总公式中对试算平衡表的引用可以扩大到适当区域即
可,如果公司业务变更涉及新增报表项目或者更改报表项目的计算方法,应及时调整计算公式。

本例中,所有 SUMIF() 的计算公式,都可以用 VLOOKUP() 来替代。编制完成的资产负债
表如图 3.75 所示。

资产负债表

会企01表

编制单位：嘉誉公司　　　　　　　　　　2018年12月31日　　　　　　　　　　　　　　单位：元

资产	年初余额	期末余额	负债和所有者权益（或股东权益）	年初余额	期末余额
流动资产：			流动负债：		
货币资金	429,863.56	7,239,937.03	短期借款		
应收票据			应付票据		
应收账款	231,800.00	738,556.00	应付账款	201,146.72	889,830.22
预付账款			预收账款		
应收利息			应付职工薪酬	300,069.20	300,069.20
应收股利			应交税费	32,514.00	1,246,758.55
其他应收款	-	401.34	应付利息		
存货	4,260,286.18	2,504,675.92	应付股利		
一年内到期的非流动资产			其他应付款		-
其他流动资产			一年内到期的非流动负债		
			其他流动负债		
流动资产合计	4,921,949.74	10,483,570.29	流动负债合计	533,729.92	2,436,657.97
非流动资产：			非流动负债：		
可供出售金融资产			长期借款	1,010,000.00	1,010,000.00
持有至到期投资			应付债券		
长期应收款			长期应付款		
长期股权投资			专项应付款		
投资性房地产			预计负债		
固定资产	169,700.00	220,858.90	递延所得税负债		
减：累计折旧	130,644.82	127,278.87	其他非流动负债		
固定资产净值	39,055.18	93,580.03	非流动负债合计	1,010,000.00	1,010,000.00
减：固定资产减值准备			负债合计	1,543,729.92	3,446,657.97
固定资产净额					
在建工程			所有者权益（或股东权益）：		
工程物资			实收资本（或股本）	3,000,000.00	3,000,000.00
固定资产清理			资本公积		
无形资产			专项储备		
长期待摊费用			盈余公积	-	-
递延所得税资产			未分配利润	417,275.00	4,130,492.35
其他非流动资产			所有者权益（或股东权益）合计	3,417,275.00	7,130,492.35
非流动资产合计	39,055.18	93,580.03			
资产总计	4,961,004.92	10,577,150.32	负债和所有者权益（或股东权益）合计	4,961,004.92	10,577,150.32

图 3.75　编制完成的资产负债表

2) 编制利润表

(1) 填列利润表的表头项目。

编制单位：嘉誉公司。

所属期间：2018 年 12 月。

金额单位：元。

(2) 结合公司业务可能会涉及的报表项目及会计科目，设置利润表各项目的计算公式如下(本例仅填列本月数)：

B5 单元格输入 "=VLOOKUP("主营业务收入",试算平衡表!$A$2:$E$25,4,0)"。

B6 单元格输入 "=VLOOKUP("主营业务成本",试算平衡表!$A$2:$E$25,4,0)"。

B7 单元格输入 "=IFNA(VLOOKUP(A7,试算平衡表!$A$2:$E$25,4,0),0)"。

B8 单元格输入 "=IFNA(VLOOKUP(A8,试算平衡表!$A$2:$E$25,4,0),0)"。

B9 单元格输入 "=IFNA(VLOOKUP(A9,试算平衡表!$A$2:$E$25,4,0),0)"。

B10 单元格输入 "=IFNA(VLOOKUP(A10,试算平衡表!$A$2:$E$25,4,0),0)"。

B15 单元格输入 "=B5-B6-B7-B8-B9-B10-B11+B12+B13"。

B16 单元格输入 "=IFNA(VLOOKUP("营业外收入",试算平衡表!$A$2:$E$25,4,0),0)"。

B17 单元格输入 "=IFNA(VLOOKUP("营业外支出",试算平衡表!$A$2:$E$25,4,0),0)"。

B19 单元格输入 "=B15+B16-B17"。

B20 单元格输入 "=VLOOKUP("所得税费用",试算平衡表!$A$2:$E$25,4,0)"。

B21 单元格输入 "=B19-B20"。

如果需要将此利润表模板化，汇总公式中对试算平衡表的引用可以扩大到适当区域即可，如果公司业务变更涉及新增报表项目或者更改报表项目的计算方法，应及时调整计算公式。

本例中，所有 VLOOKUP() 的计算公式，都可以用 SUMIF() 来替代。编制完成的利润表，如图 3.76 所示。

利 润 表

会企02表

编制单位：嘉誉公司　　　　　　2018年12月　　　　　　　　单位：元

项目	本月数	本年数
一、营业收入	15,927,464.12	
减：营业成本	10,564,172.26	
税金及附加	118.46	
销售费用	141,862.83	
管理费用	271,134.75	
财务费用	-	
资产减值损失		
加：公允价值变动收益（损失以"-"号填列）		
投资收益（损失以"-"号填列）		
其中：对联营企业和合营企业的投资收益		
二、营业利润（亏损以"-"号填列）	4,950,175.82	
加：营业外收入	780.65	
减：营业外支出	-	
其中：非流动资产处置损失		
三、利润总额（亏损总额以"-"号填列）	4,950,956.47	
减：所得税费用	1,237,739.12	
四、净利润（净亏损以"-"号填列）	3,713,217.35	

图 3.76　编制完成的利润表

3) 编制现金流量表

(1) 记账凭证清单中设置辅助列"现金流量表项目"。

新建一张工作表，命名为"现金流量表项目"，将现金流量表正表中所有项目复制粘贴到 A1:A22。

在"201812 记账凭证清单"工作表 H2 单元格输入"现金流量表项目"，选中 H3 单元格，执行"数据"→"数据验证"命令，进入"数据验证"对话框，"来源"处输入"=现金流量表项目!$A$1:$A$22"，其他设置选项如图 3.77 所示。将 H2 单元格的数据验证复制到凭证清单的数据底部。

图 3.77 "现金流量表项目"辅助列数据验证设置

在"201812 记账凭证清单"工作表中，执行"数据"→"筛选"命令，将一级科目是"库存现金""银行存款"的所有项目筛选出来，并点选其对应的现金流量表项目，如图 3.78 所示。

	A	B	C	D	E	F	G	H
1						82003990.57	82003990.57	
2	日期	凭证编	摘要	一级科目	二级科目	借方金额	贷方金额	现金流量表项目
7	12月2日	2	业务员借备用金	库存现金			1500.00	支付其他与经营活动有关的现金
9	12月6日	3	缴11月份增值税	银行存款			32514.00	支付的各项税费
11	12月8日	4	薪资发放	银行存款			189063.81	支付给职工以及为职工支付的现金
15	12月9日	5	提现金	库存现金		20000.00		
16	12月9日	5	提现金	银行存款			20000.00	
18	12月9日	6	业务员借款	库存现金			800.00	支付其他与经营活动有关的现金
22	12月10日	8	付江苏云景货款	银行存款			216194.50	购买商品、接受劳务支付的现金
24	12月10日	9	购面包车	银行存款			60000.00	购建固定资产、无形资产和其他长期资产支付的现金
33	12月11日	11	收北京家乐福货款	银行存款		215444.00		销售商品、提供劳务收到的现金
39	12月11日	13	开成都华润万家发票	银行存款		2563083.02		销售商品、提供劳务收到的现金
62	12月12日	18	开北京沃尔玛发票	银行存款		1026105.01		销售商品、提供劳务收到的现金
70	12月12日	19	采购员报销差旅费	库存现金			7132.45	支付其他与经营活动有关的现金
72	12月12日	20	业务员销差旅费	库存现金			7500.00	支付其他与经营活动有关的现金
74	12月13日	21	报销招待费	库存现金			3580.33	支付其他与经营活动有关的现金
75	12月13日	22	开家乐福发票	银行存款		3123160.00		销售商品、提供劳务收到的现金
87	12月14日	23	开苏果发票	银行存款		5486784.99		销售商品、提供劳务收到的现金
99	12月15日	24	开天福源发票	银行存款		3652855.99		销售商品、提供劳务收到的现金
111	12月16日	25	开成都沃尔玛发票	银行存款		2060944.00		销售商品、提供劳务收到的现金
121	12月17日	26	付广州曲迪货款	银行存款			4384339.57	购买商品、接受劳务支付的现金
123	12月17日	27	付义乌网笙货款	银行存款			655605.24	购买商品、接受劳务支付的现金

图 3.78 筛选出对应现金流量表项目的发生额

(2) 填列现金流量表的表头项目。

编制单位：嘉誉公司。

所属期间：2018 年 12 月。

金额单位：元。

(3) 结合公司业务可能会涉及的报表项目及会计科目，设置现金流量表各项目的计算公式如下(本例仅填列本期金额)。

B6 单元格输入"=SUMIFS('201812 记账凭证清单'!F\$3:F\$250,'201812 记账凭证清单'!H\$3:H\$250,\$B6)+SUMIFS('201812 记账凭证清单'!G\$3:G\$250,'201812 记账凭证清单'!H\$3:H\$250,\$B6)"。

复制 B6 单元格，摁住 Ctrl 键，选择 B7:B8、B10:B13、B17:B21、B23:B26、B30:B32、B34:B36 区域，粘贴，将公式复制到这些区域。

B9 单元格输入="SUM(B6:B8)。"

B14 单元格输入="SUM(B10:B13)"。

B15 单元格输入="B9-B14"。

B22 单元格输入="SUM(B17:B21)"。

B27 单元格输入="SUM(B23:B26)"。

B28 单元格输入="B22-B27"。

B33 单元格输入="SUM(B30:B32)"。

B37 单元格输入="SUM(B34:B36)"。

B38 单元格输入="B33-B37"。

B40 单元格输入="B15+B28+B38+B39"。

B41 单元格输入="资产负债表!B6"。

B42 单元格输入="B40+B41"。

验证计算结果，B42 单元格的数值应该等于资产负债表中 C6 单元格的数值，如果不等，说明计算过程或公式有误，需重新调整至二者相等。编制完成的现金流量表如图 3.79 所示。

现金流量表

会企 03 表

编制单位：嘉誉公司	2018年12月		单位：元
项 目		本期金额	上期金额
一、经营活动产生的现金流量：			
销售商品、提供劳务收到的现金		18 128 377.01	
收到的税费返还		-	
收到其他与经营活动有关的现金		-	
经营活动现金流入小计		18 128 377.01	
购买商品、接受劳务支付的现金		10 826 615.82	
支付给职工以及为职工支付的现金		292 245.10	
支付的各项税费		32 514.00	
支付其他与经营活动有关的现金		107 928.62	
经营活动现金流出小计		11 259 303.54	
经营活动产生的现金流量净额		6 869 073.47	
二、投资活动产生的现金流量：			
收回投资收到的现金		-	
取得投资收益收到的现金		-	
处置固定资产、无形资产和其他长期资产收回的现金净额		1 000.00	
处置子公司及其他营业单位收到的现金净额		-	
收到其他与投资活动有关的现金		-	
投资活动现金流入小计		1 000.00	
购建固定资产、无形资产和其他长期资产支付的现金		60 000.00	
投资支付的现金		-	
取得子公司及其他营业单位支付的现金净额		-	
支付其他与投资活动有关的现金		-	
投资活动现金流出小计		60 000.00	
投资活动产生的现金流量净额		-59 000.00	
三、筹资活动产生的现金流量：			
吸收投资收到的现金		-	
取得借款收到的现金		-	
收到其他与筹资活动有关的现金		-	
筹资活动现金流入小计		-	
偿还债务支付的现金		-	
分配股利、利润或偿付利息支付的现金		-	
支付其他与筹资活动有关的现金		-	
筹资活动现金流出小计		-	
筹资活动产生的现金流量净额		-	
四、汇率变动对现金及现金等价物的影响		-	
五、现金及现金等价物净增加额		6 810 073.47	
加：期初现金及现金等价物余额		429 863.56	
六、期末现金及现金等价物余额		7 239 937.03	

图 3.79 编制完成的现金流量表

1. 本次任务的操作方法和结果，均建立在现有结构设计的记账凭证清单基础上。实务中的数据多从软件系统中导出，可能不会是这样标准的数据清单，往往需要使用者自己调整之后才能使用。

2. 编制报表使用的公式，不是一成不变的，需要结合数据源以及公司业务的实际情况，随时调整，思路和方法可以借鉴。

3. 利润表编制公式中，SUMIF()和 VLOOKUP()可以互换使用，当求和项只有一项时，二者的计算结果是一样的，SUMIF()此时起到了查找的功能。

4. 现金流量表编制使用的计算公式，将记账凭证清单中的借方金额(现金流入)与贷方金额(现金流出)相加。为了使整个现金流量表的非合计项目统一使用一个公式而不必区分现金流入和现金流出，这种方法也可以适用于其他类似场景。

项目四

财务数据呈现

4.1 Excel 图表类型与工具

4.1.1 图表类型

图表是数据的一种直观表现形式，它可以将枯燥乏味的数字变得非常直观。图表也是重要的数据分析工具之一，一个设计严谨的图表可以使数据更具有说服力。常用的图表，通常包括：饼图、柱形图、条形图、折线图和散点图。不同类型的图表适用于传达不同类型的信息，如表4.1 所示。只有掌握每一种图表类型的特点才能学会选择正确的图表类型完成数据的完美呈现。

表 4.1 图表类型与信息类型的对应关系

图表类型	信息类型	关键字
饼图	组成部分	占有率、贡献率、百分比
柱形图	时间序列、频率分布	排名、多、少、大于、小于、等于、相同
条形图	顺序排序、关联性	趋势、改变、波动、上升、下降、增加、降低
折线图	时间序列、频率分布	分布率、发生率、集中状态、中心点
散点图	关联性	相关性、成比例、随……而改变、因……而定

1. 饼图

当比较局部与整体，强调每个扇形区与整体相比占有多大份额时，饼图的选择是最恰当的。但扇形区太多将会使得饼图难以辨认，一般最多使用7个数据点来制作饼图。

一般来说，以下几种情况可以考虑使用饼图：

(1) 仅有一个要绘制的数据系列；

(2) 要绘制的数值没有负数或几乎没有零值；

(3) 要绘制的数值个数不是太多；

(4) 各类别分别代表整个饼图的一部分。

饼图包含饼图和三维饼图、复合饼图和复合条饼图以及分离饼图和三维分离饼图几个子类别。

2. 柱形图

柱形图是从 X 轴到数据点之间绘制一个矩形，可以将任何事务作为数据点使用，如地区、产品等。在柱形图中，通常沿水平轴组织类别，沿垂直轴组织数据。

柱形图按数据组织的类型分为簇状柱形图、堆积柱形图和百分比柱形图，簇状柱形图用来比较各类别的数值大小；堆积柱形图用来显示单个项目与整体间的关系，比较各个类别的每个数值占总数值的大小；百分比堆积柱形图比较各个类别的每个数值占总数值的百分比。

按照坐标轴维数及柱形图的外观又可分为二维柱形图、三维柱形图，其中各类别又分别包含簇状图、堆积图和百分比堆积图。一般情况下，考虑到图表的易读性，提倡使用简洁的二维图表，慎用三维图表。

3. 折线图

折线图能最简洁也最清楚地表现上升、下降、波动或维持原状的趋势，常用于表现时间序列，特别适合在时间点较多的情况下使用。折线图注重表现变化和变化趋势，因此在表达数据的发展状况时宜采用线形图。在折线图中，类别数据沿水平轴均匀分布，所有值数据沿垂直轴均匀分布。

与柱形图类似，折线图按数据组织形式也可以分为折线图、堆积折线图和百分比堆积折线图等。

分组折线图是比较两个或多个项类的表现情况。例如，客户与其竞争对手的发展趋势比较。常用对比强烈的颜色或最粗的实线作为客户的趋势线，而较浅颜色或较细的虚线作为其他公司的趋势线。折线图的另一个用途是表示频率分布，频率分布关系是表明在一个数字范围中有多少项类。常用于在观察样本的基础上进行归纳，特别是预测风险、可能性机会等。

4. 散点图

散点图也称为"XY 散点图"，常用于分析一组或多组变量间的相互关系，其中每一个数据点均由两个分别对应于 X(水平)和 Y(垂直)坐标轴的变量构成。散点图共包括 5 种子图表类型，即散点图、带平滑线和数据标记的散点图、带平滑线的散点图、带直线和数据标记的散点图，以及带直线的散点图。

5. 条形图

条形图是横向的柱形图，当图表的水平空间多于垂直空间时，选择条形图比较恰当。

6. 迷你图

迷你图是 Excel 在数据的图表处理上的一个新功能，使用迷你图可以在一个单元格中显示指定单元格区域的数据变化趋势。

迷你图有折线图、柱形图和盈亏图 3 种类型，要为某个区域的数据插入迷你图，可在"插入"选项卡的"迷你图"组中单击相应的按钮。

迷你图集合了图表与单元格的双重特征，它既可以像图表一样直观地展现数据，又可以像单元格一样，使用自动填充柄进行填充。

7. 条件格式

条件格式指当指定条件为真时，Excel 自动应用单元格格式，该格式可以根据需要自行设置选择。Excel 2016 增加了多项条件格式新元素，使得单元格数据的挖掘和分析更加易于操作。

4.1.2　图表工具

1. Excel 2016 图表工具包括设计、格式两大模块

设计模块包括图表布局、图表样式、数据、类型、位置 5 组功能。其中，图表布局可以添加图表元素、快速布局；图表样式内置了若干既定的图表样式，可以直接选用，更改颜色为用户提供了多种配色方案，可以直接选择一个配色系列应用于图表；数据可以设置更改统计图表的数据源；类型可以更改图表类型；位置可以设置图表存放的位置，具体如图 4.1 所示。

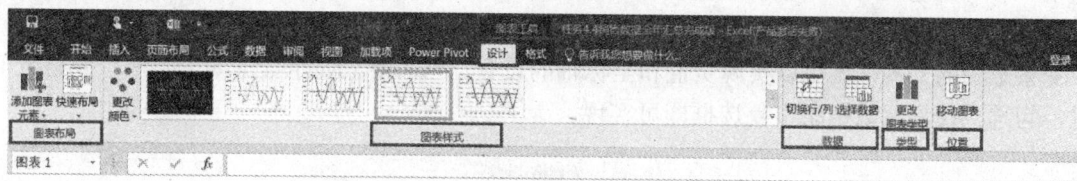

图 4.1　图表工具设计功能模块

格式模块包括当前所选内容、插入形状、形状样式、艺术字样式、排列、大小 6 组功能。常用的是设置所选内容格式，图表中的某些组成部分很难通过鼠标单击来选择，可通过执行"图表工具"→"格式"→"当前所选内容"来选择具体的图表元素，可以设置所选内容的格式，格式模块具体如图 4.2 所示。

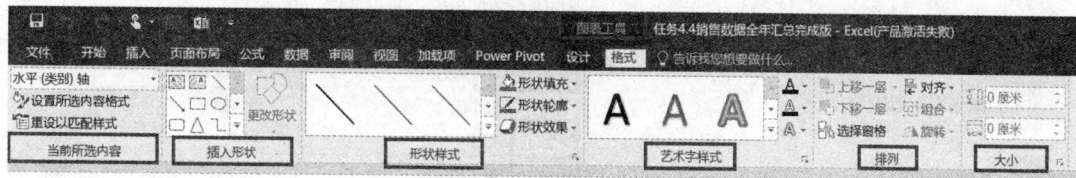

图 4.2　图表工具格式功能模块

如果现有图表中缺少某个元素，格式模块无法添加，如果需要添加某些图表元素，可以执行"图表工具"→"设计"→"添加图表元素"来实现。

2. 条件格式元素

Excel 2016 的条件格式选项卡包括突出显示单元格规则、项目选取规则、数据条、色阶、图标集，如图 4.3 所示。

1) 突出显示单元格规则

使用"突出显示单元格规则",可以醒目的标注特定数据的单元格,但数据发生变化时醒目标注格式的定位也会自动更新,该功能既可以实现突出显示指定范围的值,也可以实现突出显示包含某个文本的单元格,还可以突出显示最近 7 天、昨天和今天等日期范围内的数据。

2) 项目选取规则

使用"项目选取规则",可以在一个表格中快速找出前 N 个最大值或者后 N 个最小值,可以实现突出显示高于或低于平均值的数据。

3) 数据条

数据条,以不同长度的数据显示单元格的值,即使不看具体的数字也能掌握表格信息。除了根据单元格区域中数值的大小来设置数据条显示规则外,还可以根据百分比和公式等多种单元格属性来设置数据条显示规则。

当原始数据首尾差异值较大时,数据条难以准确地表现数据间的差异,从而可能造成信息传递的误导,可以使用自定义设置。选中单元格区域后,执行"开始"→"条件格式"→"数据条"→"其他规则",进入"新建格式规则"窗口,如图 4.4 所示。在格式规则对话框中,可以选择格式的样式、设置最大值和最小值的数字类型和值,可以通过填充边框及颜色的设计改变条形图的外观,还可以实现负值和坐标轴的设置。当需要只显示数据条,隐藏单元格数值时,勾选"仅显示数据条"复选框即可实现。

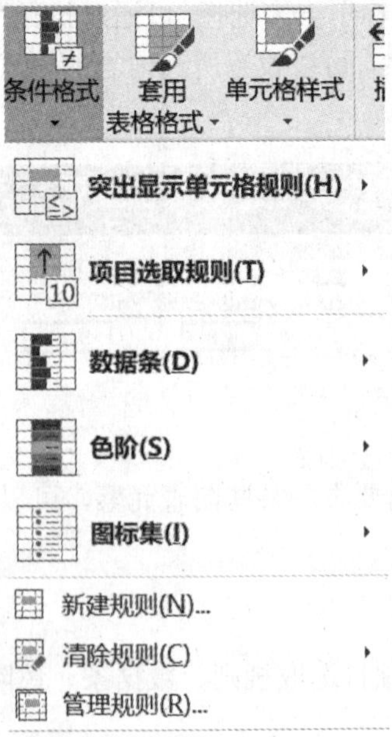

图 4.3　条件格式选项卡 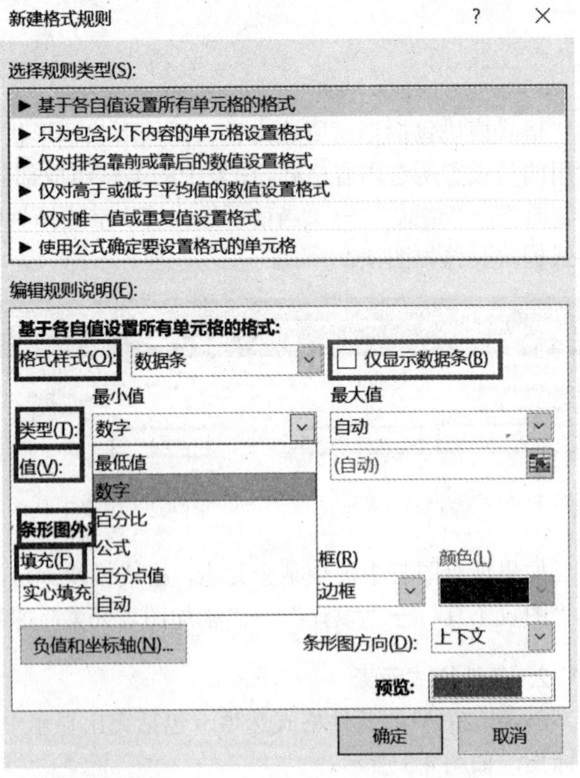　　　　　图 4.4　自定义设置数据条规则

4) 图标集

图标集共有 4 种类别，20 种图标样式，分别是方向(包括 7 种图标样式)、形状(包括 5 种图标样式)、标记(包括 3 种图标样式)和等级(包括 5 种图标样式)。

图标集和数据条一样，如果默认设置不能满足需求时，也可以自定义设置图标集，可以设置数字类型、值以及显示等级。在数字类型的选择时，要注意百分比与百分点值的区别。其中，百分比的计算公式为：(当前值-最小值)/(最大值-最小值)，而百分点的值是某一数字在一组数据排位的比例(假设 10 个数字从小到大排序，排第 3 个的数字就是百分点值为 30)，中位数就是百分点值为 50 的数值。设置图标集数字类型时，应根据数值特点及想要表达的含义做出恰当选择。

4.2　Excel 图表应用

1. 基于已有数据创建图表

(1) 选择要用来创建图表的数据区域，包括标题。

(2) 执行菜单栏中的"插入"→"图表"命令。

(3) 在"图表类型"窗口中选择需要的图表类型。在这个步骤中，可以单击某一种图表类型的下拉按钮，单击选定的图表类型，预览图表效果。在选定所需图表类型后，单击即可。

2. 编辑图表

创建好了图表以后，为了使图表能充分体现需要表达的意图，还可以对图表进行一系列的编辑操作，如更改图表类型、更改图表的数据区域、更改图表布局、大小及位置等。

3. 设置图表格式

设置图表格式主要包括设置图表标题、图例、坐标轴、数据系列、数据标签、绘图区、图表区以及图表背景墙、基底的格式。

1) 图表标签格式设置

图表标签通常包括图表标题、坐标轴标题、图例、数据标签等，格式设置包括是否在图表中显示这些标签、标签显示的位置以及它们的格式，格式通常包括填充与线条、效果、大小与属性、选项等。

标签选项，可以选择标签是否包括下列内容：单元格中的值、系列名称、类别名称、值、是否显示引导线、是否显示图例项标示，可以选择标签的位置及标签数字的格式，标签选项卡如图 4.5 所示。

2) 坐标轴格式设置

坐标轴格式包括线条、效果、大小与属性、选项 4 部分。其中选项包括坐标轴选项、刻度线、标签及数字，在坐标轴选项中可以对边界、单位、横坐标轴交叉位置、显示单位、是否使用对数刻度、逆序刻度值等项目进行设置，坐标轴选项卡如图 4.6 所示。

设置数据标签格式

标签选项 ▼　文本选项

标签包括

- ☐ 单元格中的值(F)
- ☐ 系列名称(S)
- ☐ 类别名称(G)
- ☑ 值(V)
- ☑ 显示引导线(H)
- ☐ 图例项标示(L)

分隔符(E)　　　　　　　　,

重设标签文本(R)

标签位置

- ○ 居中(C)
- ● 靠左(F)
- ○ 靠右(R)
- ○ 靠上(O)
- ○ 靠下(W)

▲ 数字

类别(C)

设置坐标轴格式

坐标轴选项 ▼　文本选项

边界

最小值　　0.0　　自动
最大值　　1600.0　　自动

单位

主要　　200.0　　自动
次要　　40.0　　自动

横坐标轴交叉

- ● 自动(O)
- ○ 坐标轴值(E)　　0.0
- ○ 最大坐标值(M)

显示单位(U)　　无

☐ 在图表上显示刻度单位标签(S)

☐ 对数刻度(L)　　基准(B)　10

☐ 逆序刻度值(V)

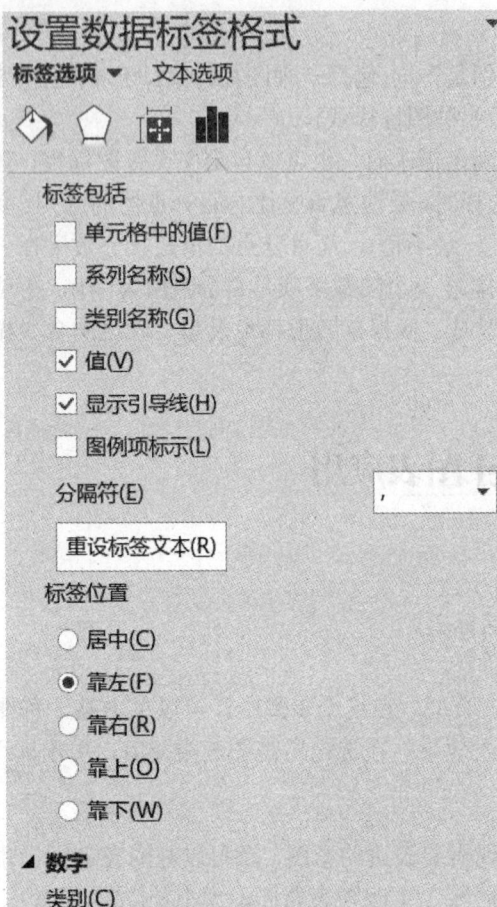

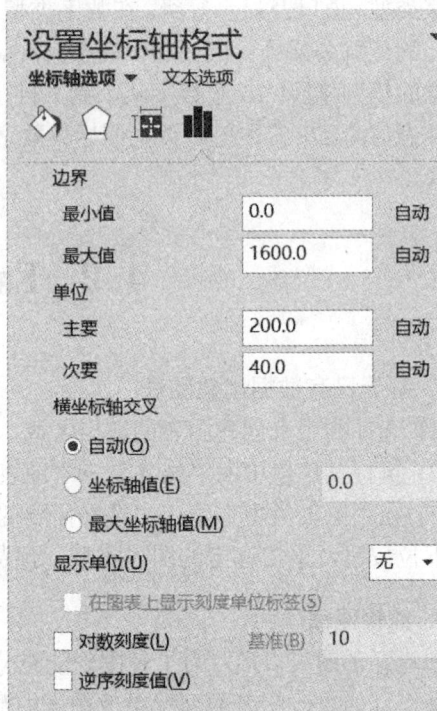

图 4.5　标签选项卡　　　　　　图 4.6　坐标轴格式设置选项卡

3) 数据系列格式设置

数据系列格式通常包括线条、效果、大小与属性、选项 4 部分，其中选项的一个主要功能是可以选择系列绘制在主坐标轴还是次坐标轴。

如果需要将两个不同类别的数据系列以不同的坐标轴显示在同一个图表中，则可以将其中一个数据系列绘制到次要坐标轴上。将数据系列绘制在次坐标轴以后，可以像操作主坐标轴一样操作次坐标轴，包括设置坐标轴格式、添加网格线、更改图表类型等。如果不需要次坐标轴，可用同样的方法再次绘制主坐标轴即可。

制作好的图表，通常要满足以下几个条件：

(1) 准确，制作图表的数据一定要准确。

(2) 适当，图表的形式必须要契合所要表达内容的特点。

(3) 清晰，图表必须比数据更能清晰地反映出问题。

206

任务 4.1　会计报表分析

背景资料

嘉誉公司 2017—2018 年度资产负债表、利润表及现金流量表。

任务要求

1. 做会计报表结构分析。
2. 做会计报表趋势分析。
3. 列示会计报表财务分析指标。

任务 4.1 原始数据

操作思路

1. 比较性资产负债表，2018 年较 2017 年增长百分比，为避免出现错误值影响表格美观，使用 IFERROR()，去掉错误值，应用条件格式，适当美化表格。

2. 共同比资产负债表，应用条件格式，适当美化表格。

3. 比较性利润表，应用条件格式，适当美化表格。

4. 共同比利润表，应用条件格式，适当美化表格。

5. 现金流量表结构分析，表结构的设计，A、B 列分项设计，A 列放小计项目，B 列放明细项目，这种方式设计表结构，适合明细与合计兼有的表格，为后续公式设置带来便利，可以一个公式一拖到底。条件格式应用，适当美化表格。

6. 财务比率分析，表格设计，公式设置，应用条件格式，适当美化表格。

操作步骤

1. 会计报表结构分析

1) 同比资产负债表

(1) 进入"资产负债表"工作表，选中工作表名称，单击右键，选择"移动或复制"→"移至最后"→"建立副本"，建立"资产负债表(2)"，将其重命名为"共同比资产负债表"，在表中数据列右侧增加 3 列，分别命名为 2017%、2018% 和"增长%"，搭起共同比资产负债表的基本结构。

(2) 在 D6 单元格中输入"=ROUND(B6/B$40*100,2)"，在 E6 单元格中输入"=ROUND(C6/C$40*100,2)"，在 F6 单元格中输入"=E6-D6"，三列公式向下复制到数据底部。

(3) 在 J6 单元格中输入"=ROUND(H6/H$40*100,2)"，在 K6 单元格中输入"=ROUND(I6/I$40*100,2)"，在 L6 单元格中输入"=K6-J6"，三列公式向下复制到数据底部。

(4) 设置所有数据区域，数字格式为会计专用，保留 2 位小数，货币符号为"无"。

(5) 设置"增长%"列的条件格式，实现当报表项目增减变动超过一定幅度时，自动标识，提醒阅读使用者。

选中 F6:F39 区域，执行"开始"→"条件格式"→"新建规则"命令，进入"新建格式规则"对话框，选择设置如图 4.7 所示，含义是，增减变动数值在整个区域数值中的前 67%或者后 33%的用不同图标标示出来。

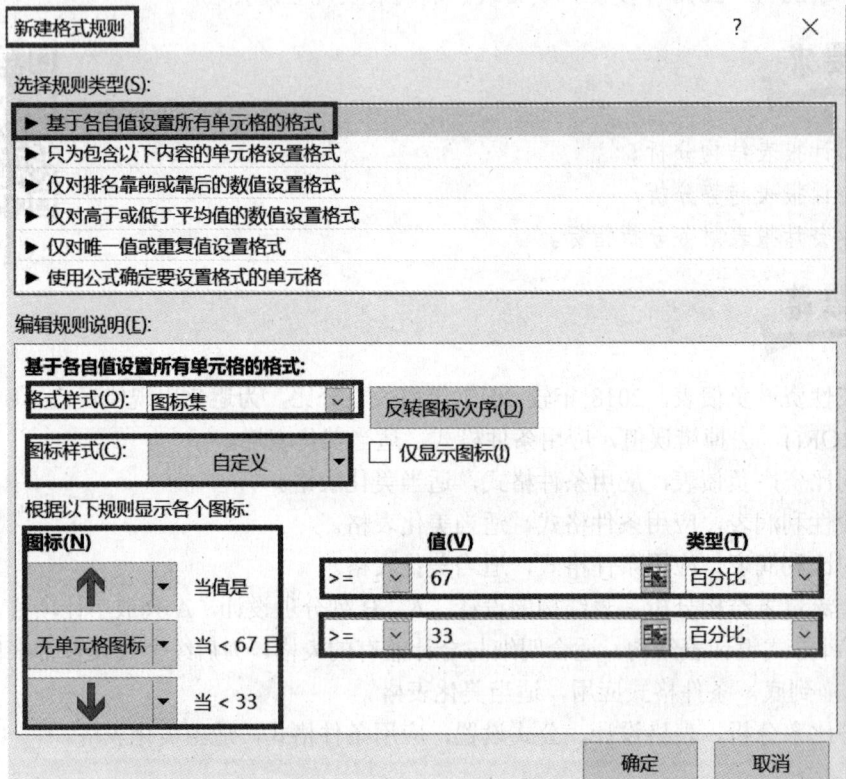

图 4.7 共同比资产负债表"增长%"列条件格式设置

选择 F7 单元格，"复制"，选中 L6:L39，执行"选择性粘贴"→"格式"，将条件格式应用到 L6:L39 区域。编制完成的共同比资产负债表如图 4.8 所示。公司的货币资金和应收账款两项资产本期变化较大，使用条件格式将这两项重大变化标注出来。

共同比资产负债表

会企01表

编制单位：嘉普公司　　2018年12月31日

资产	2017年末	2018年末	2017%	2018%	增长%	负债和所有者权益（或股东权益）	2017年末	2018年末	2017%	2018%	增长%
流动资产：						流动负债：					
货币资金	7,674,333.26	7,239,937.04	61.46	68.45	⬆ 6.99	短期借款	300,000.00	500,000.00	2.40	4.73	⬆ 2.33
交易性金融资产	-	-	-	-	-	交易性金融负债	-	-	-	-	-
应收票据	-	-	-	-	-	应付票据	-	-	-	-	-
应收账款	1,767,337.73	738,556.00	14.15	6.98	⬇ -7.17	应付账款	738,559.08	889,830.22	5.91	8.41	⬆ 2.50
预付账款	-	-	-	-	-	预收账款	-	-	-	-	-
应收利息	-	-	-	-	-	应付职工薪酬	288,066.43	300,069.20	2.31	2.84	0.53
应收股利	-	-	-	-	-	应交税费	4,592.42	3,412.58	0.04	0.03	-0.01

图 4.8 编制完成的共同比资产负债表(部分)

2) 同比利润表

(1) 进入"利润表"工作表，选中工作表名称，单击右键，选择"移动或复制"→"移至最后"→"建立副本"，建立"利润表(2)"，将其重命名为"共同比利润表"，在数据列右侧增加三列，分别命名为2017%、2018%和"增长%"，搭起共同比利润表的基本结构。

(2) 在D5单元格输入"=ROUND(B5/B$5*100,2)"，E5单元格输入"=ROUND(C5/C$5*100,2)"，F5单元格输入"=D5-E5"，三列公式向下复制到数据底部。

(3) 设置"增长%"列的条件格式。选中F5:F26区域，执行"开始"→"条件格式"→"新建规则"命令，进入"新建格式规则"对话框，选择设置如图4.9所示，含义是，比重变动百分点大于0.5或者小于-0.5用不同图标标示出来。

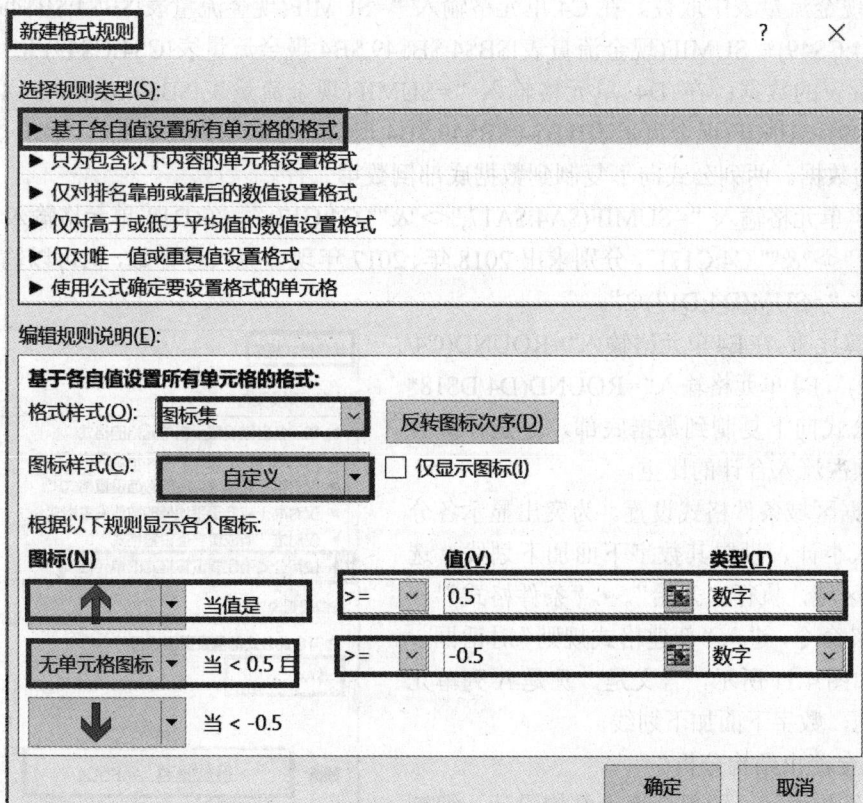

图 4.9 共同比利润表"增长%"列条件格式设置

共同比利润表明确显示出，2018年公司营业成本大幅下降，期间费用基本持平，带来利润的同步增长。

3) 结构性现金流量表

(1) 现金流入结构分析。

① 表结构设计。新建工作表，命名为"现金流量表结构分析"。为方便后续从现金流量表取数写公式方便，将A3:B3合并单元格，输入"项目"，在A4单元格输入"经营活动现金流入小计"，在B5和B6单元格依次输入经营活动现金流入的明细项目，如图4.10所示。

	A	B	C	C	E	F
1			嘉誉公司现金流入结构分析			
2					单位：元	
3		项目	2018年	2017年	2018年比重	2017年比重
4	经营活动现金流入小计		217,540,524.12	226,242,145.08	100.00	99.94
5		销售商品、提供劳务收到的现金	217,540,524.12	226,242,145.08	100.00	99.94
6		收到的税费返还	-	-	-	-
7		收到其他与经营活动有关的现金	-	-	-	-

图 4.10　现金流量表结构分析的表结构设计

② 从现金流量表中取数。在 C4 单元格输入 "=SUMIF(现金流量表!\$B\$4:\$B\$49,\$A4,现金流量表!C\$4:C\$49)+ SUMIF(现金流量表!\$B\$4:\$B\$49,\$B4,现金流量表!C\$4:C\$49)"，取出 2018 年现金流量表的数据；在 D4 单元格输入 "=SUMIF(现金流量表!\$B\$4:\$B\$49,\$A4,现金流量表!D\$4:D\$49)+SUMIF(现金流量表!\$B\$4:\$B\$49,\$B4,现金流量表!D\$4:D\$49)"，取出 2017 年现金流量表的数据。两列公式向下复制到数据底部倒数第二行。

在 C18 单元格输入 "=SUMIF(\$A4:\$A17,"<>"&"",C4:C17)"，在 D18 单元格输入 "=SUMIF(\$A4:\$A17, "<>"&"",C4:C17)"，分别求出 2018 年、2017 年现金流入合计数，也可以输入 "=SUM(C4:C17)/2" "=SUM(D4:D17)/2"。

③ 计算比重。在 E4 单元格输入 "=ROUND(C4/C\$18*100,2)"，F4 单元格输入 "=ROUND(D4/D\$18*100,2)"，公式向下复制到数据底部，分别计算各项流入金额占流入合计的比重。

④ 数据区域条件格式设置。为突出显示各分项现金流入小计，设置其数字下面加下划线。选中 C4:F17 区域，执行 "开始" → "条件格式" → "新建规则" 命令，进入 "新建格式规则" 对话框，选择设置如图 4.11 所示，含义是，凡是 A 列单元格有内容的，数字下面加下划线。

(2) 现金流出结构分析。

① 表结构设计。同现金流入结构设计，编制完成的现金流出结构分析表如图 4.12 所示。

② 从现金流量表中取数。在 C24 单元格输入 "=SUMIF(现金流量表!\$B\$4:\$B\$49,\$A24,现金流

图 4.11　"小计" 数字加下划线条件格式设置

量表!C\$4:C\$49)+SUMIF(现金流量表!\$B\$4:\$B\$49,\$B24,现金流量表!C\$4:C\$49)"，取出 2018 年现金流量表的数据；在 D24 单元格输入 "=SUMIF(现金流量表!\$B\$4:\$B\$49,\$A24,现金流量表!D\$4:D\$49)+SUMIF(现金流量表!\$B\$4:\$B\$49,\$B24,现金流量表!D\$4:D\$49)"，取出 2017 年现金流量表的数据。两列公式向下复制到数据底部倒数第二行。

在 C38 单元格输入 "=SUMIF(\$A24:\$A37, "<>"&"",C24:C37)"，D38 单元格输入

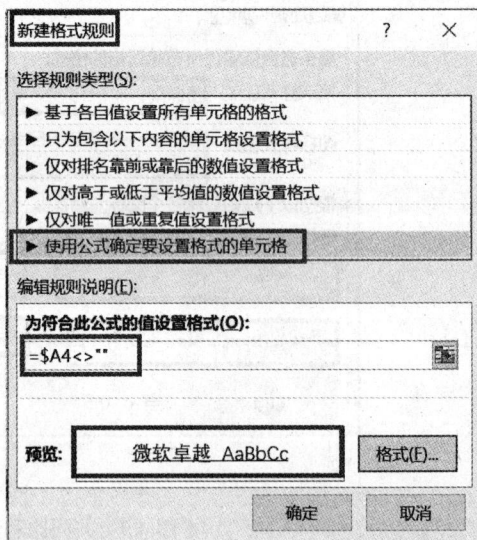

"=SUMIF($A24: $A37, "<>"&"",C24:C37)"，分别求出 2018 年、2017 年现金流出合计数，也可以输入 "=SUM(C24:C37)/2" "=SUM(D24:D37)/2"。

③ 计算比重。在 E24 单元格输入"=ROUND(C24/C$38*100,2)"，F24 单元格输入"=ROUND(D24/D$38*100,2)"，公式向下复制到数据底部，分别计算各项流出金额占流出合计的比重。

④ 数据区域条件格式设置。操作方法同现金流入结构分析表的设计，公式设置为"=$A24<>"""，其余此处不再赘述。

嘉誉公司现金流出结构分析

单位：元

现金流量表项目	2018年	2017年	2018年比重	2017年比重
经营活动现金流出小计	217,845,220.34	226,723,678.93	99.94	99.97
购买商品、接受劳务支付的现金	200,652,967.70	212,435,849.45	92.05	93.67
支付给职工以及为职工支付的现金	3,506,941.20	3,191,316.49	1.61	1.41
支付的各项税费	390,168.00	460,398.24	0.18	0.20
支付其他与经营活动有关的现金	13,295,143.44	10,636,114.75	6.10	4.69
投资活动现金流出小计	60,000.00	58,000.00	0.03	0.03
购建固定资产、无形资产和其他长期资产支付的现金	60,000.00	58,000.00	0.03	0.03
投资支付的现金	-	-	-	-
取得子公司及其他营业单位支付的现金净额	-	-	-	-
支付其他与投资活动有关的现金	-	-	-	-
筹资活动现金流出小计	70,700.00		0.03	
偿还债务支付的现金	70,700.00	-	0.03	-
分配股利、利润或偿付利息支付的现金	-	-	-	-
支付其他与筹资活动有关的现金	-	-	-	-
现金流出合计	217,975,920.34	226,781,678.93	100.00	100.00

图 4.12 完成的现金流出结构分析表

2. 会计报表趋势分析

1) 比较性资产负债表

(1) 进入"资产负债表"工作表，选中工作表名称，单击右键，选择"移动或复制"→"移至最后"→"建立副本"，建立"资产负债表(2)"，将其重命名为"比较性资产负债表"。在表中数据列右侧增加两列，分别命名为"增长额""增长%"，搭起比较性资产负债表的基本结构。

(2) 在 D6 单元格输入"=C6-B6"，E6 单元格输入"=IFERROR(ROUND(D6/B6*100,2), "")"，I6 单元格输入 "=H6-G6"，J6 单元格输入 "=IFERROR(ROUND(I6/G6*100,2), "")"，公式向下复制到数据底部。

(3) "增长%"设置条件格式，设置条件格式的规则如图 4.13 所示。

根据以下规则显示各个图标:

图标(N)		值(V)		类型(T)
↑	当值是 >	0		数字
无单元格图标	当 <= 0 且 >=	0		数字
↓	当 < 0			

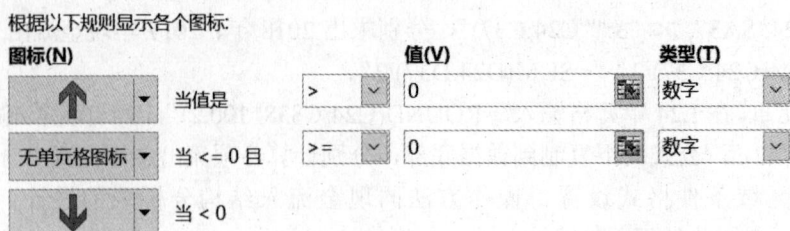

图 4.13　比较性资产负债表"增长%"列条件格式设置规则

2) 比较性利润表

(1) 进入"利润表"工作表，选中工作表名称，单击右键，选择"移动或复制"→"移至最后"→"建立副本"，建立"利润表(2)"，将其重命名为"比较性利润表"。在数据列右侧增加两列，分别命名为"增长额"和"增长%"，搭起比较性利润表的基本结构。

(2) 在 D5 单元格输入"=B5-C5"，E5 单元格输入"=IFERROR(ROUND(D5/C5*100,2), "")"，公式向下复制到数据底部。

(3) "增长%"设置条件格式，设置条件格式的规则如图 4.14 所示。

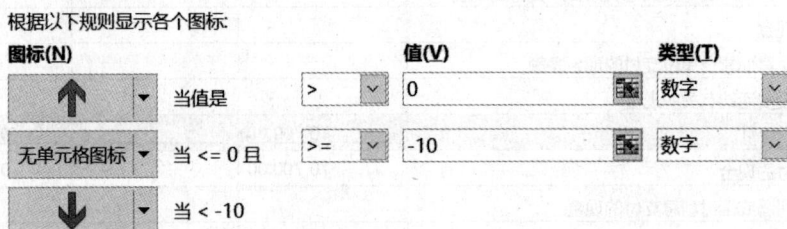

根据以下规则显示各个图标:

图标(N)		值(V)		类型(T)
↑	当值是 >	0		数字
无单元格图标	当 <= 0 且 >=	-10		数字
↓	当 < -10			

图 4.14　比较性利润表"增长%"列条件格式设置规则

3) 比较性现金流量表

(1) 进入"现金流量表"工作表，选中工作表名称，单击右键，选择"移动或复制"→"移至最后"→"建立副本"，建立"现金流量表(2)"，将其重命名为"比较性现金流量表"。在表中数据列右侧增加两列，分别命名为"增长额""增长%"，搭起比较性现金流量表的基本结构。

(2) 在 E6 单元格输入"=C6-D6"，F6 单元格输入"=IFERROR(ROUND(E6/D6*100,2), "")"，公式向下复制到数据底部。

(3) "增长%"设置条件格式，设置条件格式的规则如图 4.15 所示。

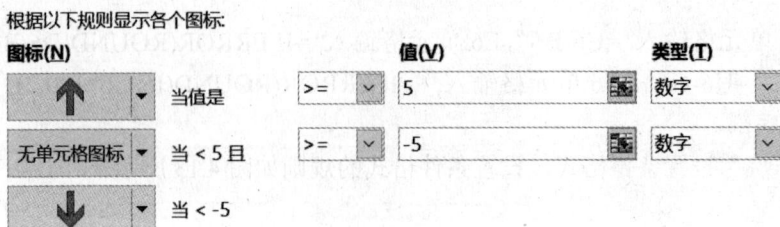

根据以下规则显示各个图标:

图标(N)		值(V)		类型(T)
↑	当值是 >=	5		数字
无单元格图标	当 < 5 且 >=	-5		数字
↓	当 < -5			

图 4.15　比较性现金流量表"增长%"列条件格式设置规则

提示：条件格式的设置规则，要根据企业经营业务、具体数值大小及想要提醒事项灵活设置。如本企业中，经营活动现金流入中的"销售商品、提供劳务收到的现金"，虽然变化不大，但也是比较性现金流量表趋势分析必须关注的重点，对于这样不是基于数字本身的关注点，也可以设置图标显示。

3. 会计报表财务分析指标

(1) 进入"财务指标分析"工作表，根据财务分析指标的计算口径，设置各单元格的计算公式，如图 4.16 所示。为避免公式输入错误，设置公式时，尽量使用选择目标单元格的方法。

(2) "增减变化"设置条件格式，设置条件格式的规则如图 4.17 所示。

	2018年度嘉誉公司财务比率分析表		
项目	2018年	2017年	增减变化
短期偿债能力比率			
流动比率	=ROUND(资产负债表!D18/资产负债表!H18,2)	=ROUND(资产负债表!C18/资产负债表!G18,2)	⬇ =B4-C4
速动比率	=ROUND((资产负债表!D18-资产负债表!D14)/资产负债表!H18,2)	=ROUND((资产负债表!C18-资产负债表!C14)/资产负债表!G18,2)	⬇ =B5-C5
长期偿债能力比率			
资产负债率	=ROUND(资产负债表!H28/资产负债表!D39,4)	=ROUND(资产负债表!G28/资产负债表!C39,4)	=B7-C7
已获利息倍数	=ROUND((利润表!B19+利润表!B10)/利润表!B10,2)	=ROUND((利润表!C19+利润表!C10)/利润表!C10,2)	⬆ =B8-C8
盈利能力比率			
销售毛利率	=ROUND((利润表!B5-利润表!B6)/利润表!B5,4)	=ROUND((利润表!C5-利润表!C6)/利润表!C5,4)	=B10-C10
销售净利率	=ROUND(利润表!B21/利润表!B5,4)	=ROUND(利润表!C21/利润表!C5,4)	=B11-C11
净资产收益率	=ROUND(利润表!B21/((资产负债表!H37+资产负债表!G37)/2),4)	=ROUND(利润表!C21/((资产负债表!F37+资产负债表!G37)/2),4)	⬆ =B12-C12
营运能力比率			
存货周转率	=利润表!B5/((资产负债表!D14+资产负债表!C14)/2)	=利润表!C5/((资产负债表!B14+资产负债表!C14)/2)	⬇ =B14-C14
应收账款周转率	=利润表!B5/((资产负债表!D9+资产负债表!C9)/2)	=利润表!C5/((资产负债表!C9+资产负债表!D9)/2)	⬇ =B15-C15
流动资产周转率	=利润表!B5/((资产负债表!D18+资产负债表!C18)/2)	=利润表!C5/((资产负债表!C18+资产负债表!D18)/2)	⬇ =B16-C16
总资产周转率	=利润表!B5/((资产负债表!D39+资产负债表!C39)/2)	=利润表!C5/((资产负债表!C39+资产负债表!D39)/2)	=B17-C17

图 4.16 财务指标分析表计算公式设置

图 4.17 财务指标分析表"增减变化"列条件格式设置规则

任务总结

1. 会计报表的趋势分析和结构分析，是财务人员的基础常规工作，单纯的数字报表过于单调，灵活使用条件格式辅助说明，效果会有所改善。

2. 分析表格通常都是报告表格，需要适当优化设计及美化，去繁化简，也要充分考虑使用者的阅读需求、感受和习惯，适时调整。

任务 4.2　管理费用分析图

背景资料

资料一：嘉誉公司 2017 年管理费用明细表。

资料二：嘉誉公司 2018 年管理费用明细表，如图 4.18 所示。

嘉誉公司2018年管理费用明细

管理费用明细	1月	2月	3月	4月	5月	6月	7月	8月	9月	10月	11月	12月	总计
办公费	1551.67	1605.27	1712.78	1289.42	1299.20	1306.30	1244.48	1920.95	1487.14	1415.43	1455.14	1898.66	18186.43
房租	15000.00	15000.00	15000.00	15000.00	15000.00	15000.00	15000.00	15000.00	15000.00	15000.00	15000.00	15000.00	180000.00
配件费	2477.76	2430.54	2082.01	2810.71	2559.73	2313.75	2138.46	2529.44	2549.68	2798.02	2906.24	3087.43	30683.77
发货运费	4173.12	4207.08	4000.17	4502.31	4495.92	5411.71	3809.86	4097.82	4104.71	3829.12	3720.81	3996.11	50348.74
来货运费	3432.34	2959.82	4343.44	3933.46	3187.57	3061.18	2563.99	3969.88	3848.67	4800.47	3009.49	4839.17	43949.48
员工工资	37322.54	39253.59	38473.09	37982.57	34705.42	38918.40	39582.42	41579.72	41725.66	41205.61	34532.25	31680.09	456961.36
促销员工资	15425.84	13627.30	11629.02	18834.61	22430.17	18219.71	11672.60	18333.54	13903.94	16433.75	22127.74	27067.67	209705.89
差旅费	4647.66	4145.45	4429.02	2945.02	13393.59	13182.48	4533.52	4373.55	4068.17	4438.55	4915.97	14632.45	79705.41
应交税金	2950.57	1698.13	4245.51	2869.56	3129.32	3914.97	4774.06	1744.45	3068.34	3457.71	4472.62	2036.56	38361.79
门店折扣	43847.68	43977.29	39407.07	38333.09	32915.41	41079.67	38667.92	35682.03	38475.63	31927.19	39613.13	48069.98	471996.09
招待费	1366.09	1152.74	1933.28	1162.60	1816.76	1983.42	2350.35	2402.89	2195.28	3256.77	3942.58	3580.33	27143.08
资料费	1020.81	1467.42	1595.93	1701.51	1697.63	1323.91	1714.82	1742.24	1223.22	1839.97	1972.23	1723.15	19022.85
总计	133216.07	131524.61	128851.33	131364.86	136630.71	145715.50	128052.48	133376.51	131650.44	130402.58	137668.21	157611.60	

图 4.18　嘉誉公司 2018 年管理费用明细原始数据

任务要求

1. 美化表格，并在管理费用明细表中插入折线迷你图，显示各项费用月度变化趋势。

2. 按照既定表格样式编制管理费用月度趋势分析表，如图 4.19 所示；管理费用构成分析表，如图 4.20 所示。

任务 4.2 原始数据

嘉誉公司管理费用月度趋势分析表

管理费用	2017年	2018年	同比增长率
1月			
2月			
3月			
4月			
5月			
6月			
7月			
8月			
9月			
10月			
11月			
12月			
总计			

图 4.19　管理费用月度趋势分析表目标表格样式

嘉誉公司管理费用构成分析表													
管理费用	办公费	房租	配件费	发货	来货	员工工资	差旅费	业务提成	应交税金	门店折扣	招待费	资料费	总计
2017年													
2018年													
2017年结构百分比													
2018年结构百分比													
百分比增长													

图 4.20　管理费用构成分析表目标表格样式

3. 应用图表说明 2017 年、2018 年管理费用明细数据构成变化情况。

4. 根据年度管理费用对比表数据，绘制年度管理费用对比图。

操作思路

1. 美化表格，基本从表格外观设计、字体等处着手达到一定的美学视觉效果。表格外观设计主要从边框、底纹及表格留白 3 个方面考虑。

2. 从原始表格到目标表格，需要实现行列值动态互换，不可以使用复制选择性粘贴转置，需要动态引用 INDEX()函数。

3. 明细数据构成变化，通常使用饼图。

4. 两期数据对比，通常使用柱形图显示绝对数量；增减变化的趋势，通常会在柱形图上加折线图。

操作步骤

1. 原始数据表格美化及插入迷你图

1) 原始数据表格美化

(1) 字体字号设置。报表字体，从视觉美学角度出发，为汉字和数字分别选择不同的中文和英文字体，通常表格中的文本数据字体选择"微软雅黑"，数字格式选择"Arial"。"微软雅黑"是 Office 自带的一种无衬线字体，比较醒目；"Arial"字体应用于数字可以节省单元格空间，增强数据的美观性。字号统一选择 11 号，标题字号选择 14 号。

(2) 呈现重要数据。突出显示标题行、汇总数据行以及总计列。选择 A2:M2、A15:M15 区域，执行"开始"→"单元格样式"命令，选择一个主题单元格样式，如图 4.21 所示。选择 N2:N15 区域，选择汇总主题单元格样式。

图 4.21　突出显示标题行设置(单元格样式选择)

提示：通常强调个别文字，可加粗并增大字体，使用醒目的字体颜色、下划线或者使用背景颜色；强调个别数据，可加大字体或者使用背景色，但不宜过多使用。

2) 插入迷你图

(1) 选择 O3:O15 区域，执行"插入"→"迷你图"→"折线图"，进入"创建迷你图"对话框，设置选项如图 4.22 所示。

(2) 选择 O3:O15 区域，执行"迷你图工具"→"设计"，设置调整迷你图，选择显示"高点""低点"，选择一个"样式"，在"迷你图颜色"选项中选择线条粗细及颜色，在"标记颜色"中选择各个标记点的颜色，如图 4.23 所示。

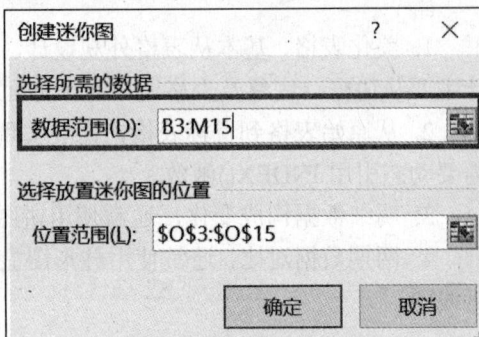

图 4.22　创建迷你图设置

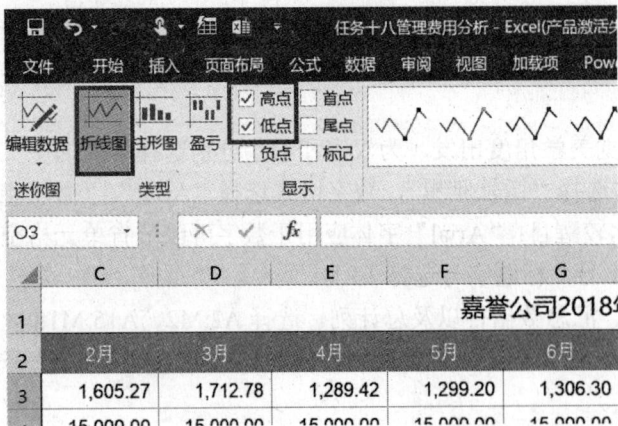

图 4.23　迷你图设计选项

美化加迷你图的嘉誉公司 2018 年管理费用明细表如图 4.24 所示。

嘉誉公司2018年管理费用明细　　　　　　单位：元

管理费用明细	1月	2月	3月	4月	5月	6月	7月	8月	9月	10月	11月	12月	总计	费用趋势分析
办公费	1,551.67	1,605.27	1,712.78	1,289.42	1,299.20	1,306.30	1,244.48	1,920.95	1,487.14	1,415.43	1,455.14	1,898.66	18,186.43	
房租	15,000.00	15,000.00	15,000.00	15,000.00	15,000.00	15,000.00	15,000.00	15,000.00	15,000.00	15,000.00	15,000.00	15,000.00	180,000.00	
配件费	2,477.76	2,430.54	2,082.01	2,810.71	2,559.73	2,313.75	2,138.46	2,529.44	2,549.68	2,798.02	2,906.24	3,087.43	30,683.77	
发货运费	4,173.12	4,207.08	4,000.17	4,502.31	4,495.92	5,411.71	3,809.86	4,097.82	4,104.71	3,829.12	3,720.81	3,996.11	50,348.74	
来货运费	3,432.34	2,959.82	4,343.44	3,933.46	3,187.57	3,061.18	2,563.99	3,969.88	3,848.67	4,800.47	3,009.49	4,839.17	43,949.48	
员工工资	37,322.54	39,253.59	38,473.09	37,982.57	34,705.42	38,918.40	39,582.42	41,579.72	41,725.66	41,205.61	34,532.25	31,680.09	456,961.36	
促销员工资	15,425.84	13,627.30	11,629.02	18,834.61	22,430.17	18,219.71	11,672.60	18,333.54	13,903.94	16,433.75	22,127.74	27,067.67	209,705.89	
差旅费	4,647.66	4,145.45	4,429.02	2,945.02	13,393.59	13,182.48	4,533.52	4,373.15	4,068.17	4,438.55	4,915.97	14,632.45	79,705.41	
应交税金	2,950.57	1,698.13	4,245.51	2,869.56	3,129.32	3,914.97	4,774.06	1,744.45	3,068.34	3,457.71	4,472.62	2,036.56	38,361.79	
门店折扣	43,847.68	43,977.29	39,407.07	38,333.09	32,915.41	41,079.67	38,667.92	35,682.03	38,475.63	31,927.19	39,613.13	48,069.98	471,996.09	
招待费	1,366.09	1,152.74	1,933.28	1,162.60	1,816.76	1,983.42	2,350.35	2,402.89	2,195.28	3,256.77	3,942.58	3,580.33	27,143.08	
资料费	1,020.81	1,467.42	1,595.93	1,701.51	1,697.63	1,323.91	1,714.82	1,742.24	1,223.22	1,839.97	1,972.23	1,723.15	19,022.85	
总计	133,216.07	131,524.61	128,851.33	131,364.86	136,630.71	145,715.50	128,052.48	133,376.51	131,650.44	130,402.58	137,668.21	157,611.60	1,626,064.89	

图4.24　完成后的管理费用明细表

2. 编制管理费用分析表

1) 管理费用月度趋势分析表

(1) 填充原始数据。进入"管理费用月度趋势分析表"工作表，在 B3 单元格输入"=INDEX('2017 管理费用'!B$15:M$15,ROW(A1))"，C3 单元格输入"=INDEX('2018 管理费用'!B$15:M$15,ROW(A1))"，两列公式向下复制到 12 月。"总计"行输入"=SUM(B3:B14)"，公式向右复制一列。

(2) 计算同比增长率。在 D3 单元格输入"=ROUND((C3-B3)/B3,2)"，公式向下复制到数据底部。

(3) 为"同比增长率"设置条件格式。选择 D3:D15 区域，执行"开始"→"条件格式"→"数据条"→"渐变填充"→"浅蓝色数据条"命令，如图 4.25 所示。

编制完成的管理费用月度趋势分析表，如图 4.26 所示。

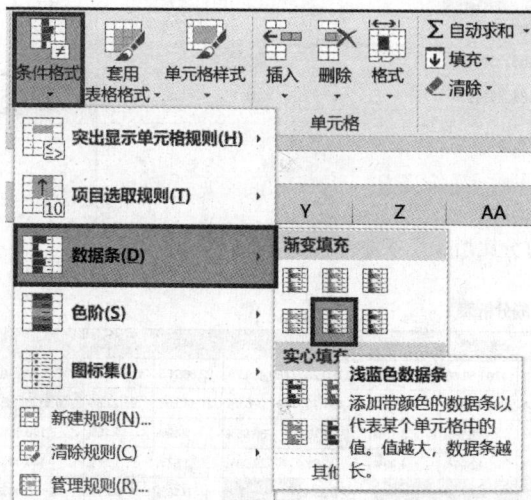

嘉誉公司管理费用月度趋势分析表　单位：元

管理费用	2017年	2018年	同比增长率
1月	131954.88	133216.07	1%
2月	138194.47	131524.61	-5%
3月	118927.42	128851.33	8%
4月	121206.81	131364.86	8%
5月	120854.67	136630.71	13%
6月	126518.44	145715.50	15%
7月	137816.59	128052.48	-7%
8月	131682.73	133376.51	1%
9月	128741.95	131650.44	2%
10月	129021.17	130402.58	1%
11月	120314.64	137668.21	14%
12月	126630.42	157611.60	24%
总计	1531864.19	1626064.89	6%

图4.25　"同比增长率"条件格式设置　　　图4.26　编制完成的管理费用月度趋势分析表

2) 管理费用构成分析表

(1) 填充原始数据。在 B3 单元格输入"=INDEX('2017 管理费用'!\$N3:\$N14, COLUMN(A2))",在 B4 单元格输入"=INDEX('2018 管理费用'!\$N3:\$N14, COLUMN(A2))",两行公式向右复制到 M 列,在"总计"列 N3 单元格输入"=SUM(B3:M3)",公式向下复制一行。

(2) 计算结构百分比及百分比增长。在 B5 单元格输入"=B3/\$N3",在 B6 单元格输入"=B4/\$N4",在 B7 单元格输入"=B6-B5",三行公式向右复制到 N 列。

(3) 为"百分比增长"设置条件格式。选择 B7:N7 区域,执行"开始"→"条件格式"→"新建规则",在"新建格式规则"对话框设置相应数据,如图 4.27 所示。重复执行该命令,为排名靠后 2 位的单元格设置格式,设置好的条件格式,如图 4.28 所示。

编制完成的管理费用构成分析表,如图 4.29 所示。

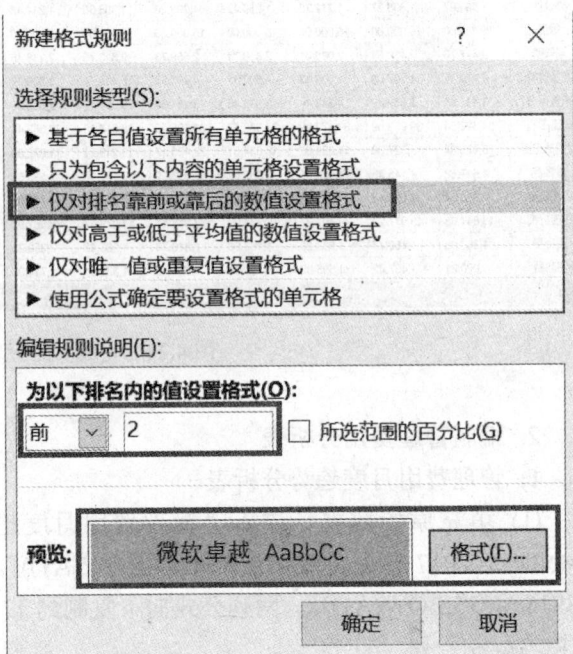

图 4.27 为"百分比增长"设置条件格式(1)

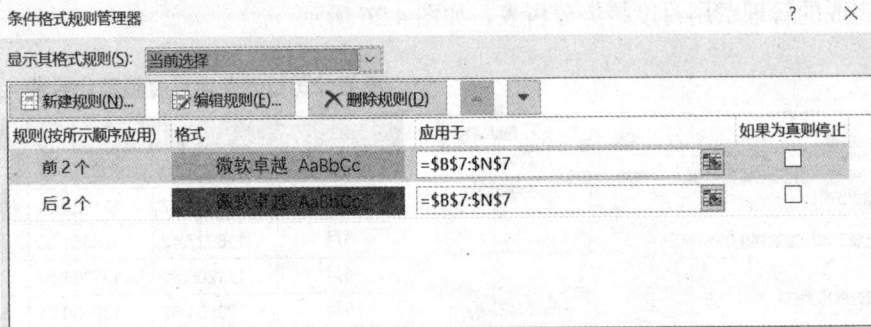

图 4.28 设置完成的"百分比增长"条件格式(2)

嘉誉公司管理费用构成分析表

单位: 元

管理费用	办公费	房租	配件费	发货	来货	员工工资	差旅费	业务提成	应交税金	门店折扣	招待费	资料费	总计
2017年	14,180.20	185,400.00	30,258.37	54,421.46	42,491.86	445,758.30	170,868.68	47,516.65	30,790.28	469,485.78	22,865.65	17,826.96	1,531,864.18
2018年	18,186.43	180,000.00	30,683.77	50,348.74	43,949.48	456,961.36	209,705.89	79,705.41	38,361.79	471,996.09	27,143.08	19,022.85	1,626,064.89
2017年结构百分比	0.93%	12.10%	1.98%	3.55%	2.77%	29.10%	11.15%	3.10%	2.01%	30.65%	1.49%	1.16%	100.00%
2018年结构百分比	1.12%	11.07%	1.89%	3.10%	2.70%	28.10%	12.90%	4.90%	2.36%	29.03%	1.67%	1.17%	100.00%
百分比增长	0.19%	1.03%	-0.09%	-0.46%	-0.07%	-1.00%	1.74%	1.80%	0.35%	-1.62%	0.18%	0.01%	0.00%

图 4.29 编制完成的管理费用构成分析表

3. 绘制嘉誉公司管理费用构成图

1) 2017 年管理费用构成图

(1) 进入"管理费用构成分析"工作表,选择 A2:M3 区域,执行"插入"→"图表"→"二维饼图"→"复合饼图"命令,如图 4.30 所示。

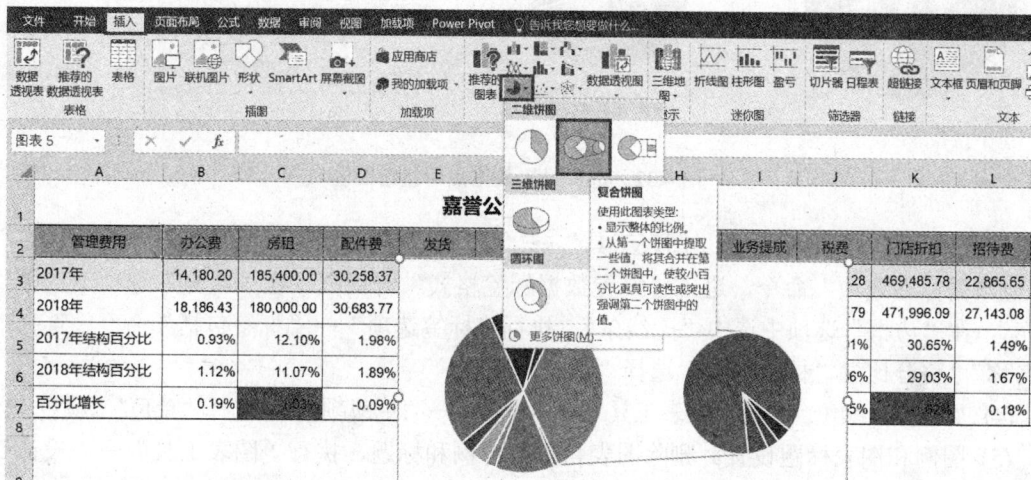

图 4.30 初次设置形成的复合饼图

(2) 图表区设置。选定图表,执行"图表工具"→"格式"→"绘图区"→"设置所选内容格式"命令,在填充选项下选中"无填充",在"边框"选项下选中"无线条",如图 4.31 所示。以同样的方法,设置"图表区"。弱化图形的背景,突出显示复合饼图的结构信息。

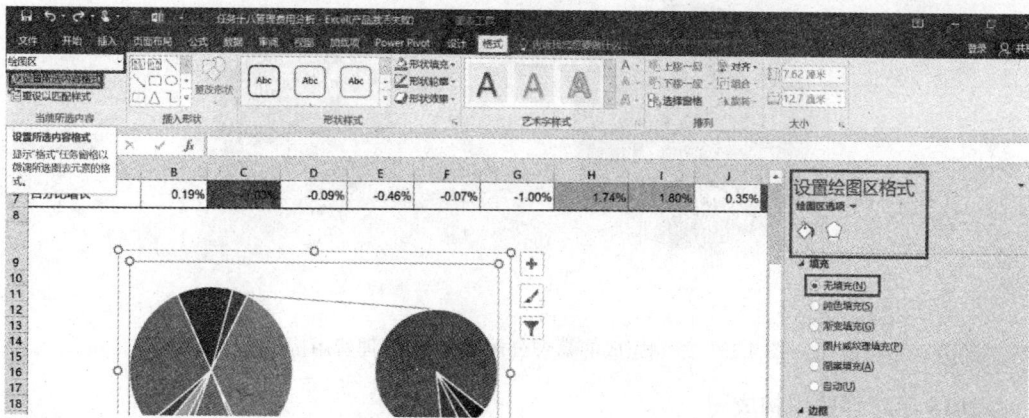

图 4.31 绘图区设置

(3) 系列设置。选定图表,执行"图表工具"→"格式"→"系列 2017 年"→"设置所选内容格式"命令,在"填充"选项下选择"自动""按扇区着色",在"边框"选项下,选择"无线条";"系列选项"中,系列分割依据选择"自定义",依次选择"办公费""配件费""发货""来货""税费""招待费""资料费"等数值占比较小的数据点,放入第二绘图区,如图 4.32 所示。

219

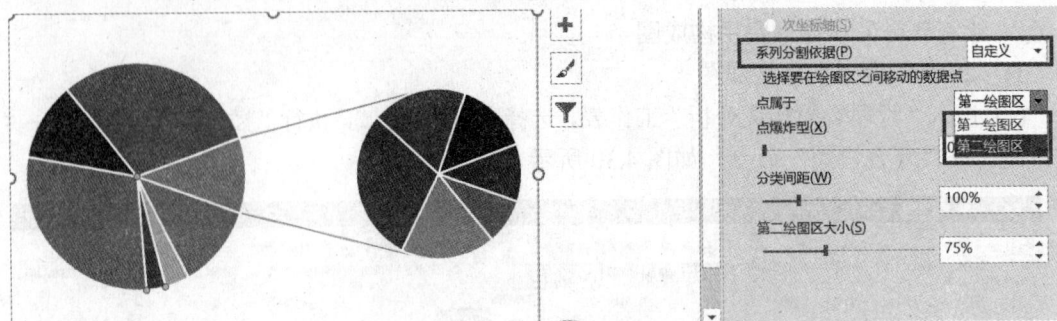

图 4.32　选择设置数据点所属绘图区

设置系列标签选项。执行"图表工具"→"设计"→"添加图表元素"→"数据标签"→"其他数据标签选项"命令，进入"设置数据标签格式"对话框，在"填充"选项下选中"无填充"，在"边框"选项中选中"无线条"；执行"标签选项"→"标签包括"命令，选择"类别名称""百分比"；"标签位置"选择"最佳匹配"。

(4) 更改图表颜色。执行"图表工具"→"设计"→"更改颜色"，选择"单色""颜色 12"。

(5) 图例和图表标题设置。删除图表自带的图例和标题，执行"图表工具"→"设计"→"添加图表元素"命令，图例和图表标题，选择"无"。插入文本框，输入"嘉誉公司 2017 年管理费用构成图"，设置字体为微软雅黑，字号 14 号，鼠标拖动文本框放在图表适当区域。选择图表与文本框，单击鼠标右键，选择"组合"。绘制完成的费用构成图如图 4.33 所示。

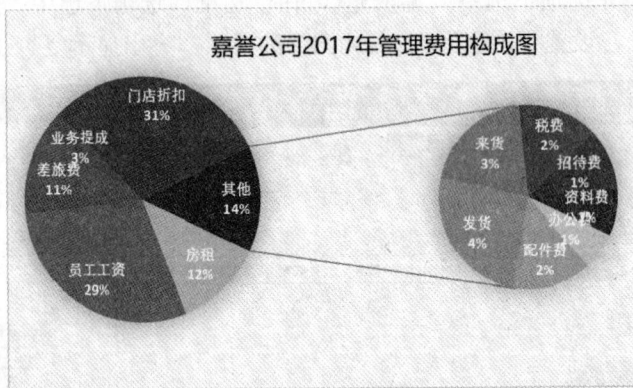

图 4.33　绘制完成的嘉誉公司 2017 年管理费用构成图

2) 2018 年管理费用构成图

(1) 复制 2017 年管理费用构成图。

(2) 更改标题为"嘉誉公司 2018 年管理费用构成图"。

(3) 选中图表，执行"图表工具"→"设计"→"选择数据"命令，进入"选择数据源"对话框，选择"添加"，进入"编辑系列数据"对话框，"系列名称"输入"=管理费用构成分析!$A$4"，"系列值"输入"=管理费用构成分析!$B$4:$M$4"，单击"确定"按钮，返回"选择数据源"对话框，选择"水平(分类)轴标签"，单击"编辑"按钮，"轴标签区域"输入"=管理费用构成分析!$B$2:$M$2"，单击"确定"按钮，如图 4.34 所示。

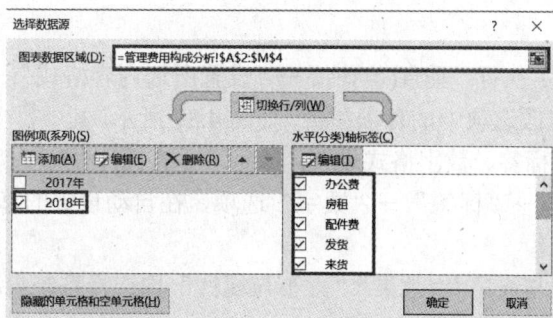

图 4.34　更改设置 2018 年数据源

4. 绘制嘉誉公司管理费用年度对比图

1) 选择图表类型

进入"管理费用月度趋势分析"工作表，选择 A2:D14 区域，执行"插入"→"推荐的图表"→"簇状柱形图"命令，结果如图 4.35 所示。

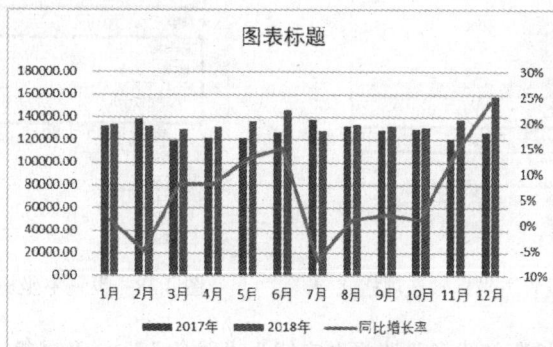

图 4.35　初建的"簇状柱形图"

2) 图表参数设置

选中图表，执行"图表工具"→"格式"命令，可以分别选择图表要素，进行格式设置，根据选取的要素不同，提供包括"填充与线条""效果""大小与属性""坐标轴选项"四类设置参数，如图 4.36 所示。

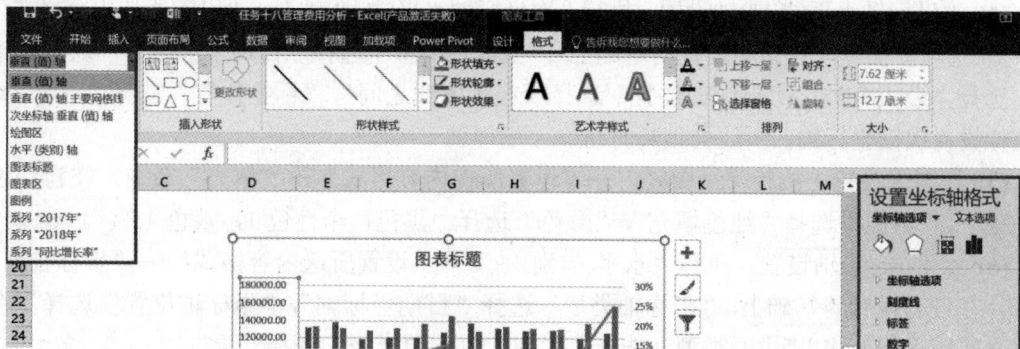

图 4.36　图表参数设置路径

(1) 主坐标轴设置。

① 坐标轴选项设置：执行"垂直(值)轴"→"设置所选内容格式"→"坐标轴选项"命令，在自动设置的基础上，修改选项中的各项参数，如图 4.37 所示。其中，"显示单位"选择 10000。

② 坐标轴刻度线、标签、数字格式设置：执行"垂直(值)轴"→"设置所选内容格式"命令，依次设置"刻度线"→"标签"→"数字"选项，在自动设置的基础上，修改选项中的各项参数，如图 4.38 所示。

③ 坐标轴的"填充与线条""效果""大小与属性"均选择系统自动设置。

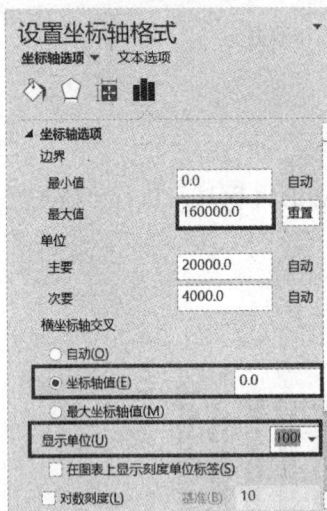

图 4.37　设置主坐标轴选项格式　　　　图 4.38　设置主坐标轴刻度线

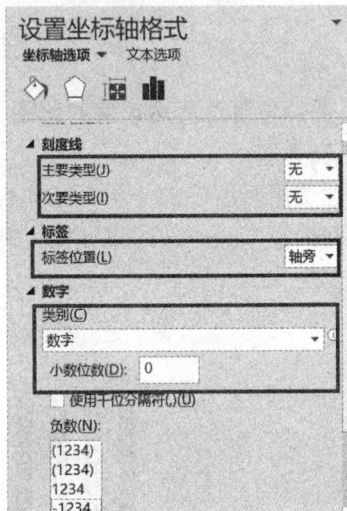

(2) 垂直轴网格线设置。"线条"选择"实线"，"颜色"选择"绿色，个性色 6，淡色 60%"，"宽度"选择 0.5 磅，"短划线类型"选择"圆点"。

(3) 次坐标轴设置。执行"次坐标轴垂直(值)轴"→"设置所选内容格式"→"坐标轴选项"命令，在自动设置的基础上，"横坐标轴交叉"选择"最大坐标轴值"，"显示单位"选择"无"，"刻度线""主要类型""次要类型"均选择"无"，"标签位置"选择"轴旁"，数字类别选择"百分比"。

(4) 次坐标轴水平(类别)轴设置。执行"次坐标轴水平(类别)轴"→"设置所选内容格式"→"坐标轴选项"命令，在自动设置的基础上，"坐标轴类型"选择"日期坐标轴"，"纵坐标轴交叉"选择"最大分类"，"坐标轴位置"选择"在刻度线之间"，"标签位置"选择"无"。如果不这样设置次横坐标轴，折线会偏离月份。

(5) 绘图区设置。执行"绘图区"→"设置所选内容格式"→"填充"命令，在自动设置的基础上，"填充"选择"纯色填充"，"颜色"选择"黑色，个性色 1，淡色 15%"。

(6) 水平(类别)轴设置。执行"水平(类别)轴"→"设置所选内容格式"→"坐标轴选项"命令，在自动设置的基础上，"坐标轴类型"选择"日期坐标轴"，"坐标轴位置"选择"在刻度线之间"，"刻度线""主要类型"选择"内部"，"次要类型"选择"无"。

(7) 图表区设置。执行"图表区"→"设置所选内容格式"→"填充"命令，在"填充"

选项下选择"无填充",在"边框"选项下选择"无线条"。

(8) 图例设置。执行"图例"→"设置所选内容格式"→"图例选项"命令,图例位置选择"靠上",在"显示图例,但不与图表重叠"选项前打√。

(9) 系列"2017年"设置。执行"系列'2017年'"→"设置所选内容格式"→"填充"命令,颜色选择"蓝色,个性色1,深色50%","填充"选择"渐变填充","类型"选择"线性","角度"选择"180度","渐变光圈"的三个滑块,两端选一个较深的蓝色,中间选同色系的浅色,"边框"选择"自动"。柱子设置成立体效果。

"系列选项"命令,选择系列绘制在"主坐标轴",系列重叠选择"0",分类间距调整成"130%"。

用同样的方法设置系列"2018年",颜色选择"橙色,个性色1,深色50%"。

(10) 系列"同比增长率"设置。执行"系列'同比增长率'"→"设置所选内容格式"→"线条"命令,"线条"选择"实线",颜色选择"绿色,个性色6",宽度选择"2.75磅"。执行"系列选项"命令,选择系列绘制在"次坐标轴"。

(11) 图表标题设置。标题独立于图表,选中图表区域上方的单元格,合并居中,输入"嘉誉公司2017-2018年度管理费用对比图",字体选择微软雅黑,14号字,将单元格与图表宽度调整成一致,二者调整时,可使用Ctrl键。

(12) 标识计量单位。在图表背景区域插入文本框,输入"单位:万元"。

绘制完成的管理费用月度趋势对比图,如图4.39所示,图中显示,嘉誉公司2018年度的管理费用6月、12月较2017年同期增长幅度较大,7月较2017年同期有较大幅度减少,可以看到公司对费用的控制力度。

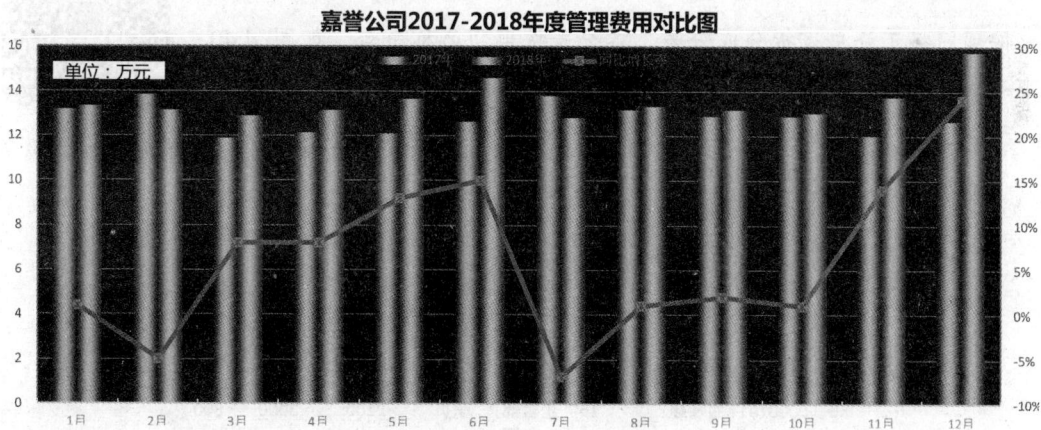

图4.39 绘制完成的管理费用月度趋势分析图

提示:

1. 绘制统计图表,先选择图表元素(图表区、绘图区、图表标题、图例、垂直轴、次坐标轴垂直轴、水平轴、数据系列、数据系列点等),根据需要依次设置其线条与填充、效果、系列选项,其中系列选项的标签、刻度设置是重点,决定图表的主体结构。

2. 本例的图标类型可直接选择"推荐图表",也可以先制作两年的费用数据的柱形图,再添加同比增长率系列,将其设置为"在次坐标显示"。

任务总结

1. 报告表格数据结构的转换,也是财务工作中的一项常态工作,同一组数据报送部门不同,要求的结构格式通常也有差别,本例中使用 INDEX()动态取数的方法在实务中非常有效。

2. 统计图表的制作,关键点是先选取图表要素,再设计,而每个图表要素的设计要点会有所不同,也可以将常用的图表设计成模板使用。

3. 本次任务只显示了单个统计图,实务中也可以将多个统计图放在一起,形成指标分析看板,方便读者掌握数据全局。

任务 4.3   工资总表按部门拆分

背景资料

制作完成的工资结算清单。

任务要求

按部门将工资总表拆分成分表,各分表按部门名称命名,如图 4.40 所示。

任务 4.3 原始数据

	A	B	C	D	E	F	G	H	I
1	工号	姓名	性别	工龄	部门	工作岗位	基本工资	岗位工资	奖金
2	0000184	刘新瑞	女	24	企管部	总经理	2900	10000	2000
3	0000185	王一清	男	23	企管部	经理	2800	5600	1500
4	0000186	李淼	男	22	财务部	经理	2700	5600	1500
5	0000187	白韦威	男	22	采购部	经理	2700	5600	1500
6	0000188	尹敬	男	22	仓储部	经理	2700	5600	1500
7	0000190	包艳宏	男	18	企管部	职员	2300	3000	800
8	0000191	曲姗姗	女	16	企管部	职员	2100	3000	800

	A	B	C	D	E	F	G
2							
3	时间	工号	姓名	性别	工作岗位	职工类型	工龄
4	201812	0000186	李淼	女	经理	正式员工	22
5	201812	0000193	姜宏平	女	职员	正式员工	15
6	201812	0000194	臧洁敏	女	职员	正式员工	12
7	201812	0000195	蔡丽莉	男	职员	临时工	11
8	总计						60

财务部 | 采购部 | 仓储部 | 企管部 | 销售部 | 数据透视表 | 工资结算清单

图 4.40   任务目标

操作思路

利用数据透视表的"显示报表筛选页"功能，可以实现分拆工作表的目标。

操作步骤

1. 生成数据透视表

选中"工资结算清单"工作表中任一数字单元格，执行"插入"→"数据透视表"命令，"部门"放在筛选器，"时间""工号""姓名""性别""工作岗位""职工类型"字段依次放入行标签，其他字段依"工资结算清单"顺序放入值区域，值字段汇总方式选择"求和"，生成数据透视表。

2. 删除数据透视表各列名称中"求和项"字样

选中 H3:V3 区域，查找"求和项:"，替换为空，如图 4.41 所示。

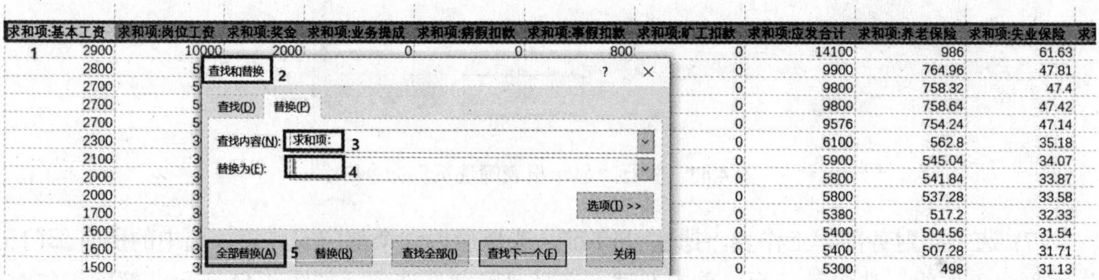

图 4.41 删除列字段名称中"求和项:"字样

3. 操作步骤

(1) 执行"数据透视表工具"→"设计"→"报表布局"→"以表格形式显示"→"重复所有项目标签"命令。

(2) 执行"数据透视表工具"→"设计"→"分类汇总"→"不显示分类汇总"命令。

(3) 执行"数据透视表工具"→"分析"→"选项"命令，进入"数据透视表选项"对话框，选择"布局和格式"，在"合并且居中排列带标签的单元格"前面打√，将"更新时自动调整列宽"前面的√去掉。

(4) 单击"数据透视表工具"→"分析"→"+/-按钮"，将地区前面的"→"去掉。

(5) 执行"数据透视表工具"→"分析"→"选项"命令，将"生成 GetPivotData(G)"前的√去掉。

(6) 执行"数据透视表工具"→"分析"→"显示报表筛选页"命令，如图 4.42 和图 4.43 所示。

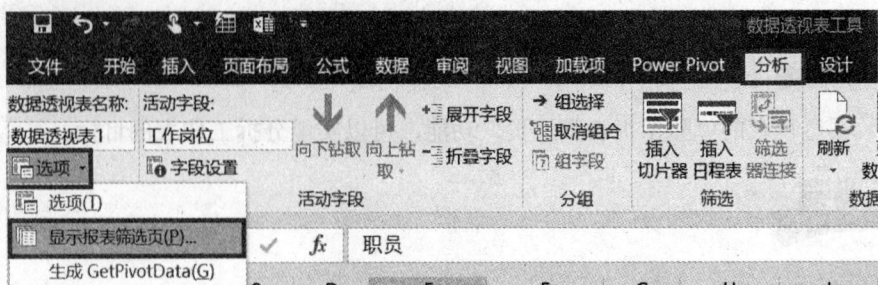

图 4.42　执行"显示报表筛选页"命令(1)

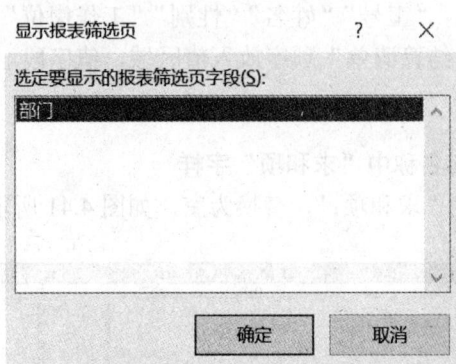

图 4.43　执行"显示报表筛选页"命令(2)

(7) 选中"财务部"工作表，摁住 shift 键，选择最后一个部门工作表。选中的所有部门工作表形成工作组，选中第一行，单击右键，选择"隐藏"选项，如图 4.44 所示。解除工作组，完成工资表按部门分拆。

图 4.44　创建工作组隐藏第一行

任务总结

1. 本次任务显示报表筛选页的功能，实现了拆分总表的目标，也可以使用该功能实现一次批量新建不同名称的工作表。将所有新建工作表名称放在一个列表中，生成数据透视表并将名称放入页字段，执行"显示报表筛选页"命令即可实现，但需在新生成的工作表中将数据透视表删掉。

2. 表格拆分后的工作，通常是将某部门的表格单独发往该部门查看，各部门只能看到自己部门的数据。请思考如何实现这一功能。

任务4.4　销售数据全年汇总

背景资料

嘉誉公司2018年度各月分商品分地区销售统计表，如图4.45所示。

	A	B	C	D	E	F	G	H	I
1	商品代码	北京	天津	上海	广州	成都	重庆	深圳	长春
2	JG001	1557	1775	670	1361	804	1737	610	230
3	JG002	1963	658	1133	654	1060	472	1777	198
4	JG003	727	416	298	1292	719	1759	503	1230
5	JG004	1716	218	293	1118	883	1210	1470	1612
6	JG005	1144	593	1662	224	1517	1549	1247	116
7	GD001	428	1633	561	231	1592	160	1534	1510
8	GD002	1365	1529	1400	1799	461	899	1014	1049
9	GD003	1336	525	1507	1655	1850	1994	661	592
10	GD004	239	1730	358	889	922	609	259	574
11	GD005	347	655	1997	520	981	1682	343	523
12	YK001	1658	1014	324	226	659	1519	1266	1485
13	YK002	673	198	1612	375	1610	629	1425	1451
14	YK003	1135	1174	1514	1212	883	1142	1665	1815
15	YK004	536	938	415	1622	289	332	1835	1667
16	YK005	587	144	625	1284	412	198	888	538
17	DZ001	1250	898	1886	611	1765	1842	1347	1186
18	DZ002	159	967	1550	1938	1865	564	1052	1413
19	DZ003	801	600	552	549	1476	623	1320	828
20	DZ004	896	312	102	1077	1966	427	1442	276
21	DZ005	925	1064	804	969	643	1596	253	1117
22	SQ001	915	429	559	1119	1422	562	474	1489
23	SQ002	543	1402	1177	609	1103	709	1658	555

1月　2月　3月　4月　5月　6月　7月　8月　9月　10月　11月　12月

图4.45　嘉誉公司2018年度各月分商品分地区销售统计表

任务要求

1. 按既定格式做全年的销售汇总表，如图4.46所示。
2. 用适当的统计图从不同角度展示销售数据。

任务4.4原始数据

销营地区	北京	嘉誉公司2018年度销售汇总表												
商品代码	合计	1月	2月	3月	4月	5月	6月	7月	8月	9月	10月	11月	12月	
JG001														
JG002														
JG003														
JG004														
JG005														
GD001														
GD002														
GD003														
GD004														
GD005														
YK001														
YK002														

图 4.46　全年销售汇总表的样式

操作思路

这种二维表格的数据，不便于数据透视表的处理，因此本任务可以使用函数公式实现。从不同表格取某一区域的数据，使用 INDIRECT()函数，同一区域内的数据查找、重新排列，使用 VLOOKUP()、HLOOKUP()、INDEX()三大查找函数加 MATCH()定位函数来实现。

操作步骤

1. 全年销售汇总表
1) 从各月份数据表中取数

进入汇总表，在 C3 单元格中输入 "=HLOOKUP($B$1,INDIRECT(C$2&"!$B$2:$R$52"),ROW(A2),0)"，该汇总方法常用于表结构一致的多表汇总，表格名称与汇总字段名称一致，如本任务中，分表的名称分别是 "1 月""2 月"，汇总表中的汇总字段也有 "1 月""2 月"。公式源自直接取数的公式 "='1 月'!B3"，工作表的名称恰好是 C2 单元格的数值，用 C2 替换 1 月，公式演变为 "='C2'!B3"，用连字符将其连接起来，若需要取一个区域，则使用 INDIRECT(C$2&"!$B$2:$R$52")实现。HLOOKUP()与 VLOOKUP()都是查找函数，不同的是，VLOOKUP()在一列数据中查找数值，确定其所在行，取其所在行的第几列数值，HLOOKUP()是在一行数据中查找数值，确定其所在列，取所在列中的第几行数值。公式向右向下复制，即可将 1~12 月的销售数据取到本表中，并按地区分类统计。

提示：使用这个公式的前提，是各表中商品代码的排列顺序是完全一致的，如果不一致，需要对商品代码所在的行定位，可以使用 MATCH()定位，公式演变为"=HLOOKUP($B$1,INDIRECT(C$2&"!$B$2:$R$52"),MATCH($A3,INDIRECT(C$2&"!$A$2:$A$52"),0),0)"，MATCH($A3,INDIRECT(C$2&"!$A$2:$A$52"),0)的含义是，找到 "A3" 这个商品代码在各表 "商品代码"列，即 INDIRECT(C$2&"!$A$2:$A$52")中的第几行。

2) 汇总各行各列的数值，填列"合计"与"汇总"数

在 B3 单元格输入"=SUM(C3:N3)"，公式向下复制到数据底部，B53 单元格输入"=SUM(B3:B52)"，公式向右复制到 N 列。制作完成的全年销售汇总表如图 4.47 所示。

销售地区	北京				嘉誉公司2018年度销售汇总表							
商品代码	合计	1月	2月	3月	4月	5月	6月	7月	8月	9月	10月	11月	12月
JG001	11834	1557	185	1527	1793	1098	683	713	833	384	1633	845	583
JG002	11958	1963	280	1954	154	104	1928	126	1600	781	939	146	1983
JG003	14199	727	1685	648	1516	984	1636	1603	297	1154	1431	994	1524
JG004	13052	1716	1673	608	1964	1348	695	391	288	1479	1579	291	1020
JG005	11300	1144	185	625	1110	1171	204	1527	992	526	1897	380	1539
GD001	12304	428	1645	349	198	1682	1338	800	678	1902	1374	1489	421
GD002	11574	1365	1881	294	270	466	1145	128	515	1195	1481	1417	1417
GD003	14627	1336	1369	874	1145	467	1435	397	1646	1783	1367	1646	1162
GD004	11257	239	1317	850	1511	1405	610	950	1002	555	581	742	1495
GD005	10431	347	171	665	1561	1977	774	560	561	711	668	1823	613

图 4.47 完成的全年销售汇总表

2. 展示全年销售数据的统计图

1) 创建统计图需要数据源

数据太多，不能在一张图中全部展示，只能分地区分商品显示各月的销售数据，全年的销售数据可以加月平均值显示其总况。

(1) 进入"汇总统计图"工作表，统计图数据源区域的结构设计如图 4.48 所示，销售地区设置数据验证，能显示所有销售地区及汇总；销售商品的数据验证，设置为所有的商品代码及合计。

销售地区	天津	
销售商品	FJ004	平均销量
1月		
2月		
3月		

图 4.48 数据源区域结构设计

(2) 数据源区域数值的取得。B4 单元格输入"=HLOOKUP($B$2,INDIRECT(A4&"!$B$2:$R$53"),MATCH($B$3,INDIRECT(A4&"!$A$2:$A$53"),0),0)"，公式的含义是，用 HLOOKUP() 到各月销售表中查找"销售地区=B2"的商品在第几列，用 MATCH() 在各月销售表中定位"商品代码=$B$3"所在的行，即 MATCH($B$3,INDIRECT(A4&"!$A$2:$A$53"),0)，公式向下复制到 12 月份，从各表取得 12 月份的数据。

C4 单元格输入"=AVERAGE($B$4:$B$15)"，公式向下复制到 12 月份，为了在统计图中放一条平均销量的线。

> 提示：查找函数，前面已经学习了 VLOOKUP()、HLOOKUP()、INDEX() 等函数，此处查找，也可以使用 VLOOKUP() 函数，在 B4 单元格输入"=VLOOKUP($B$3,INDIRECT(A4&"!$A$2:$R$53"), MATCH($B$2,INDIRECT(A4&"!$A$2:$R$2"),0),0)"，同时也可以使用 INDEX() 函数，在 B4 单元格输入"=INDEX(INDIRECT(A4&"!$A$2:R$53"), MATCH(B3,INDIRECT(A4&"!$A$2:A$53"), 0), MATCH(B2,INDIRECT(A4&"!$A$2:R$2"),0))"。这里的关键是用 INDIRECT() 定位到各个月份的工作表中，把多表的查找转变成单表的查找。

2) 制作统计图表

(1) 选择 B4:B15 区域，执行"插入"→"二维折线图"→"折线图"命令，自动生成的折线图如图 4.49 所示。

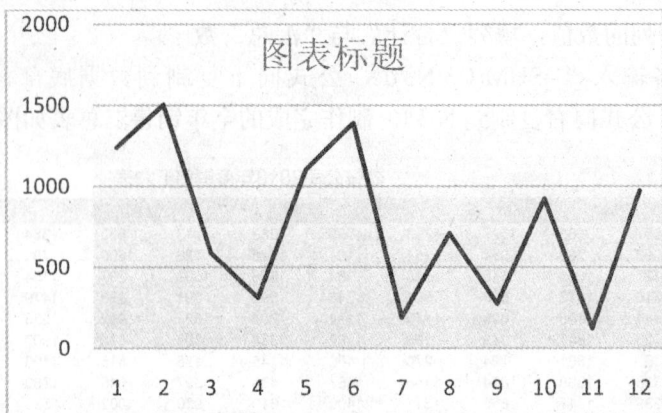

图 4.49　自动生成的折线图

(2) 执行"图表工具"→"设计"→"添加图表元素"命令，如图 4.50 所示，选择本图中需要的图表元素，本图中具体选择的图表元素如下："坐标轴"选择"主要横坐标轴"，"主要纵坐标轴""数据标签"选择"右侧"，"网格线"选择"主轴主要水平网格线(H)"，其他图表元素均"不选择"或选择"无"。

(3) 执行"图表工具"→"设计"→"选择数据"命令，调整原有系列，"系列名称"改为"销售量"，水平轴标签选择"A4:A15"区域；增加"月均销量"系列，系列值选择"C4:C15"区域，水平轴标签选择"A4:A15"区域，设置完成的结果如图 4.51 所示。

(4) 选择图表区，设置图表区格式，填充，选择"渐变填充"，角度选择 90 度，边框选择"无线条"。

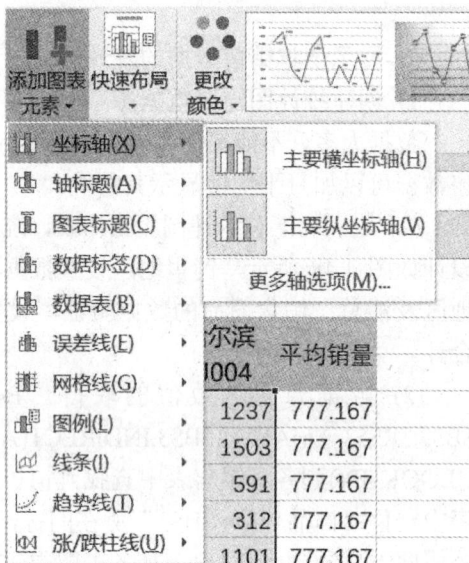

图 4.50　添加图标元素

(5) 选择绘图区，设置绘图区格式，填充，选择"无填充"，边框选择"无线条"。

(6) 选择"月均销量"系列，执行"图表工具"→"设计"→"添加图表元素"命令，数据标签选择"无"，系列格式按照自动设置。

(7) 选择主要网格线，设置主要网格线格式，"线条"选择"实线"，"颜色"选择"金色，个性色 4，淡色 60%"。

(8) "销售量"系列，选择自动设置格式选项。

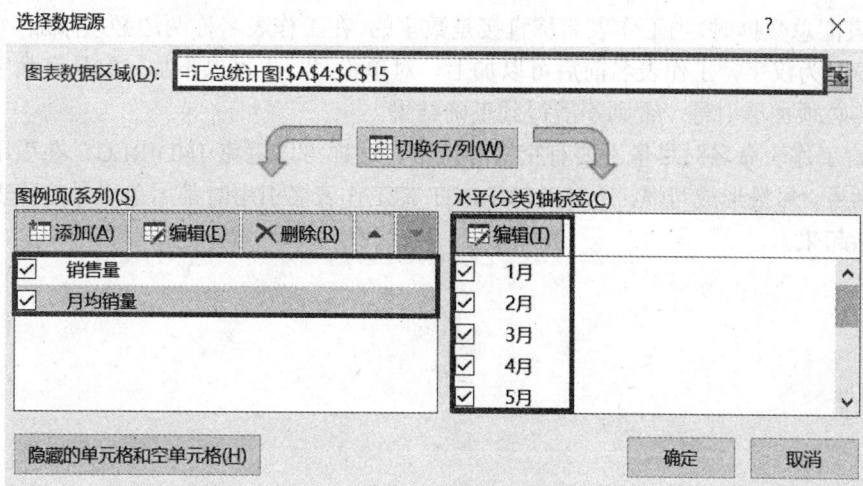

图 4.51　添加数据源

(9) 选择图表上方 E1:K1 区域，合并单元格，输入"="2018 年"&B2&B3&"销量趋势图""，调整字体为"微软雅黑"，字号为 12 号，制作完成的统计图及数据源，如图 4.52 所示。调整 B2、B3 单元格的选项，即可显示不同地区不同商品的月销售量情况。

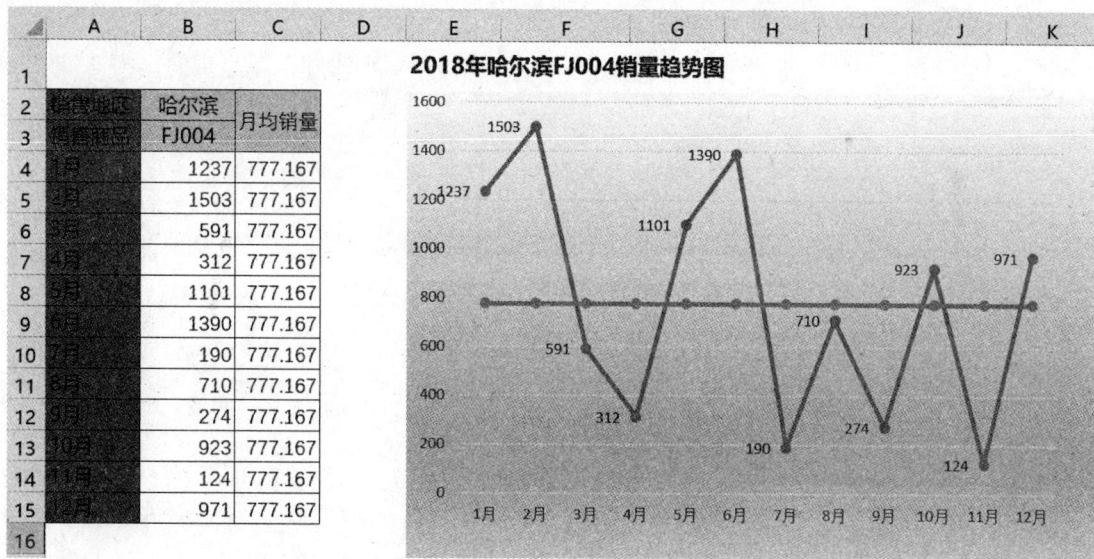

图 4.52　制作完成的统计图及数据源

任务总结

1. 本次任务使用 INDIRECT()函数，实现多表数据汇总，前提是各表结构一致。除此之外，还可以使用 INDIRECT()函数制作二级下拉菜单、实现行列转置等。

  2. 多表汇总数据时，当工作表名称直接是数字的，在工作表名称两边必须添加一对单引号。如果工作表名为汉字，工作表名前后可以加上一对单引号，也可以不加。但是有数字和一些特殊字符时，必须加单引号，否则不能得到正确结果。

  3. 在给工作表命名时尽量不要有空格和符号，这样可以避免 INDIRECT 在引用时忘记加单引号和括号。尽量形成习惯，所有 INDIRECT 带工作表名引用时都用单引号将代表工作表名的字符串括起来。